浦东文化丛书

浦东方言

张建明

朱力生 编著

上海远东出版社

序一

"浦东文化丛书"第四辑的四种书在作者、编辑的共同努力下,陆续与读者见面。近几年来,浦东在文化建设上高潮迭起,文化高地逐步形成,文化群峰也渐渐显露,记载浦东历史文化的书籍不断问世,名家奉献大作给读者,不时送上文化大餐。"浦东文化丛书"虽然走过十多年历程,出版了一批反映浦东历史文化的书籍,但是与一套比较成熟的文化丛书仍有相当的距离,还待于历史的检验。编者本着求真务实的精神,继续探索编辑"浦东文化丛书"的方法、路径和模式。

文化的概念十分宽泛,文化的繁荣程度体现着一个区域的人文精神面貌,反映出一个地区的综合发展软实力。浦东无论从江南文化,还是从红色文化、海派文化都有着深厚的历史积淀,这为"浦东文化丛书"的编写提供了十分丰富的题材,不难以文化的视角从浦东一千多年的历史长河中找到一个个最佳的切入点,展示出浦东的文化魅力。或许"浦东文化丛书"的每一种图书仅仅是一点点小星火,但是从小星火可以看到浦东文化的灿烂星辰,以此增强文化自信,"浦东文化丛书"第四辑分别以浦东方言、书法艺术、史志研究、现代诗歌为主题的四种书奉献给读者。

"浦东文化丛书"第四辑的四种图书继续坚持以文化为元素,并进一步拓展外延,把浦东文化放在上海文化、放在江南文化、放在中国文化的范畴内来考量,把浦东文化的人与事和上海文化、江南文化、中国文化的人与事联系起来,从而突出文化的历史纵深感,展现中华民族优秀历史文化的博大精深。"浦东文化丛书"本着弘扬中华民族优秀历史文化智慧,积极挖掘浦东历史文化的精华,使之服务于实现中华民族伟大复兴的伟大事业。从这一站位来看"浦东文化丛书",任重而道远。

"浦东文化丛书"编辑者,本着对浦东历史文化的人文情怀,以弘扬优秀历史文化为己任,抓住浦东文化的核心内容,抓住与民众日常生活关系最密切的文化题目,在浦东历史长河的细微处勾勒出文化的原石,打磨出一颗颗闪亮的明珠。尽管带有一点泥土气,但更接地气,更具原创性,讲出了浦东的人文故事。

"浦东文化丛书"如何从起步走向成熟,需要编者、著者和读者共同努力,三者的紧密结合,才能编写出一套好的丛书。期待"浦东文化丛书"有更多更好的图书问世。

"浦东文化丛书"编辑委员会
2021 年 6 月

序二

　　大约四年之前吧,正在主编《淞沪支队战旗飘》的张建明先生除听取我对该书的意见后,还专门说到他设想编一本《浦东方言》。我因此为他提供了一本奉贤沈吉明先生所编的《南上海方言》供参考。想不到辛丑年伊始,张建明先生就给我邮寄来了即将出版的《浦东方言》稿。我为其办事锲而不舍、持之以恒的风格所折服。

　　《浦东方言》是"浦东文化丛书"第四辑四部著作之一。书前有张建明先生所写《认识方言》一文。虽然是多年从事地方志、年鉴编纂的工作者,一旦研究起方言来,也像模像样,讲得头头是道。他从"方言是什么""方言有什么""浦东方言的特点是什么"和"为方言做点什么"四个方面作了论述。作者认为,作为一个地方的语言,方言中"有乡音乡情,有乡亲们生活的影子,有经验智慧和理想,有丰富的人文历史"。他还概括浦东方言具有"土""杂""富""融"四个特点,虽不像方言学家们通常是从语音发声的异同角度去描述,但也不失为一家之言。作者最后表达的"为方言做点什么",则是用心所在。他和朋友一起编写《浦东方言》,就是想把浦东方言词汇搜集得更加集中、系统、完整,释义更加准确、全面。

　　对于方言,通常首先在地方志书中记述。《浦东方言》中的浦东,作者界定其为原上海川沙县和南汇县。先看看川沙地方志的记述。清道光十六年(1836)的《川沙抚民厅志》在卷十一《杂志》中有"方言",不到 2 000 字,收录有 100 多条方言词汇,如"称妻父曰丈人""家产曰家私"等。清光绪五年(1879)的《川沙厅志》中没有"方言"专目,只是在"风俗"之后附有"方言",皆前志所载内容。民国二十六年(1937)的《民国川沙县志》,把方言记在卷十四《方俗志》中。有两个部分,一是黄琮的《川沙方言汇释》,近 2 000 字,收词汇 100 余条;二是黄炎培的《川沙方言述》,近 6 000 字。1990 年出版的《川沙县志》方言卷,由苏州大学中文系教师石汝杰提供重要材料。该卷设语音、常用词汇、语法三章,共 46 000 字。其中常用词汇收方言词条 457 条,每条词语均用国际音标标音。分列天文气象、地理方位、农事、动植物、生活、身体疾病医疗、称谓、时间数量、动作变化、形容修饰、习惯语成语共 11 个类别,约 21 000 字篇幅。2014 年出版的《川沙县续志》第三十四卷为《风俗方言》,共 4 章,其第四章为《方言》,设"常用词汇"和"俗语"两节,收"现阶段流行方言"。

其中常用词汇112条,俗语42条。约6 000余字的篇幅。再看南汇地方志的记述。南汇所编头四本旧志中都没有对方言的记述。1992年出版的《南汇县志》第三十六编为《方言》,设"语音系统""县内语音差异和成因""常用词汇""语法特点""谚语歇后语"5个条目、26个分目,共约27 000字。其中常用词汇收317个词条,未标音,分列天文、时令时间、农业、衣食住行、文体卫生、身体疾病、动物植物、称谓、其他常用语共9个方面,约7 000余字篇幅。20005年出版的《南汇县续志》则未记方言词汇。从上可见,历史上川沙和南汇两县(厅)志中所记方言词汇并不多,包括重复的在内,在1 000条左右。

听说浦东新区后来又编过《浦东记忆(方言卷)》等著作,惜未见到。如今,张建明、朱力生编著的《浦东方言》,侧重于方言词汇。分列时令节气、地理方位、海洋河浜、称谓称呼、身体、婚育、教育、体育娱乐、健康、养老送终、饮食、厨艺厨具、家具物件、农村、动物、建筑、商贸邮电、交际、感觉、言语心理活动、举止行为、勤俭奋斗、服饰穿戴、数量、代词、常见词组、谚语、歇后语等,共5 000多个词条(未计同义词条)。这部著述的优点甚多:一是按照事物和词性分类,所分门类远比地方志书中所分门类为多;二是参考了39种方言著作并亲自进行了方言调查,故收录的方言词汇特别丰富;三是采用近年来流行的上海话拼音方案进行了标音;四是释义力求完整、周全,不简单化。

方言是个宝。出门在外,讲普通话固然可以走遍全国都不怕,但若在外地遇见老乡,几句方言一讲,就会有他乡遇亲人的感觉。方言是活化石。在方言中有前人的喜怒哀乐,有先辈的聪明才智,有地方的历史沉淀,有故乡的风土人情。曾经有人认为方言会逐渐消亡,但实际并没有消亡,也不可能消亡。有地域的差异,就会有方言的存在。所以,搜集、梳理、印行方言,是一种乡愁,是一种思念,是一种回馈,是一种嘉行,是一种善举,是一种美德。我为《浦东方言》点赞!

同时,方言是座山,山中蕴埋着无穷的矿藏。方言是片海,江河水长流,大海不干涸。浦东方言词汇远不止5 000多条。语言词汇常有奇特现象,有些词汇平时挖空心思想不出来,可在特定语境之中,却会突然蹦跳出口。《浦东方言》的词汇缺漏还不少,比如讲天快亮,还有"天麻麻亮",讲昨天还有"上日",讲中午还有"日中心里",讲吃点心还有"吃四四头",讲前年还有"隔旧年",讲过去还有"老底子喊里",讲不正宗的娘舅还有"芦花娘舅",等等。此外,编者把"浦东"仅限于浦东新区行政区域,也可商榷。按照习惯,浦东还应包括闵行区的浦东部分和奉贤区的东部地区。1992年的《南汇县志》曾记载:"(本县)方言和川沙县及上海县黄浦江以东的三林、陈行、杜行,奉贤县的四团、平安等地区,差异较小,通称'浦东闲话'。"方言学家钱乃荣撰稿的《奉贤县志·方言志》也说道:"(奉贤)平安、四团两乡的大部地区在韵母、声调、连续变调方面带有更多的南汇音。"目前,临港新片区把西缘定在奉贤的金汇港,奉贤区的浦东部分大致就是划入新片区的区域。如果作者能以此书为基础,不断修改,陆续充实,争取今后能编成一本更完整、周全的《浦东方言词典》,那就更加理想。

姚金祥

2021 年 1 月

代表。粤方言以广州话为代表。官话方言亦称"北方方言",其他六大方言可以合称"南方方言"。北方方言包括北京方言、东北方言、冀鲁方言、中原方言、兰银方言、西南方言、江淮方言。其中江淮官话,旧称南方官话、下江官话,又称淮语、江北话、下江话。江淮官话自东向西分为通泰片、洪巢片、黄孝片,其中以洪巢片的人口占绝大多数。以前把南京话作为江淮官话代表语音,是一种古老的汉语方言。中国幅员辽阔,民族众多,一地有一地的语言,仅汉族汉语几乎省省不同、县县有别。很多相声以方言为主题或穿插方言来娱乐听众观众,地方戏曲无不用方言演唱,最受乡亲们喜闻乐见的是戏里的故事和叙述故事的方言。

方言的表现形式,一个是字,一个是音。权且分作文字和口头两种。文字方言用于阅览和诵读。学生诵读课文抑扬顿挫、宛如唱诗、委婉动听,术语叫"读书音"。而口头方言完全是口口相传的交流语言,只是随着时代的发展,又有老派新派之分。张仁贤、盛青两位老先生在《对韵与对联》一文中说:"今天的上海话有老派、新派之分。老派平、上、去、入各有阴阳;新派却只有阴平、阴去、阳去、阴入、阳入五个声调,与唐代四声系统相去甚远。我们取老派而不取新派,目的就是要保留住唐代以来的四声传统。"(张仁贤、盛青:《对韵与对联》,载《上海话读物征求意见稿》,2008 年 6 月)钱乃荣先生主编的《上海话大词典》在序文中说:"当前,上海话的语音有老派和新派两种发音。老派音大致在 45 岁以上的上海人中使用,新派音大致在 45 岁以下的上海人中使用。新派的音系比老派简化,且在多数上海人中使用,本词典采用新派语音标音。"所以,学习和研究方言时,必须弄清这字、词、话怎么写、怎么说。

怎么写是方言的形(符号),怎么说是方言的音(声和调)。有趣而又困惑的是,经常碰到有音无字、一音多字、一字多音的问题。有音无字如风声、雨声、物体碰击声,以及人类和动物发出的种种声音、人们听到或模仿出的声音,有些尚能用文字描述出来,更有许许多多无文字能描述。方言中也有这种情况,如"拆怪垃旺日头",浦东人一听此言便明白,是指晴天白日天气极好。用读音相近相似的文字表达,若不是浦东人看了这六个字,则根本无法理解是什么意思。有专家说:有音无字有时不一定"无字",而是一时找不到恰当的"本字"(吴宗济:《简明吴方言词典》序,1986 年 5 月出版)。一音多字现象也很普遍,如"白相"的"白"这个音,有的写"别",有的写"孛",有的写"勃",有的写"悖",有的写"泊",现较多的写"白"。实际上,"勃"的读音比"白"更接近口头音。这要看哪个最贴切最合适,有的是有故事源头,有的是久而久之约定俗成。又如,斜气的"斜",有的是这个"邪"字。"犟腔"读音有的写"犟枪",有的写"格枪",有的写"格抢",有的写"伱呛",有的写"鸹腔"。一字多音现象在方言里随处可见。"到明朝"这三个字,意思是到明天或明天早晨,"明"读起来,有的地方的人就读"明",有的地方的人读"门",也有读"姆";"朝"读"早"或"找"。"明朝会"即"明天见",不是"明天有会议";"明朝"读成"明早"或"姆早"，"会"读成沪语"回"，回头见。又，"鬼"要读"居"或"举"，"死"要读"西""洗"或"稀"。"生活"的"生"普通话读 sheng，浦东方言读 sang，如做生活、跑生意、夹生饭、陌生人、生小囝、生日、生肖、生相等。一字多音，用术语解释叫"文白异读"：同一个字，有"读书音"（字音、读音、文读、雅言、孔子白）和"口语音"（语音、说话音、白话音、白读）。

"方言难学，最难的是方音部分。"（姚金祥：《南上海方言》序，上海文化出版社，2010 年 11 月出版）实际上，方言最珍贵的也是这个独特的别具一格的读音。"方音"是方言的语音，包括方言所特有的元音、辅音、声调，包括与标准语相同而在使用上有分歧的元音、辅音、声调。为方便读者，方言著作一般对字、词作注音。早先，志书上的方言不注音，有的旁注同音字。后来中西文化交流，国际音标渐被采用，20 世纪 80 年代初编纂《简明吴方言词典》时全都用国际音标注音。2008 年 12 月出版的《上海话大词典》用"上海话拼音方案"标音，使用 26 个拉丁字母对上海话语音进行注音。（"上海话拼音方案"是 2006 年 11 月在首届上海方言国际学术研讨会上由出席会议的专家和网友集体审定的）（钱乃荣：《上海话大词典》序，上海辞书出版社，2008 年 12 月出版）。对于普通百姓来说，国际音标大多不懂，短时间内掌握"上海话拼音方案"也不易，沈吉明先生编写《南上海方言》时用《汉语拼音方案》标音，大大方便了广大青年读者。不过，有的拼音与方言的实际读音有差距，比较牵强，况且还有很多方言无法使用拼音标注。也许这个尝试不尽如人意，但想方设法帮助读者扫除阅读障碍，让方言得以传承的出发点和勇于探索的精神，值得点赞。

方言有什么？

方言为何要珍惜、抢救、传承？其价值何在？因为每个人的出生、启蒙、成长、生活的地方，具有唯一性和独特性。方言里有熟悉的山山水水，有乡亲们的喜怒哀乐，有祖辈的聪明才智，有各种各样的乡土风俗，有发生在自己身上和身边的难忘故事。"少小离家老大回，乡音无改鬓毛衰。儿童相见不相识，笑问客从何处来。"唐代大诗人贺知章 86 岁返故里所作的《回乡偶书》，就是对乡音情结最好的回答。

对于个人来说，方言可以听到浓浓的乡音。凡远离家乡的游子，突然听到乡音，犹如见到亲人，不是亲人胜似亲人。长年累月在外打工，或在偏远边疆、海岛、沙漠等人烟稀少的地方工作、生活的人，能与家乡人偶尔碰面，总是异常兴奋，开心不已，"老乡见老乡，两眼泪汪汪"，这种感情自发、自然，绝对不是装出来的。诚然，旁人在被你的思乡爱乡之情感动的同时，也会联想到生他养他的家乡。在国外留学或工作的青年每逢节假日总要欢聚，据说不少也是为了缓解思念故乡、思念祖国之愁。只要聚在一起，就有说不完的家乡话题；一说起家乡故事，乡亲朋友好像就在眼前，不再孤独，不再寂寞。

对于社会学家、历史学家来说,方言里有风土人情、人文历史。世界在变化,历史在延续,察一地方言,可明该地之变迁。自然环境变化、社会变革、百姓生活变动,无不在方言中有所反映,留下印迹。20世纪五六十年代,农村的大人小孩都知道装谷物(稻、麦、玉米)用叉袋、麻袋。叉(音沪语"车")袋是一种老式麻袋,因袋口呈叉形("V"形)而得名。一叉袋可装一斛(约40千克),两叉袋即一石(约80千克),正好一个壮汉挑一担。麻(音沪语"模")袋,用麻线编织,呈长方形。它比叉袋大,每袋装100千克大米,只能两人抬或一人肩捎,或用机械叉运。还有个词语叫"麻叉袋",是叉袋、麻袋的合称,并不是叉袋、麻袋以外的又一用品。南汇农村也有人以麻叉袋代指叉袋或麻袋的。褚半农先生对此作了一番考证和研究:叉袋、麻袋、麻叉袋,三个词语指两种物事。叉袋起源于何时,似乎不可确考,但冯梦龙在《桂枝儿》第八卷中提到,苏州人祝枝山曾用佛语"无佛(物)不开口,开口便成佛(盛物)"作叉袋谜语的谜面,可知明代时吴地已有叉袋。村里使用祖上传下来的叉袋直到20世纪70年代中期,现在想找也找不到了。原因是旧的坏了,新的不生产了,最主要是因为它不适应生产力水平了。麻袋始于何时,查《明清吴语词典》没有记载,查阅解放前上海的报刊文献,连粜米的米行都只有叉袋,没有麻袋。新中国成立后,大家印象最深的是国家粮库装大米的麻袋,口袋上印有"中粮"两个大字。开始只有国家专用,慢慢普通人家也用上了。(褚半农,载《语言文字周报》,2012年8月8日第四版)这是由叉袋、麻袋、麻叉袋三个方言词语引出的故事,它的演变过程多多少少反映了生产工具、生产力的变化,反映了人民生活的变化,也反映了时代的变化。

反映风土人情、风俗习惯的方言甚多,俯拾皆是。"拨信"一词,就是通报、告知的意思。东家凡有大事,如红白喜事,理应也必须上门或托人转告到相关人家。不"拨信"是东家失礼,"拨信"了,人家不理没回应,则是人家失礼。"叫应",指见面打招呼。凡碰上久别的亲朋好友,特别是小辈碰上长辈,必须主动打招呼,否则失礼。若一方主动打招呼,另一方热情回应,就是一次密切关系、增进友谊的快乐"叫应"。反之,碰上了当作没看见、有意躲避,或被打招呼一方故意不应,说明双方关系已生隔阂,或者开始疏远、陌生。对于小孩、小青年来说,也许是不懂礼节,也许是"怕现世"(害羞)。"炭茅荡"(又作"炭马桶")一词,恐怕只有60岁以上的老人才懂得。那是农历正月十五时小朋友玩的一种游戏:傍晚到田野里烧荒,或抱柴禾拢堆点火。那时农作物已收割,天燥气爽,干柴烈火,竹杆木棒点火,挥棒画火圈,打火仗,大呼小叫,简直疯玩;平日里大人严禁小孩玩火,只有这一天例外。有《元宵炭茅荡》歌谣:"正月半夜炭茅荡,抱捆柴草田头烧。招个财神来,但望家家收成好。花三担,稻六石,花好稻好样样好。麦穗头大来像狗尾巴,芝麻赤豆多来木佬佬。"(陈生祥编辑:《浦东地区方言俗语汇编》,周浦镇文化服务中心,2012年5月印)"扛笔姑娘",又叫"扛三姑娘",是姑娘们的游戏,岁时祭祀习俗。扛的姑娘是紫姑,为"厕神"。相传农历正月十五夜,迎紫姑可以卜吉凶。先悄悄到坑棚间(厕所)请出紫姑,再移至灶间或客堂,由两个姑娘在方桌两边,各执绷筛或饭箩一端,绷筛或饭箩上插头簪,簪尖头朝下,然后随绷筛或饭箩在桌面的芝麻或面粉上自由晃动,看描出什么文字图案,以图卜吉凶。这一习俗因带有迷信色彩而渐被取消。

方言中的谚语、俗语、歇后语,蕴含着祖祖辈辈的聪明才智,在一个区域一个地方口口相传,代代累积,简直是一个宝库。这个宝库,包括自然、经济、政治、文化、社会,上至天,下至地,看人、看事、看世界,看古代、近代和现代,为人处世一人生,一个地区一史书。诚然,古的东西老的东西,有的科学,有的不科学,有精华,有糟粕,有的已过时,有的还可用。所以,要回答方言中有什么,简言之:有乡音乡情,有乡亲们生活的影子,有经验智慧和理想,有丰富的人文历史。

浦东方言的特点是什么?

这是个大问题,也是个大难题,是个绕不开也不能绕开的问题。专家学者多从方言形成的地域、原居民、语言特色、语音演变等专业角度考察归纳,得出的是学术专业的结论。主编"浦东记忆"丛书的张坚先生独辟蹊径,从研究浦东非物质文化遗产中的文字语言入手,提炼概括出浦东方言具有"土、噱、糯"三大特色(张坚主编:《浦东记忆(方言卷)》,文汇出版社,2017年12月出版),既有专业意义,又有非学术的高度凝炼,具有化繁为简、通俗易懂的作用。这里我们也从常识角度,试把浦东方言归纳为"土、杂、富、融"四字,加以分析探讨。

土,在于上海闲话源头之一。"现代上海话的直接源头是元明时代通行于松江府上海县一带的方言,与毗连的松江、嘉兴等地方言有特别密切的历史渊源关系。"(《上海通志》第40卷,上海人民出版社、上海社会科学出版社,2005年4月出版)从地域居民考察,上海自元至元二十九年(1292)立县后,一直只是个小渔村、小集镇,即使建了城墙也在农村的包围之中。1927年前的600多年中,上海一直隶属于江苏松江府,上海话就在农耕社会的大环境下产生,大量的词语都与农业生产、农村生活、乡村风俗有关。南汇、川沙也一直隶属于松江府。原住民语言的保持并扩展,是"土"特色的一个成因。农耕时代,浦东农民成天与水土打交道,与外界接触少,与上海市区比起来相对封闭、平稳、保守。而城市人口集中,市场发育,人流物流带动语言变化,上海话语音不断向"糯、嗲、软"的方向发展,而乡下人的用语仍较粗犷、直白,吐字耿直、响亮。如可否承担某事,乡下人说"商酌商酌再定上勿上",城里人说"讨论讨论再定做勿做"。形容憨厚纯朴,乡下说本份、老实、老实头,有褒义,无贬义;城里说戇大、戇血血、戇浮尸,取中性,似有贬义。一样说戇,乡下说戇卵、戇嗒嗒、邪戇、戇早死;城里说,戇头戇脑、戇瘟三、戇大。口气不一样,褒贬程度会有细微区别。改革开放前,人们曾一度以会讲上海闲话为荣,上海闲话讲得越流利越吃香;若不会上海闲话,仅会一口乡下话,便被视作"阿乡""土气",有点瞧不起的意思。其实,上海闲话的根在广大农村,原汁原味的老派上海闲话至今还有不少被保留在乡下。

杂,彰显方言多样性。浦东方言属于汉语第二大方言区——吴越区太湖片苏(州)松(江)嘉(兴)次方言区,其方音归松江音韵系统,地域包括黄浦江以东的浦东新区、奉贤区、金山区及闵行区浦东部分(**孙政清:《浦东方言的语音特点》,载《浦东记忆》第371页,文汇出版社,2017年12月出版**)。从居民来源看,浦东大地的居民随潮退陆长不断移居,在开发建设中聚增人口,居民来自四面八方,全区方言自然有同有不同,人和话都显得有点杂。《浦东简史》按语音特征把浦东方言划分为三大片区,中西片区包括惠南、川沙、大团的广大地区,这是浦东较为典型的方言区。就是这三个小片区,也有细微差异。南汇话相对生硬,里面较多保留了楚地古代汉语的特点,如婴儿吃奶叫"吃妈妈",下雨叫"落雨",雨水叫"天落水"。川沙片,包括周浦、横沔、张江、唐镇、黄楼等地区,语音上带有川沙城厢音的特征。大团片与奉贤毗邻,语音与奉贤音互串,航头的丰桥、青龙、海滨村一带完全是奉贤口音。东南片包括原南汇区东部沿海的果园、书院、万祥、泥城、彭镇及川沙夹塘地带,这些地方的居民的祖辈许多是从崇明、启东、海门等地迁来,还保留着启东、海门移民母语的痕迹,本地人称之为"北沙人""大沙人"。西北片是指沿江一带,清末属上海,如洋泾、塘桥、杨思等地区。本地土著操一种介于市区方言和川沙、南汇方言之间的本地话,与20世纪20年代以前上海老城厢的传统口音基本一致,听起来较为柔、糯。在连续变调方面,以高桥为代表的北片、沿黄浦江地带和南部有着明显差别。在浦东千余平方公里的土地上,现住着大约300万新老上海(浦东)人,他们用普通话交流的同时,又有浦东方言及新上海人带着浓重母语的浦东话通行其中。这正显出生活的兼容并包、世界的丰富多彩。

富,糯柔雅俗,嚼味无穷。方言表达的形式和内容丰富多彩。以川沙地区为例,数字"15"的发音近似于(音沪语)"沙五",而且会将"15"作为一个计数单位来使用,如一沙五、二沙五、三沙五,为一十五、二十五、三十五。上海话因"儿"和数字"2"同音,故将"儿子"说成"ni子"。川沙本地人"2"也说"ni",但"儿子"却说成"hou子",其发音完全跟"猴子"一样。儿子称猴子,真有意思。南汇那边很少把儿子说成"猴子",而是称"倪子""倕子"。一种因呼吸道不适引起的"咳嗽",普通话用两个字组成,浦东话一般用一个字,要么"咳",要么"嗽"。如"昨日夜头,我嗽了一宿","咳嗽一宿"成了"嗽了一个晚上",能有几个人懂?还有,"走油"从词的直意看就是过油(炸),如走油肉、走油蹄髈。浦东人将其引申为极端的意思,作为补语,如:"辫趟到海滩收网,碰着劈风劈雨,弄来走油,脚拉拖勿起。"老一辈浦东人讲"干净"叫"干沥","沥"大体与"滤"近义,所以"干净"。"沥沥干"就是把湿的物件使劲拧干,把水分挤掉。"齁板头"(哮喘)、"蟹痧痧"(霍乱病)、"寒热"(发烧)等词,只有上了年纪的浦东人懂。对于"齁",年轻人爱用"发齁"表示发狠、发怒。"齁势"则为心情郁闷、憋屈，十分难受。与"觑势"意思接近的另一个词"怄惚"，与本地话"欧洲"的发音几乎一模一样。"怄惚"还有一层意思为迁怒他人，埋怨别人给他添了麻烦。"着港"一词，原指船只进港靠码头。过去，海边人为谋生计而冒险出海，不是捕捞，就是运输，每一次出海犹如闯荡鬼门关，一旦遇上飓风大浪、海盗劫匪，几无生还可能。故而每当返航归港时，船工们都会欢呼雀跃："着港了！着港了！"后来，"着港"延伸为"（事体）办成、（成果）得手"的意思。如，"爷叔海（承诺）侬三千块辛苦钿'着港'哇？"浦东方言的生动性，在谚语、歇后语里最明显。如"勿怕笨，只怕混""大海勿怕雨水多，好汉勿怕困难多""描金箱子白铜锁，外头好看里厢空""只要坐得正来立得稳，哪怕和尚尼姑合板凳""娘讲因好勿算好，婆夸媳妇才算好"。其糯性，在沪剧中体现得淋漓尽致。请看《罗汉钱》中一段唱词："小晚艾艾早相爱，正好一对配成双，自己看对自称心，将来勿会怨爹娘。别人家夫妻容易寻相骂，这一对夫妻有说有话有商量，亲亲热热度时光，随时回家望爹娘，望爹娘。"词好调好音好，听众哪个不陶醉？

　　融，开放包容，与时俱进。方言是原生态的，越原始越生动，越生动越鲜活。但浦东位于长江三角洲中心大城市上海的近郊，从行政区划上说是上海的一部分，由此浦东方言不可能一成不变，它一样随时代的变化而变化，随时代的发展而以新的形式存在、延续。有的人坚持说土话，宣传土话。新媒体微信公众号中有个"小程咕咕"，不时推出南汇方言节目，被不少人在网上转发共享。"往事钩沉话川沙"2018年10月以来连续推出《话糙理不糙的川沙民谚俗语》《聊聊浦西人听不懂的川沙本地话》，深受百姓欢迎。平时，人们得闲，每每提起方言话题，总有人兴奋不已，议论一番，竞说老闲话。这也是一种转变吧，说明方言还存在，还在继续发展。客观地分析这种变化，可以用"融"字表达两个方面的趋势：一是浦东话与上海话交融，部分浦东话融入上海话，反过来上海话及新上海人的话也在融入浦东话；二是浦东话与普通话交融，普通话吸纳浦东话，普通话有浦东话融入，反之浦东话被普通话改造，被戏称为"浦东普通话"。浦东话、上海话、普通话这三者互相交叉，互相影响，互相融合，上海话中吸纳浦东话，浦东话中吸纳上海话和普通话。这个融合过程是渐进漫长的。浦东沿江地区与浦西上海话的同化最早最快。现在城乡一体化，交通发达，来往密切，语言交流基本是用普通话，方言在偏远乡村通行，不过那里的青年和小孩多以讲普通话为主。总体上方言已不是语言的主流，而是支流，只是在有限的范围内、在中年以上的人群中存在。即使在以方言交流为主的人群里，也不断会有来自上海话、普通话的字、词、句被改造成或变成自己的方言。

为方言做点什么？

　　我们能为方言做点什么？2017年1月，中共中央办公厅、国务院办公厅印发的《关于实施中华优秀传统文化传承发展工程的意见》明确提出："大力推广和规范使用国家通用语言文字,保护传承方言文化。"浦东方言是浦东历史文化资源之一,浦东人民喜爱的、常挂嘴边的谚语俗话是浦东人民的生活智慧和情感的结晶,乡音和方言始终有着极强的亲和力。然而,随着现代化加速、城乡一体化加速、人口流动加速,方言和我们渐行渐远。要把方言一代一代传下去、保存好保护好,我们这一代和新中国同龄之人有义不容辞的责任。我们要以爱护、抢救的姿态,去收集、整理浦东方言,创造进一步留存、研究的条件,为保护、传承方言出力。

方言是地域文化的载体,表达地区的文化特色,被喻为"传统文化的活化石""人类宝贵的无形遗产"。它根植于民间,在民间有着深厚的土壤。要持续不断、恰如其分地宣传方言存在和保护的价值和意义,择时举办各种活动,如方言讲座、演讲、比赛等,进社区,进学校,进企业,进家庭。古镇一定要保留"老古话"园地,使方言成为古镇创建内容不可或缺的要素,成为留住乡音的抓手,让老古闲话生生不息,鲜活地存在于浦东百姓中,与这一方土地一起闪耀于全中国、全世界。

浦东关注研究方言者不能说有很多,但也不少。政府主持的两轮修志,无论是区县志还是乡镇志,乃至村志,无不将方言专设章节加以记载。1998 年,顾柄权先生主编的《浦东辞典》的社会类编中就有《习俗》《俗语》等章,并附有《黄炎培川沙方言述》《黄琮川沙方言汇释》,以及孙政清先生的《上海话拼音方案》《浦东话拼音方案》《浦东话的语音特点》。2004 年 4 月,张江功能区(2010 年撤销)组织编纂的《浦东老闲话》,以 20 世纪 80 年代以前的浦东俗语为采集对象,收集词汇、谚语、歇后语 2 500 多条,还有 70 多首民间歌谣。2008 年 10 月,盛昌旦先生编印了《浦东方言语词拾萃》。2012 年 5 月,周浦镇文化服务中心印制《浦东地区方言俗语汇编》,由退休干部陈生祥整理。还有一些退休教师、教授精心编写风俗方言类小册子,赠送社区、学校。

我们之所以编纂《浦东方言》,就是想在这个基础上,把专家学者的研究成果与百姓大量现用的方言,加以汇总、梳理,变分散为集中,变孤立为系统,变残缺为完整,力求更加系统些、准确些、全面些。这本《浦东方言》还是初步的收集、整理,囿于编者水平及时间欠裕,少不了留下不足甚至谬误。相信专家学者和热心读者阅览后,会提出修改和充实意见,待以后再版时修订完善,并期待第二集、第三集会继续出下去,让方言与其他优秀传统文化一起得以保护和传承。

张建明

2020 年 12 月

目 录

凡 例

　　编辑《浦东方言》，旨在保存和传承深含地域特色、农耕特色、海派特色的民间语言，也为留恋浦东话的普通百姓和对浦东话感兴趣的新浦东人，以及研究浦东方言的专家、学者、后人进行查阅、对照、研究，提供一本参考手册。

　　本方言源于史志工作者研究成果，编者汇集现有资料和平时积累，综合梳理，编辑成书。地域指现浦东新区行政区域，所载方言主要通行于南汇、川沙的原居民中间。由于城乡结合，交往密切，上海话中有浦东话，浦东话中有上海话，难以截然分开，编撰时便用浦东方言"尺子"来遴选上海话中的浦东话。

　　类目按事物及词性归并。

　　词目大体以内容相近、相连，兼顾笔画、拼音，予以集合，前后次序顺随事物发生发展或人们的阅读习惯设置。

　　字、词读音与普通话有明显区别或词语较冷僻者，尽量加注音。注音采用上海话拼音和同音字两种方法。

　　有音无字之方言，凡能找到同音或近音字代替的，列为词条。字音、字形、字义相差太大及易引起误会的，在释义中注明。

　　注释和例句中用"～"代替该词目。同义、近义或需联系其他词目时，则注明"同义词：××"。

　　释义采用现代汉语书面语，例句多用方言，必要时以括号解释。词条释义、例句，凡摘录的则标明出处，凡例句均加引号。

　　词汇有两种或两种以上含义的，释义时分别用①②③等表示。

　　有些词条出现在多个部类，释义相异时请考察语境变化。

　　考虑到口语习惯，也为便于理解，所收词目大部分是词组，少部分是单字，极少数为短语。为便于查阅，书前有词语分类目录，书末附有词目笔画索引目录，并以横、竖、撇、点、折为笔画检索顺序。

　　《浦东方言片区表》为专家研究成果，可作为阅读、应用本词典的指南和工具。

时令节气

季节

开春　kaecen。立春以后即开春,春天开始。同义词:交春。

三春天　secenti。春风春雨加暖洋洋的春日。

春场弄　censhanglong。春天里。同义词:春弄向。又写作春场浪、春浪、春浪向。

倒春寒　daocenhhoe。季节入春而寒流入侵,冷如寒冬。

入梅　shakme。亦称"入霉""进梅"。指初入梅雨期的日子。气象上的梅雨是泛指初夏向盛夏过渡的一段阴雨天气。各地气候时节不同,入梅期也各不相同。

出梅　cakme。亦称"出霉"。指梅雨时期结束。结束梅雨期,各地因气候不同而有所差异。

干黄梅　不下雨不潮湿的黄梅天。

倒黄梅　daowhangme。指已出梅却进入多雨潮湿的天气,季节好像倒退回去了。

做清明　清明节这天祭祀先人祖宗,进行如焚香、烧纸、扫墓等活动。

夏场中　指夏天炎热季节。

伏里　fhokli。热天里。

大伏里　dhufhokli。大热天里。同义词:大暑里。

热天色　天热的时候。同义词:热天热色。

秋场弄　又写作秋场浪。指秋天这个季节。

霜降　10 月 23 日或 24 日。此时天气渐冷,开始降霜。

腊月里　lakyhuikli。冬季最冷的时日。

寒场中　冬天,冬季。又写作寒场浪。

当五　端午。农历五月初五。这天民间多裹粽子、吃黄鱼、饮雄黄酒。儿童额上涂"王"字,胸挂荷包香袋。门口插艾蒿、菖蒲,室内用苍术等药物烟熏。室外开展龙舟赛。

当五性　端午期间。

数九　进入从冬至开始的"九",从一九、二九,一直到九九,共 81 天。

起九　qijiu。冬至这天为数九的第一天。

出九　cakjiu。指数九结束,数九最后一天。

腊八节　lakbakjik。俗称"腊八",即农历十二月初八。这天,古人有祭祀祖先和神灵,以祈求丰收吉祥的传统。一些地区有喝腊八粥的习俗。相传这一天还是佛祖释迦牟尼成道之日,称为"法宝节""佛成道节""成道会",是佛教的盛大节日之一。岁终之月称"腊",含义有三:一曰"腊者,接也",寓有新旧交替的意思(据《隋书·礼仪志》载);二曰"腊者同猎",指田猎获取禽兽好祭祖祭神,"腊"从"肉"旁,就是用肉"冬祭";三曰"腊者,逐疫迎春"。

年夜快　niyhakua。接近年关。

年脚跟头　nijikgendhou。快到除夕。

小年夜　xiaoniyha。除夕前一天。

大年夜　dhuniyha。除夕。

年三十　nisesak。除夕这一天。

年三十夜　nisesakyha。除夕之夜。

年夜头　niyhakdhou。岁末年初。

年头弄　年初。又写作年头浪。

春头腊底　年头年底。

正月半　元宵节。正月是农历的元月,古人称夜为"宵",把正月十五,也就是一年中的第一个月圆之夜称为元宵节。

时辰

大正时辰　dhazenshyshen。选择、确定时间、时刻。"造房子要拣良道吉日,要～。"

时辰勿早　时间不早、不宽裕。"咋还没出来?～,再等下去要脱班了。"

早晨头　早晨,所指较宽泛。同义词:早五头、早浪向、早弄向。

早起里　天亮之前,一般指半夜至天亮这段时间。

一清早　早晨,相对较早。同义词:大清早。

天亮快　天亮之前。

大天亮　dhutiliang。天亮之后。同义词:大天白亮。

上半日　上午。同义词:上半天。

下半日　下午。同义词:下半天。

下昼 hhozou。下午。

今朝 jinzao。今天。同义词:今朝仔。

明朝 minzao。明天。同义词:明朝仔。

鸽日子 geknikzy。前天。

昨日子 shoknikzy。昨天。

前日子 xhinikzy。前天。

大前日子 dhuxhinikzy。大前天,今天的前第三天。

石前日子 sahnxhinikzy。今天的前第四天。

早点心 指物又指时刻。"吃点～再走。""啥辰光到? 大约摸乍拉～。"

晏点心 晏,e。指物又指时刻。也是上午吃的东西,只是不太早了。

夜点心 指物又指时刻。半夜前后吃的东西。

晏歇来 exikle。晚一点过来。"我正有事忙着哩,～。"

伊歇辰光 yixikshenguang。那个时候。同义词:格歇辰光。"～,侬进城打工,俚下海捉鱼。"

日日 niknik。天天,每天。

日中心 中午。"想勿到侬～过来,弄来汗漕塔滴。"同义词:日当中、当日中心。

日里向 白天。

日头偏西 太阳位置在天空的西边。

日头落山快 指夕阳,太阳快要落山。

齐夜快 xhiyhakua。黑夜降临之前。同义词:随夜快、夜快。

黄昏头 whanghundhou。天黑前后,多指天黑以后。同义词:黄昏。

夜头 ①晚上,与白天对应。②时间。"车子爬山路,山路弯头多,到旅馆～勒。"同义词:夜里、夜里向、夜点头。

半夜里 夜半,深更半夜。

半夜把 boeyhabo。夜半,接近半夜。"伊格日回转来蛮夜,好像～。"

半夜三更 boeyhasegang。泛指深夜。同义词:深更半夜。

轮更半夜 又写作轮则半夜。已很晚。"看看手表啥辰光,～去叫人?"

轮则半日 耗费很长时间。"看伊蛮吃力,～做不好。"同义词:轮昼半日。

辰光 时间。辰光长来,即时间很久。

辰光局促来 shenguangjhiokcokle。因时间太短或时间不够而仓促、紧张。

日脚 nikjik。①日期。一般指预约、预定的日子。②日子。"～难过。"

没日脚 ①没有具体日期。"同学聚会下个月,具体还～。"②遥遥无期。"问俚小子啥辰光办喜事? 女朋友还没轧,结婚～。"

空当 ①空闲。②做事的间隙。同义词:空当中。

捉落空　利用空闲时间。

一个年头　一年整。

一个寒(春、夏、秋)场　一个冬(春、夏、秋)季。

年头年脚　新旧年交替。同义词:年头年尾,年初年末。

月头月脚　月份交替。同义词:月头月尾,月初月末。

日白夜里　nikbakyali。昼夜。

拖脱日脚　tutaknikjiak。错过日期。

脱脱辰光　taktakshenguang。脱时。

日隔日　一天隔一天。同义词:日间日。

连浪儿日　连续多日。

旧年　jhiuni。去年。同义词:旧年仔。

前年　xhini。去年的前一年。同义词:前年仔。

开年　keni。明年。

陈年　去年及去年以前。

许久　许多时间(时、日、月、年)。

长远　很久。"我跟侬～勿见,侬格腔一直好哦啦?"

交关日脚　许多日子。"小孙子出国读书,～没音信,大大(爷爷)想煞哉。"同义词:交关辰光。

从前仔　很早以前。

老辰光　①过去的时候。②约定为这时刻。

老底仔　过去,从前。

老早点　从前,很早以前。同义词:老早仔,老早辰光。

老老早早　①时间很早。"今朝我～碌起来拉哉。"②年月已久。

老里老早　laolilaozao。①很早。"交关人迟到,我～排队也只拿了300号。"②很久以前。"阿姐～开始学俄语,迭个辰光侬才刚刚学闲话。"

老里八早　laolibakzao。很早之前,很久以前。同义词:老古八气、老黄历。

前头　xhidhou。①时间前后。"天黑～过来。"②地点方位。"山包～半里地。"

一腔　yikqiang。一段时间里。

前一腔　xhiyikqiang。前一段时间。

个腔　那段时间里。同义词:格腔、迭腔。

头浪　开始。又写作头弄。

头起头　开始,起初。"长跑开了了,～还好,后来就吃力哉。"

头卜时　最初,最早。"迭个主意～啥人提出来额?"

开头　'kedhou。开始。同义词:开头辰光。

开开 'keke。刚才。"伊～还在此地,一歇歇勿见了。"

开初 'kecu。开始,最早的时候。

起先 qixi。刚开始。同义词:起先头。

起头挖脑 具有创造性的开始。

晏歇 exik。一会儿。同义词:晏一歇。

晏脱歇 etakxik。晚一会儿。"我正在打吊针,恐怕联欢会要～到。"

后首来 hhousoule。后来。"衣裳脱(替)侬拣好叠好,等侬过来担去,～忙别个事拏伊忘记勒。"

后头来 hhoudhoule。后来。同义词:后首来。

朝后 往后。"侬讲话勿算数,～勿要寻我。"

朝后起 从今往后,从此以后。

乃朝后 neshaohhou。从现在往后面。

乃下去 nehhoqi。现在下去。

到乃 daone。乃读"南"。到这时候。"吭头吭脑,白相～。"

到明朝 daominzao。到第二天。"剪刀放拉啥许想勿起来,睏是一惚,～想起来了。"

号头 ①号码。"我第几? 拨只～。"②月。"一眨眼,迭个～又过去了。"

新近 xinjhin。近来。"小六子半年把没碰着,～到辞滩来过哦?"

眼门前 眼前,眼面前。

海勒远来 许诺太远。"要等侬大学毕业请我喝酒,～。"

常桩 shangzang。经常,常常。又写作常总。"一有空,伊～到乡下老家去望望爷娘,尽尽孝心。"

常路里 平常,平常中间。

有常时 yhoushangsy。偶尔,有时候。"伊上班～也骑脚踏车。""伊～一家头也过来额。"

有辰光 有的时候;有空的时候。"～就到博物馆去兜一转。"

有两日 yhouliangnik。有时候。"阿东迭个小青年平常表现蛮好,迭腔～勿作数,瞎吵八吵,为点啥?"

老 ①经常,时常。"伊上课～迟到。""迭个几日～落雨。"②很,非常。"老师经常讲故事,～开心额!"③同"老茄"。④年岁大。"娘毕竟～了,以后要靠侬自家了!"

一霎那 一会儿,短时间。同义词:刹那、一眨眼、一歇歇、一促打。

一促打 一会儿,一瞬间。

立马 likmo。立刻。"事体有了起色,请～拨我只电话。"

立时 立刻。"剧团已到仓库场,～就来了交关看戏格人。"

立时三刻 马上，立刻。"迭歇店铺一听到风声勿对，～上起排门板，勿做生意了。"

好长辰光 haoshangshenguang。很久。"～呒没联系侬了，侬身体好哦？"

素来 sule。向来。"伊有啥心事，～勿跟人家讲格。"同义词：时常。

平常 ①平时。②普通，不特别。同义词：平常中。

向来 一直。"我～晚上散步勿走远，只拉小区里兜兜。"

天文、气象

日头 nikdhou。指太阳。"昨日旺～，今朝呒～。"

日头旺里 nikdhouwangli。太阳底下。"海滩弄上插网，～呒遮拦，没有一个不晒黑格。"同义词：阳光下头。

旺日头 yhangnikdhou。艳阳天。"别看早晨头阴势天，打等一歇就会～。"

晒日头 sonikdhou。晒太阳。

西晒日头 xisonikdhou。太阳偏西阳光仍很强烈。"我住塔楼高层，～勿拉窗帘吃勿住（热得吃勿消）。"

赤怪拉旺日头 chakgualayhangnikdhou。烈日当头照。"侬伊面倾盆大雨伲（阿拉）迭摊～。"

孵日头 bunikdhou。晒太阳。"勿要讲外头零下几度，老头老太照样聚到墙角头一道～。"同义词：孵日头旺。

顶日头 当正午。

阴头里 yindhouli。太阳照不到的地方。

人影子 太阳底下人的投影。

背拉荫头里 beayindhouli。躲在遮荫处。

大白天亮 dhubhaktiliang。天大亮。

大天白亮 dhutibhakliang。大白天。白日做梦。"～做美梦"。

月亮头里 月亮下面。"鸽日睏勿起到院子里荡荡，～看见几个小青年在竹林里捉鸟。"同义词：月亮下头。

风 hong。音读"烘"。跟地面大致平行的空气流动的现象，是由于气压分布不均匀而产生的。（《现代汉语词典》）

风头 hongdhou。①风力大小。"早晨～大来立勿牢。"②时事趋向，形势发展方向。"勿要瞎三话四，当下正在严查谣言，～正紧。"③出头露面。"那个小姑娘可爱出～了。"

横风 whanghong。横向吹来的风，侧面方向的来风。"海里捉鱼，船最怕刮～。"

发风 fakhong。由无风到有风；由小风至大风。同义词：起风。

阵头风　shendhouhong。在很短的时间内风力或风速突然增大的现象。

阵鬼风　shen juhong。鬼,读"居"。突然产生的旋风或横风,较短暂,规模小于龙卷风。同义词:鬼头风　judhouhong。

风凉头里　站或坐在有风而又凉快的地方。

风索索　风往脖子里钻,感觉有点冷。

风静了　hongxhinlak。风停了。

云头里　在成团成堆的云里。"飞机从～钻出来了,机身一亮一亮。"

云板头　云整块整块,如同巨板。

火烧云　晚霞中火红的云彩。

跑马云　像马群奔跑一样飘浮的云。

起阵头　变天的征兆,欲下大雨的样子。"望望西南角一时三刻墨黪黑,～哉(看看西南天边,不一会儿乌云密布,眼看要下大雨了)。"

眍势日　yinsynik。闷热,风小甚至无风。同义词:齁势日。

雷响霍险　lexianghokxi。打雷闪电。

顶头雷　雷声在头顶炸响。

着地雷　雷声大得犹如雷劈到地上。同义词:滚地雷。

天打　'tidang。被雷击中。"小辰光听大人讲,伲伯母是雨天撑伞回家时被～殁格。"

阵头雨　shendhouyhu。持续时间不长的阵雨。

毛毛雨　细雨。同义词:麻花雨　mohoyhu。

黄梅雨　黄梅时节的雨。指连续不肯停的小雨。

连阴雨　连续的阴雨。

天落水　'tiloksy。雨水。雨是天上掉落的水。

雨落　yhulok。下雨。同义词:落雨　lokyhu。

雨淋　yhulin。遭雨淋。同义词:淋雨　linyhu。

鲎　hou。鲎,读"吼",又写作"蚼"(《简明吴方言词典》第339页)。就是虹。

双虹　出现上下两条彩虹。

凌澤　lindhang。檐前挂的冰锥。澤,《集韵》入声铎韵达各切:"澤,冰结也。"

淋宕　lindhang。檐前倒挂的冰锥。《上海话大词典》词条:"凌澤儿,俗称凌宕。"

瓦凌　ngolin。屋顶瓦槽流下的水所结的冰锥。

冰胶　bingao。结冰。

落雪珠　lokxikju。下雪珠。

化雪　huoxik。雪融化。同义词:雪烊了。

腊雪　立春前下的雪。

外码头 ①码头位置有内和外、近与远之分。外码头是指在码头边上靠外的一侧。②外地。"伊是～人,少搭搭。"

田里 ①庄稼田。②在田里。"肥料放拉～。""人拉～做生活。"同义词:田头。

缺荡 quikdang。缺口。"田岸浪～大来,硬要跨过去,结果跌脱一跤,四脚朝天,弄勒一身水。"同义词:缺口,坳荡 aodang。

水荡 sydang。水,读"尸"。①低洼积水处。②水不深的湖。

水潭 sydhoe。低洼积水处,指深水池。同义词:水潭荡。

槽槽 saosao。两边高起、中间凹下去的地方,凹槽。

洞洞 洞。"～额形状极多,有竖洞、横洞、笪洞、弯洞、深洞、猫洞、蟹洞等。"

洞洞眼 ①洞。②洞口。

大马路 dhumolu。宽阔道路。"村前有条～,从前只见牛车马车脚踏车,如今过往轿车卡车无数辆。"同义词:阔马路。

叉路口 岔道口。"骑车勿要横来些,特别～千万要小心。"同义词:交叉路口。

三叉路 'secolu。三条马路交叉的地方。同义词:三叉路口。

城里厢 市区,指市里、县城里。

乡下头 镇以下农村。"～饭菜勿像城里精细,怕侬吃勿惯。"

海里头 过去把海边视为落后的蛮荒之地。"我伲习惯称钦公塘以东为～。"

世界 'syga。①地方,领域。"今年公司组织骨干到各地参观学习,一下开了眼界,勿好在小～里沾沾自喜啰。"②空间。"买了 80 多平方米新房,两代人登勒海,还是觉着～小咪。"

方位

外般爿 外头。"背回来的蕃芋放拉～,日头里晒一晒才甜。"

畸手爿 jisoubhe。左手边。"弟弟妹妹从来勿肯坐拉阿哥一凳吃饭,原来阿哥是畸手,右手跟他～,常总打相打。"

顺手爿 右手边。

上(下、左、右)爿 上(下、左、右)面。"我记勒邪清爽,前年仔到太仓去大巴车浪厢,侬坐拉嫂子～。"

东(西、南、北、左、右)半爿 东(西、南、北、左、右)半边,东、西、南、北爿块。同义词:东(西、南、北)爿爿。

东(西、南、北)横头 东(西、南、北)边。同义词:东(西、南、北)头、东(西、南、北)墙头、东(西、南、北)场头。

沿海边头 yhihebidhou。海边。

沿马路 沿路边。

上街沿 shanggayhi。路边高出路面的地方。"辫趟多喝了几盅,神智胡知拿摩托车开到了～。"

角落 goklok。一角,多含偏僻之意。同义词:角落头里。

角角 在角的位置。同义词:角角浪,角角头里。

幺二角落 yaonigoklok。指偏僻的小地方。"车子转仔无数个弯,又七绕八绕步行,轮昼半日才寻到,此地的的刮刮是～。"

角角落落 ①角落头里;②每个角落。

死角落 交通极为不便的地方。"不通车,不通船,手机信号也没有,伊个地方是～。"

冷角落 没人烟的地方,冷落冷清之地。

坳角落 aogoklok。坳,ao。难寻之地。"伊拉房子造拉山脚根那边～,斜挖塞格。"

场角头 场地一角。"珠珠米(玉米)晒拉～。"

屋角 房屋本身的一角,也指房屋一角那个地方。"把稻柴堆拉后～。"同义词:屋角头。

头浪 ①脑袋上。②前头、端头。"把几棵蕃茄秧种拉东畦～(端头)。"③开始、开头。"迭桩事体～讲定欧,哪能好变呢?"

头头子 顶端、尖头。"蒜苗～嫩得很。"同义词:尖尖头。

湾里 不直而形成的弧度。"荡湾新村建在过去海荡湾遗址,所以叫～迭个名头。"

弯腰里 河浜弯头形成的湾或者道路转弯形成的曲折。

脚跟头 近身边。同义词:前脚跟头、后脚跟头。"引线落拉～勿看见。"

灶园头 土灶用柴烧,放柴、添柴的地方就是～。

路横头 路的一端。

沟梢头 gousaodhou。河流末梢、末端。

落乡 ①乡村。②偏僻的地方。"小时候最怕走夜路,传说～额地方有鬼。"

夹相头 gakxiangdhou。两个建筑物的中间或区域交界线。"一队和二队的～是条阔来些个河浜,叫黄沙港。"

筲角路 qiagoklu。斜路。

一场弄 房屋相连共用一个场地。"伊和侬老底子是～,动迁之后才分开额。"

隔壁邻舍 gakbielinsuo。邻居。"老娘人缘好,好吃物(读'末')事～送仔一篮子。"

上头 shangdhou。①空间,上面。②比喻上司、领导。上,读"尚"。

下头 hhodhou。①空间,下面。②比喻下级、被领导者、平头百姓。

上横头 shangwhangdhou。上,读"尚"。上面一头。

下横头 hhowhangdhou。下面一头。

下脚头 hhojiakdhou。下面。"线团滚脱哪能寻勿着,布机～看清爽哦?"

前头后头 一前一后。

屁股头 'pigudhou。①人的后面。"侬老是落拉人家～,拖拖拉拉拨人怨。"②臀部。"瞎坐遭殃,～好像沾了口香糖。"同义词:屁股后头、身后。

背后头 背后。"㑇个老太婆喜欢～讲人家,怪勿得老公讨厌伊。"

外头 ngadhou。外面。"躲拉～做啥?怕意思哦?快进来。"同义词:外底头。

里厢 lixiang。里面。"一放学回家就钻拉房间～,关仔门勿晓得做啥。"厢又写作"向"。同义词:里头,里厢头。

着里厢 shalixiang。着,读沪语"石"。最里面。

着外头 shakngadhou。最外边。

当中 'dangzong。中间。"到校门口一望,操场上学生子围坐好几圈,丫头立拉～,一片掌声,原来勒拉比赛唱歌。"同义词:正中。

当中间里 'dangzong geli。间,读"甘"。中间,正当中。"东头毛家,西头邓家,～就是胡家。"

夹当中 夹在中间。"我做媳妇最难,在丈夫与婆婆～,哪头也勿好勿顾。"

贴当中 tikdangzong。中间,正当中。

半当中 ①做了一半的事。"迭桩好事要做到底,勿可以～放手呀。""炒菜～楼下有人叫,好得老妈在,请伊接着烧。"②吊在半空中。"㑇日仔揽车登高～停下来,吓得我极汗一身。"③半途。"我去买酱油,手机响,阿姊告诉我,伊已经买好。我～回来了。"

两头勿着 ①计算不准,两头或两边都搭不上,踏空。②失算,一无所获。"伊进了几十吨鱼,又想立即脱手少赚一眼,又想等一腔到年夜捞一把。犹犹豫豫几天,结果鲜鱼变臭鱼,烂拉手里,～。"

荡空 dhangkong。没着落。

落空 ①荡空。②有空闲。"我～勒,豪燥过来,得侬担眼账结脱。"③失算,脱空。

边边 边沿。同义词:边边头、边沿头、边浪、边弄向。

边头 旁边,靠边。同义词:旁边头。

两旁边 两边。"随夜快赶路要当心蛇咬,两眼盯牢～,看看花草有啥动静哦。"同义词:两打边 liangdangbi。

口头 ①最前面、外面。"保安守拉村～,小蟊贼难进也难出。"②像嘴那样的位置。"森林公园草坪上放风筝额人多来已牵线跑勿开,但是门～人还勒朝里涌。"

口口头 最外面,最前面。

正对面 对面。"伊随夜快镇浪厢回来,与阿龙碰了～,勿晓得急匆匆做啥?"

斜对面 对面偏斜。同义词:笡对过、斜对过、笡对面 qiademi。

直里向 shaklixiang。竖里。"迭条花带,～看一条线,红花开放,邪气漂亮。"

横里向 whanglixiang。横里。同义词:横向里。

横垛里 whangduli。垛,读"图"。横向里。同义词:横垛里厢。

趤角 趤,读沪语"石",shak。对角。"侬勿要走～,再迭能走,迭眼花草就一道踏脱哉。"

抄趤角 三角形的斜边或正方形的对角线。"有种人勿管踏脱秧苗走～路。"同义词:抄近路。

门前(后)头 ①前(后)面。"弟弟就拉～"。②与"门后(前)头"对应。③门前(后),门前(后)那个地方。

上风头 风所吹过来的方向。引伸为占优势。"伊摊浪物事抢手半天卖光,想勿到占了～。"

下风头 风吹过去的那个方向。

上座 主宾或主要座位。"～让老娘舅坐,辬些礼数要大人平常中间对小囝传教咯。"

下座 次要、不重要的座位。

下去 hhoqi。①方位。"张家～半里路才能到姚家。"②时段,下一段时间。"立夏吭没几天就热得连短袖子穿勿上,～连着 40 几度高温,哪能过日脚?"同义词:朝下去、乃朝下。

迭块 dhikkue。这里,这边,这地方。同义词:迭块搭、迭搭块。

迭搭块 这里,这边,这地方。"一有空,伊就喜欢朝～跑。"

迭爿 这里,这边,这地方。"就隔一只弄堂,～生意邪好,伊爿冷冷清清。"同义词:迭爿爿。

迭格地方 这里,这边,这地方。"～老早辰光一片荒凉,只有茅柴,现在造仔介许多楼房。"同义词:迭搭户堂。

此地块 这里,这边,这地方。"～现在只要有钞票,要啥有啥。"

伊搭 'yidak。那里,那边,那地方。同义词:格搭、格滩。

伊搭块 那里,那边,那地方。"～现在人多唻,闹猛唻。"同义词:格搭、格滩。

伊面 那里,那边,那地方。同义词:格面、格滩。

伊爿 那里,那边,那地方。同义词:格爿、格滩。

伊爿爿 那里,那边,那地方。同义词:格爿爿。

伲海头 我(们)这里。"勿要推哉,下趟裹粽子放拉～。"

倷海头 你(们)那里。"～路忒远,我勿去哉。"

伊拉海头 他、她(们)那里。"勿管哪能,～总归要去额,迭额是伲阿哥阿嫂的礼数。"

海 洋 河 浜

海洋

东海洋 'dongheyhang。①专指东海。浦东人把长江口和杭州湾之东统统看作东海。②泛指海洋。"～无边无际,吭风三尺浪,碰着起风,浪高像小山一个推一个,勿吃几年海里饭,哪能立牢船弄响(站立船上)?"③大的代词。"愁面苦脸做啥? 迭些困难算啥呀,丢拉～里泡拉勿起一个(水花也不起)。"

潮水 shaosy。潮汐。由于月亮和太阳的吸引力而产生的水位定时涨落的现象。(《现代汉语词典》)"～涨涨落落,变化多端,不懂潮水规律的人是不能下海的。"

盐花 yhiho。①盐霜。②极少的盐末。"汤有点淡,放点～。"

盐卤 yhilu。①熬盐时剩下的深色液体,是氯化镁、硫酸镁和氯化钠的混合物,味苦有毒。②固体盐化成液体,可盐渍螃蟹,可使豆浆凝结成豆腐。

护塘 whudang。为防海水倒灌而筑的堤坝。早有捍海塘、老护塘、钦公塘、王公塘,后来有人民塘、胜利塘等。

铁板沙 滩地板结得像铁板,一点不陷脚。"快过来,殕滩～一眼勿窝(陷)咯。"

沙泥 soni。泥如沙细,沙泥地除铁板沙之外一般陷脚。同义词:沙泥地。

烂泥 leni。①泛指土。②稀烂或湿而粘的泥巴。

窝泥 wuni。烂泥,陷脚又黏泞。窝泥又写作污泥。同义词:烂窝泥。

柴荡 sadhang。海边成片的芦苇荡,芦苇枯了即为柴。

下钓子 hwodiaozi。过去海里钓鱼用长串专用钩子在落潮时拉直,成排安放。

下网 hwomang。把鱼网放置海水中待捕。

绸网 shoumang。把鱼网收起来。

捉插网 ①竹杆深插海洋滩涂,把鱼网连起张开,退潮时鱼自投罗网。②收拾网中成果。

拾插网脚 xhikcakmangjik。拾捡插网里渔家不要的小鱼小虾。

钩蛏 goucen。用专用掏洞工具和弯钩把躲在洞内的蛏完整无损地钩上来。

捉土贴 拾黄泥螺。黄泥螺分青壳、黄壳,黄壳黄泥螺肚里黄色泥土居多,而青壳黄泥螺肚里深色泥土居多。

钩蟛蜞眼 用专用钩子把躲在洞中的蟛蜞掏出来。

抢蟛蜞眼 夏天雨后蟛蜞全都爬出洞窝,晚上提灯或打手电筒即可逮住。

药蟛蜞眼 用农药把爬出来的蟛蜞药昏,拾回去后用清水池养去药。今禁。

挖蟛蜞眼 挖开洞窝逮蟛蜞。

蟛蜞眼洞 蟛蜞的窝,多垂直,下部有水,洞口有碎泥堆砌,冬天封口。

凶蟹洞 青蟹的洞窝。

沙蟹洞 沙蟹洞,与蟛蜞洞无异。沙蟹体型似蟛蜞,身上长细毛,雄性一螯硕大,一般不食用。亦写作"骚蜞",也叫"毛骚蜞""骚牢蜞"。

捉潭无 zokdhoewhu。潭无学名弹涂鱼,海滩水边两栖小鱼类,长约 5 厘米,灰黑色,眼大而鼓,身子滑溜,又会奔跳,十分机灵,很难逮住。俗语:捉得着潭无,偷得着婆娘。

挽芦花 weluho。收摘芦苇花。芦苇花轴上密生的毛,始青后白,可制冬天穿的蒲鞋,较为保暖。

挖芦根 挖出芦苇的地下茎。芦根多呈白色,有的带黄,熬水后服用,有利尿、清热解毒作用。

斫秧草 秧草,海滩上生长的一种草,细长成簇,牛爱吃,割下晒干供牛冬食。

河浜、水利

沟 gou。浦东人心中的沟即河,只是沟可以很小,小到泄水的小漕,可以一步跨过去的也叫沟。

沟头 goudhou。河流。"轧米厂后头～邪大,几吨头轮船也好停靠。"

沟梢头 河流末端。"～冬天水暖因而鱼多,下网一拦,用竹杆猛笃沟梢,收获勿会少。"

浜壖 'banghe。又写作浜海。河畔。"乡村条条～,芦头柴草统统斫干净,好像有点做过头了。"

浜壖头 河旁边。"大人叮嘱小团千万勿能到～玩(读蛮)水,邪气容易出事体。"

隔浜 河浜对过。"严家与陶家近唻,就拉～。"

对浜 河对面。

塌浜 ①名词,浜岸陡峭,倾斜度小,直下甚至凹陷。②动词,浜岸坍塌。"听到'轰隆'一声,别过头来吓了一跳,～了!"

圆沟头 圆状小湖。同义词:池塘。

宅湖沟 农家后面的池塘。"土改辰光,几乎家家有～,还养鱼哩。"

断头沟 水不能流通的河流。

腥龊水 okcoksy。水被污染了。

臭河浜 整条河流发臭。同义词:臭沟头。

沟头里 河里。"闯穷祸拉哉,三岁小囡跌拉～活杀(淹死)了。"

车沟头 用水车或抽水机把河里的水排干。

拷沟头 kaogedhou。用桶和勺把河水拷干。"小墏里(小时候)看大人～,大大小小鱼游来游去漩头圆,一个也逃勿脱,捉仔几篮筐。"

深头里 河底一般不平,深的地方是深水处,称深头里。

三角洋 河流分岔、两河交叉的地方。"迭只～邪大,水性勿好额人游勿过去额。"

开河 开挖河道。同义词:挑河,挖河。

挖河泥 waewhuni。开拓河道时把泥土挖去。

掏泥 挖土。同义词:挖泥。

坝 bo。为拦水或方便低凹地通行而筑的堤和路。

堰 yi。拦水堤坝。

堰桩 yizhang。①打有桩基的堤坝。②泛指堤坝。

筑堰桩 zokyizhang。为方便通行或拦水、蓄水而打桩夯筑堤坝。

筑塘 zokdhang。用土、石、水泥等构筑较大的围海围塘的堤坝。同义词:挖塘。

排灌 bhasgue。灌水排水的合称。排灌员是负责用水作物排灌作业的专职人员。

排灌站 管理排灌的工作房。

下水 掉水,下滑的水。

泻水 泄出或流动的水。

支河 zywhu。连接主干河流的次要河沟。

水没 symak。大水淹没。同义词:没水。

杭水 积水。"迭段路特低,落雨常总～。"

车水 cosy。用牛赶水车或人踏水车,把河水车上岸灌溉或排涝。

发水 涝。同义词:发洪水、发大水。

通潮沟 能排水到海里的河流。同义词:通潮港。

称　谓　称　呼

家属称谓

老太太　laotata。高祖父母,祖父之祖父母。

太太　tata。曾祖父母,祖父的父母。

太公　tagong。曾祖父,父亲之祖父。

太婆　tabhu。曾祖母,父亲之祖母。

公公　gonggong。堂伯叔(姑)祖父,父之伯父、叔父、姑父。妻称夫之父。

婆婆　bhubhu。堂伯叔(姑)祖母,父之伯母、叔母、姑母。妻称夫之母。

外公　ngagong。外祖父,母之父。

外公大大　外祖父,母之父。

外婆　外祖母,母之母。

大大　祖父。

阿奶　akna。祖母。也叫奶奶。

阿爸　akba。①父亲,新中国成立后开始叫"爸爸",现今叫一个字"爸"的渐多。②公公,夫之父。也叫"爸爸",一般为妻随夫称呼。

阿爹　父亲。

阿妈　①母亲,如今叫一个字"妈"的渐多。②婆婆,夫之母。也叫姆妈、妈妈,一般为妻随夫称呼。

婆阿妈　丈夫的母亲,妻子向别人介绍时的称呼。

娘　母亲,当面称呼,也在别人面前称母亲为娘。如:"侬问打水呃啥人? 打水呃是我～"。

生母　生身母。同义词:养身娘。

养母　虽非亲生却把自己抚养大的母亲。同义词:抱养娘。

晚娘　meniang。后母(他称、背称)。

度度 dhudhu。大姑母，父之姊。

嬷嬷 momo。①姑母，父之姊。②夫之姐。

孃孃 niangniang。①小姑姆，父母之妹。②比父母年纪小的同辈族人女性。

夫夫 姑父、姨父，姑、姨母之夫。有的地方叫“寄爹”。

伯伯 ①伯公公，夫之伯父。②比父母年纪大的同辈族人男性。

姆姆 ①伯婆婆，夫之伯母。②比父母年纪大的同辈族人女性。

丈人 shangnin。岳父，妻之父，也叫阿爸。他人面前称丈人、岳丈或老泰山。

丈母 shangm。又写作惹姆，岳母，妻之母。也叫阿妈、姆妈。他人面前称惹姆、惹姆娘。

亲家 子女结亲的两家。

亲家公 子女结亲两家的男方互称。

亲家母 子女结亲两家的女方互称。

入舍 nikso。动词，入赘，男“嫁”女家，本人不改姓，子女姓女方姓。

入舍女婿 niksonyuxi。名词，入赘的女婿。男“嫁”女家，子女随女方姓。同义词：上门女婿。

招女婿 zaonyuxi。①动词，女婿入赘。“村东～办喜事真热闹。”②名词，入赘的女婿。

养子 从小领养大的儿子，有继嗣关系。

义子 无继嗣关系的领养儿子。

嗣子 shyzy。旧时对养子之称。

养新妇 yhangxinwhu。童养媳，旧社会习俗之一，新中国成立后取消这个习俗。

童养媳 dhongyhangxik。女孩从小领养在家中，长大后做儿子妻。新中国成立后取消这个习俗。

抱养囡 从小抱过来养大的女子。

男家 男方的家。

男人 ①丈夫。②男子。③姘夫。

女家 女方的家。

女人 ①妻子。②女子。③姘妇。

老伯伯 伯父，父之兄。

老妈 伯母，父之嫂。

老妈妈 伯母，父之嫂。

爷叔 叔父，父之弟。

婶婶 sensen。叔母，父之弟媳。也叫婶娘，浦东叫“孃孃”很普遍。

娘舅 niangjhiu。舅舅。

舅公　夫之舅。也叫"舅爹"。

舅妈　舅婆婆,夫之舅母。

阿哥阿弟　①连襟,妻之姐夫、妹夫。②阿舅,内兄弟,妻之兄弟。

阿哥　大伯,夫之兄。

嫂嫂　'saosao。阿嫂,夫之嫂。

妹妹　阿婶,夫之弟媳。

姐姐妹妹　姑娘,夫之姊妹。也叫阿姐、阿妹,一般随夫称呼。

老祖宗　对祖辈的总称。

亲爷娘　父母。

老太婆　①老太(常含贬义)。②老年男子称呼自己的爱人(有时是昵称)。

娘舅家　母亲的兄弟家。

小弟　小叔,夫之弟。也叫作"弟弟"。

小叔子　又称小叔,丈夫的弟弟。

小姨子　又称小姨,妻之妹。

小老母　xiaolaomo/xiaolaoma。以前可以一夫多妻,大老婆以下都为小老母,也叫二房、三房,往下推。同义词:小老婆。

小舅子　妻的弟。

大舅子　妻的兄。

大老母　以前可以一夫多妻,第一个妻子为大老婆,也叫大房、大老母。

立嗣爹　养父,有继嗣关系。

爷　父亲,常在他人面前称父亲为爷。如:"侬问伊啥人? 伊是我～。"

晚爷　meyha。后父(旁称)。

阿妈娘　akmaniang。①子女称呼亲娘。②无奈感叹。"～,迭桩事体办脱哉。"(糟糕,这件事做坏了。)

爷老头子　父亲别称。

大细　dhuxi。①指子女。"伊拉勿是吭大细呃人家。"②也指女婿、媳妇。

老大　laodhu。①大儿子。②一群人中年龄最大的,直呼"大哥"、"大姐"。③一个单位、团体中说话算数的当家人,旧指帮派头目。

大倪子　大儿子。

炮头团　第一个孩子。

奶末头　又写作奶勃头、阿末头。排行最小的孩子。

小倪子　小儿子。

老幺　laoyao。小儿子。

毛脚(女婿)　女儿的未婚夫。

孙子　'senzy。父亲的儿子的儿子。

孙囡　'sennoe。父亲的儿子的女儿。

外孙　ngasang。父亲的女儿生的男孩。

外孙女　ngasangnyu。父亲的女儿生的女孩。

侄子　shakzy。弟兄的儿子，或其他同辈男性亲属的儿子。也称朋友的儿子。

侄女　shaknyi。弟兄或其他同辈男性亲属的女儿。也称朋友的女儿。

侄女婿　侄女的丈夫。

侄孙　弟兄的孙子。

侄孙女　弟兄的孙女。

侄媳妇　侄子的妻子。

姊妹道里　zymedhaoli。姐妹之间。

伯姆道里　bakmdhaoli。妯娌之间，哥哥的妻子和弟弟的妻子的合称。

叔侄道里　sokshakdhaoli。叔侄之间。

小囝道里　小孩之间。

亲属称谓

亲眷　qinju　qinjue。亲戚，眷属。

亲亲眷眷　qinqinjuju。各门搭家亲戚。

自家　①亲人范围。②圈子内，如公司股东之间、项目合伙人之间等称自家、自家人。

一家门　全家人。同义词：一门带将。

远房亲　血统较疏远、遥远的亲戚。

寄妈/寄娘　又称过寄妈/过寄娘。①互认的亲人关系。有的出于祈愿孩子健康成长，有的喜欢这个孩子，还有两家有意走近。②亲上加亲。如孩子认母亲的姐妹为寄妈。同义词：干娘、干妈。

寄爷　又称过寄爷。①互认的亲人关系。有的出于祈愿孩子健康成长，有的喜欢这个孩子，还有两家有意走近。②亲上加亲。如孩子认母亲的姐妹夫为寄爹。同义词：干爹、干爷。

过房倪子　gufhangnizy。①从同辈亲戚中领养的男孩。②干儿子。

过房囡　gufhangnoe。①喜欢这个孩子，或者孩子喜欢大人，双方互认的父（母）女关系，女孩一般就在养父母家里生活。②亲上加亲。原本是亲戚，上升为父（母）女的关系，女孩一般到养父母家里生活并改口叫爹、娘。

堂兄弟　①堂弟。②堂兄和堂弟。

表阿哥　biaoakgu。表兄。

表阿姐　biaoakjia　biaoakji。表姐。

表姐夫　表姐的丈夫。

表兄弟 ①表弟。②表兄表弟。

表阿妹 表妹。

表阿弟 表弟。

表弟媳妇 表弟的妻子。

小团 小男孩。

小囡 小女孩。

小人 小孩。

小毛头 婴儿。

毛头团 10岁左右的男孩。

兆头团 shaodhounoe。初发育的半大孩子。兆，不大不小。"侬看看，辩些～，吃饭一碗接一碗，长身体哩!"

潮郎头 shaolangdhou。发育中的男子。

头生 dhousang。第一胎生下的小孩。同义词：头胎。

辈分 排行辈数。

一房 家族的一支。

大房 排行老大。

连襟 lijin。姐夫、妹夫之间。

姑娘家 姑娘辈。"～坐要坐相，立要立相，作作较才好。"

小姊妹 最亲密的女性同性伙伴。

小姊妹道里 彼此是亲密的小姊妹朋友关系。

非亲属称呼

顶头上司 指直接领导自己的人或机构。(《现代汉语词典》)

一把手 单位主要负责人。

下手 助手、配角。

坐办公室额 ①机关工作人员。②指挥员。③秘书。

跑腿额 bhaoteege。①秘书。②通信联络员。"我是～，作不了主额。"

发钞票额 财务人员，外延为后勤保障。

泡水额 ①勤务员。②谦称。

扫地额 清洁工。

一只办公室额 ①在同一办公室共事。②关系密切。"侬寻对哉，肖东和我～，迭桩事体好办。"

结拜弟兄 郑重其事地结拜，互称兄弟。

野娘舅 非亲非故认的舅。

本地人 区域范围有大有小。范围之内的人称本地人，之外的则不是本地人。

客帮人 kabangnin。区域范围较大,说话、习俗不一样的称客帮人。

乡下人 xianghhonin。住在乡下的人。

镇浪人 zenlangnin。住在镇上的人。过去镇上吃住行条件优于农村,农民羡慕镇浪人。

城里人 shenlinin。城市现代化最快,城里人紧跟时代潮流,引领时尚。

客边人 kakbinin。不认识的外地人。

外乡人 ngaxiangnin。本乡以外的人。

外头人 ngadhounin。①不属于自己范围的人。②外地人、外乡人、外国人。

邻舍 linso。邻居。"俗话说远亲不如近邻真有道理,～好比自家人。"

阴私鬼 yinsyju。指平时不大讲话,但暗地里专会动坏脑筋的人。

好户头 脾气随和、待人厚道或不是好胜好斗的人。"侬勿要欺伊～。"

大妈妈 儿童称呼看上去比自己母亲大、与自己母亲同辈的已婚女性。

老公公 对老头儿的尊称。

老头子 ①对老人的卑称。②老年男子。③父亲。④丈夫。⑤旧社会入帮会所拜之师,青红帮头目。

老法师 laofaksy。①原指道场中的领班或有地位的法师。②有经验、有名望、某一方面的权威专家。"勿要推托,人家当侬～相请,爽气地去吧。"

老娘舅 laoniangjhiu。①调解者。"分家一定要请～到场。"②热心管闲事的人。

老门槛 laomenke。①精通老手,对某种工作或事情富有经验的人。"王大姐这一行是～,可以开一个讲座。"②老奸巨猾。

老先生 ①老教师。②泛指有文化、有修养的老人。③一种诙谐称呼。"难得叫侬一声～,侬哪能做出辩种事体啊!"

老妖精 讥讽年纪已老而过分涂脂抹粉、举止风骚的女人。"迭位～又要花出来了。"

老来俏 laoleqiao。年老而打扮花俏的人。

老土地 当地人,原住民。

老芥菜 laogace。充作老成,贬义。又写作"老茄菜"。

老丫头 laoodhou。老姑娘。

老弟兄 一直比较要好的朋友。

老实头 老实本分的人。同义词:好户头。

老油条 laoyoudiao。①死不肯改,死不悔改。②不知羞、不听劝的人。"睬伊做啥?辩根～实在是个混世魔王。"

老面皮 ①不要脸的人,厚颜无耻。②不要脸的事。

老黄牛 ①耕地的老黄牛。②喻勤劳吃苦的人。

老居三 ①女人嗲称男人或情人。②妇女隐语,指月经。

老瘪三 对上了年纪的人的卑称、戏称。

老东西 对上了年纪的人的戏称。背后说等于骂人。

老滑头 惹事不负责任、擅长狡辩的人。

老末事 ①轻易不出山的老人。②久藏不露的有价物件。也写作"老物事"。

老叟匃 ①旁人对老人的卑称,近乎骂人。②老人自己谦称。

老甲鱼 laojikhng。①老人。"勿要看～瘪骨凌丁,本事斜好,吃得落,做得动。"②比较难对付的人。"格只～精明到家,没人敢欺负。"

老江湖 laogangwhu。旧社会指走南闯北能谋生者。

老手 laosou。①资格老。②有经验。

老蟹 laoha。①极其圆滑的老太。②善淫的女人。

饭师傅 厨师,能做饭炒菜。

作头师傅 各样手艺的权威和领班。

小包作头 包工头,一般承揽不大的土木工程。

剃头师傅 又称轧头师傅、理发师。

卖膏药额 流窜乡间卖膏药的人。

修棕棚额 精于修理棕棚的工匠。

转锭子额 加工纺纱锭子的人。

换糖额 挑担用糖交换旧物废物的人,破铜烂铁换几粒糖。

看牛郎 放牛儿童。

看风水额 测看风水的人。

算命先生 算卜人。

小浮尸 小孩。一般指男孩。

小活狲 小孩。一般指调皮男孩。

小小囡 婴儿。"伊哪能走得开,手里有个吃奶额～。"

小囡家 ①小孩。②不淘气的乖孩。同义词:小东西、小不三。

小瘪三 淘气的孩子。同义词:小不三。

小末事 ①少女。②一点点东西。③不值钱的玩具或宝贝。

小姑娘 ①少女。②未婚女青年。"人家～勿想睬侬,侬瞎搭讪做啥?"同义词:姑娘、姑娘家。

小妖精 xiaoyaojin。①漂亮又迷人的年轻女人。同义词:小妖怪。②指女人品行不端。贬义。

小滑头 xiaowhakdhou。①油腔滑调,不说真话、不办实事的青年。②对滑头滑脑、能说会道的青少年的昵称。

小乖人 会处世的人。

小赤佬 xiaocaklao。骂小孩的话,近昵称。又写作"小出老"。

小老卵 年小而充当内行、自以为是的孩子。

小脚色 xiaojiaksak。小角式,配合主角做事。

小八腊子 xiaobaklakzy。又写作"小八拉子"。①无权无地位的人。②专指小孩。"快到戏台浪集中,～开会啰!"

养刁囡 yhangdiaonoe。被大人或优越环境溺爱娇惯的女子。

白脚猫 bhakjiakmao。坐不住、立勿牢,喜欢跑东跑西的人。

软脚蟹 nyujiakha。比喻毫无志气、软弱无能的人。

洞里老虎 dhonglilaohu。比喻在家很凶、在外胆小怕事、无担当的人。该词常见于两口子互相指责时。

丧门星 灾星。

败家精 此人败家或因此人而家遭不幸。

狐狸精 妖媚而狡猾的女人。

猪猡 ①懒人。②肮脏邋遢的人。③戆,愚笨,没头脑。

猪头三 骂人的话,指不明事理、不知好歹的人。

叫花子 乞丐。同义词:讨饭胚子、讨饭叫花子。

痴子 精神病人。同义词:神经、傻子、笃头。

贼骨头 shakguakdhou。小偷。同义词:小摸贼、小蟊(毛)贼、戳手 cosou。扒手。

拓皮 takbhi。无赖。同义词:赖皮、泼皮。拉皮 labhi。极皮。"格只～勿要睬,拉勒身上撒勿脱。"

泼皮 胡来胡闹、胆大妄为的人。

吃客 ①正常的吃饭客人。②只吃勿做、坐吃山空者。

冤家 ①结仇之人、之家。②亲密程度非同一般者之间的戏称、谑称,如情妇称情夫为冤家。

身　体

器官组织

　　头顶　dhoudin。指脑袋顶部。自恃清高者,常被人说"眼睛长在～上"。

　　头路　dhoulu。头发旋儿。路,又写作胍。头顶之发有单旋、双旋和长在正中、偏在边上等不同旋胍。

　　头塔　dhoutak。头顶及头顶周围部分。"被人打仔一记～。"

　　头顶心　dhoudinxin。①头顶。②头顶正中。

　　头皮屑　dhoubhixik。又称头屑。头皮表面脱落的碎屑。

　　光郎头　guanlangdhou。也写作光头。男子不留头发剃光头。

　　小分头　xiaofendhou。男子发型,头发左右两边分。

　　骷郎头　kulangdhou。脑袋。常含贬义,多指活人的头。

　　枯颅头　kuludhou。脑袋,死人的头。若把活人的头说成～,则含贬义。

　　额角头　ngakgokdhou。①名词,指额头。②侥幸。好事意外降临即谓额角头。常把～分成高与低,事情成败由～高与低决定,带有巧合和迷信色彩。

　　前额角　xhingkgok。前额。

　　冲额角　前额凸出。

　　结鼓　又写作结箍。结箍肉,指两颊。"结"是"颊"的音变。

　　面孔　①脸。②面子。"做了遭人耻笑之事,就是勿要～"。

　　面结骨　mijikguak。颧骨。同义词:面架骨。

面架子 migazy。脸庞;脸型。"啊呀,原来是伊呀,怪勿得～斜熟,十多年没碰头哉。"

眼眵 ngecy。眼屎。"～多来,是勿是得赤眼了?"同义词:眼污、眼屎。

眼仙人 ngexinin。瞳仁。同义词:眼乌珠　ngewuzy。眼珠。"地上一堆番茄踏碎好几只,迭排人好像勿长～。"

黑眼乌珠 hakngewuzy。黑眼珠。"小姑娘～又大又亮,介出客(漂亮)。"

蓝眼乌珠　①蓝眼珠。②指代外国人。

厚眼皮 hhoungebhi。眼皮很厚。

小眼睛　①眼睛天生长得小。"一双～笑起来就是一条线。"②贪小利。"他呀～,别人额东西自家看上就掔为己有。"

眴眼 kounge。眼睛凹陷,肉里眼。

暴眼 baonge。眼球凸出的眼睛。同义词:暴眼乌珠、呱眼乌珠。

笡巴眼 qiabange。又写作掐巴眼。①眼歪,天生斜视。②因伤疤致使眼睛不正。③眼正常,看人斜视,有的故意斜视。

吊眼狼　①天生眼皮吊起。②詈语。"侬只～吃里扒外,迟早会遭报应。"

三角眼 segoknge。皱眉时双目上眼皮呈倒三角形,喻阴险狡诈。"侬勿看见那家伙长额是～,难缠。"

水泡眼　①金鱼眼睛外有一层似水泡的薄膜,为金鱼的一个品种。②指人的肿胀的眼睛。同义词:金鱼眼、呱眼乌、暴眼乌。

麦秤眼　眼睛半开半闭;有的看东西眯成一条缝,凑得很近。同义词:眯牵眼 miqinge。

鼻头倌　鼻子。

鼻头洞 bhikdhoudhong。鼻孔。同义词:鼻头缝里。

鼻毛　鼻孔里长的毛。

鼻污 bhikwu。鼻子里脏物。同义词:鼻污干　bhikwugoe。

酒糟鼻头　鼻尖肉呈红色,有的毛孔明显,似麻点。传为螨虫所致,未必,因为有些是遗传的。

鹰爪鼻头 yinzaobhikdhou。鼻头长似鹰嘴状。

高鼻头 gaobhikdhou。①鼻子坚挺,高于常人。②泛指外国人。

歪鼻头 'huabhikdhou。鼻子不端正,鼻尖歪向一边。

塌鼻头 takbhikdhou。鼻子偏平,鼻尖像塌了似的。

嘴唇皮　嘴唇。

鸽嘴　口吃。"有些人一急,讲话就～。"

缺嘴　嘴唇缺一角。又称兔唇。

蛋抄嘴　下巴超出上唇。又称下抄嘴。

牙污　ngawu。牙垢。"前头辰光乡下人常总勿刷牙,牙缝里侪是～,现在习惯改脱了。"

牙污臭　不刷牙或牙有病而导致的口腔里的难闻气味。

板牙　benga。门牙。

趴牙　暴牙。

抠牙　kounga。向里藏的牙齿。

抢牙　qiangnga。换牙时,新牙从未掉的乳牙边挤出,长斜,影响了后出的恒牙。也叫"龀牙"。

奶牙　nanga。乳牙。

尽头牙　xhindhounga。智齿。

老虎牙　laohunga。虎牙。

牙齿缝　两个牙齿之间的缝隙。

牙膛骨　牙床。又写作"牙床骨"。

耳朵池　nidusy。耳垂。

耳朵洞　①耳朵窟窿。②戴耳环的洞,人为凿成。

耳马　nimo。耳屎。马读"磨"。

耳士　耳朵最下面的软骨。

小耳朵　①耳朵旁的凸起物。②偷听。"当心隔壁有～。"

招风耳朵　zaofongnidu。耳面过分与脸同向,似蒲扇向前。"迭个小伙堆作(身材)邪好,就是一双～打样。"

胡苏　whusu。胡须。

二下巴　nihhobhok。二,读"尼"。胖或壮实者下巴下面垂着的肉。"迭个姑娘圆圆脸～袋袋能蛮好看额。"

颈骨　连接和支撑脑袋的脖颈骨。"别看伊～绝细(很细),可会钻营寻关系哩。"

头颈骨　脖根,连接和支撑脑袋的脖颈骨。

佝头颈　缩颈。同义词:佝头缩颈。

扛肩胛　gangjigak。上抬肩膀,习惯性缩颈耸肩。

坍肩胛　tejigak。耷拉的肩膀。

胸脯肉　xiongbuniok。胸肌。脯:浦东人读"bu",音"布"。

胸膛头　胸膛。同义词:胸口头。

肩胛　胛,读沪语"加"。肩膀。引伸义"责任","迭个人碰到追究责任额事体,从来勿挑～。"

肩胛骨　肩骨。胛,读沪语"加"。

肋棚骨　肋骨。

背脊骨　背部脊梁上的骨头。

脊椎骨　脊椎。

算盘珠　soebhoezy。脊椎骨。

槽头肉　shaobhouniok。颈部的肉。

奶颧肉　napokniok。乳房旁的肥肉。

奶奶　mama。读普通话的马。①乳房。②奶汁。"勿晓得啥原因阿妹养仔囝～邪少。"

奶奶头　mamadhou。乳头。

夹招佬　腋窝。"伊独怕人家花～,怕痒。"

胳罩佬　腋窝。"真是矮子,伊连人家～都勿到。"

胳肢窝　gakzywu。腋窝。

胳肌毛　腋毛。

肚皮眼　dhubhinge。肚脐。同义词:肚脐眼　dhuxhinge。

小肚皮　xiaodhubhi。肚脐眼以下,腹的下部。

屁股头　'pigudhou。①屁股。②屁股那个地方。

屁眼尹　'pingebhe。也写作"屁眼板"。一指屁股两边的肉,也指屁股横阔大小。

屁眼缝　肛门口。

手　sou。①常指手掌部分。"鞋带用～系系紧。"②肩膀以下部分。"左～擎勿起来。"

手丫　souo。手指岔处。引申为出手大方。"迭个人用钞票,～粗来些额,勿会斤斤计较。"有时带欠精打细算的贬义。

手指头　souzydhou。手指。

长节头倌　手指相对较长。

短节头倌　手指相对较短。

粗节头倌　手指相对较粗。

节掐　jikkak。指甲。

节头倌　jikdhougoe。手指。

节掐缝里　指甲缝里。同义词:节头倌缝里。

虎口　大拇指与食指张开的形状如虎口,故名虎口。

螺　指纹。十指螺不同,成圆的称螺,开口的叫畚箕。民间有十螺谣:"一螺巧,二螺转,三螺转勿转,四螺拖棒头,五螺富,六螺穷,七螺做相公,八螺骑白马,九螺挑只污粪桶,十螺帮人做长工。"

手臂把　soubibo。手臂。

臂脯　bibo。胳膊。"丝瓜粗来像～。"

臂撑子 bicangzy。胳膊肘。

三角撑 肘部。"看看伊坐拉甘～,正在打瞌睏。"

老腿 laote。大腿。

脚湾里 jiakweli。膝盖里面,大腿与小腿坐下形成"湾"。

脚盔子 jiakkuezy。小腿、膝盖以下。又写作"脚块子"。

脚馒头 jiakmoedhou。膝盖。

脚 jiak。①脚腕至脚趾部分。②包括大腿、小腿、脚掌、脚趾。

脚节头 脚趾。

大脚节头 脚拇指。

小脚节头 脚小指。

迭脚节头 迭脚趾。

脚节掐 jiakjikkak。脚指甲。

脚丫 脚趾之间。

脚骱 jiakgha。腿关节。

脚骷骨 jiakkuguak。踝子骨,脚腕两旁凸起的骨头。

脚底里 脚掌。同义词:脚底心、脚底板。

脚下头 ①脚掌下。②胯下。"侬敢从伊～爬过去哦?"

脚后根 脚跟。

脚跟头 脚周围。"养仔三四只猫,常拉～缠来缠去。"

后脚根 ①脚后根。②屁股后面。

跟屁虫 老跟在别人的屁股后面。同义词:跟脚根。

收脚则 不再过去。

钳脚 走路脚板方向呈内八字。

扒脚 走路脚板方向呈外八字。扒,读沪语"拍"。

小鸡鸡 xiaojiji。小男孩外生殖器。

小末事 ①小女子。②隐喻女子生殖器。

脚发裆里 ①两腿之间。②隐喻生殖器。

裤裆 ①两腿之间。②本意为裤子裆部。

寒毛 hhoemao。汗毛。

寒毛孔 hhoemaokong。长汗毛的小孔。

寒毛根子 汗毛根部。

身胚 'senpe。身架。

骨架子 身体骨架。

长窜条 shangcoedhiao。瘦长个子。

狭条子 hhakdhiaozy。狭,读沪语"合"。瘦长的身材。

大码子 大块头,大个子。码,读"模"。

柏油桶 滚圆身体。

扎登 身材结实。

堆作 身材外观。

矮弧扎登 awhuzakden。矮小壮实。

壳落 koklok。空架子。比喻瘦得皮包骨。"百岁老人坐拉坐勿起,瘪得来只剩只～。"

尾巴桩 尾骨。尾,读"尼"。

骱 gha。骨节与骨节衔接的地方。脱骱,上骱。

瘀肉 yuniok。腐烂处的坏肉。

颖肉 pokniok。肥肉。同义词:滂稍肉。

肉都都 胖乎乎。

肉异痒 niokyiyhang。神经末梢被触碰的一种感觉。

肉皵皮 niokqikbhi。指甲边翘起的一丝皮。皵,《广韵》入声药韵七雀切:"皵,皮皱,《尔雅》云,楷谓木皮甲错。"

花异痒 'hoyiyang。用手触碰他人胳肢窝、脖颈等敏感处,打闹之举。

花疙皱 用手触碰他人胳肢窝、脖颈等敏感处。一种取乐游戏。

青筋 体表下的静脉血管。

喉咙头 hhoulongdhou。喉部。同义词:喉咙口。

沙喉咙 sowhhoulong。发音沙哑的嗓子。

小舌头 xiaoshakdhou。长在喉咙口的小舌。

大舌头 dhushakdhou。①相对小舌而言。②讲话不利落,吐字不清。

眼泪水 ngelisy。眼泪。"小鬼(音'居')头哭得好伤心,～答答滴。"

谈吐水 口水,唾液。同义词:馋吐水。

厚皮 ①厚的皮。②面皮厚,不害羞。

心口 胸口。同义词:心口头。

心头肉 ①心上肉。②宝贝。

心厢里 胸膛内。

气块 因生气而在胸中生成块,把心堵得慌。实际无形之气,只是形容受气之重。

妈妈 mama。浦东话读沪语"埋埋"。①乳房。②乳汁。

妈妈头 mamanadhou。①乳头。②婴儿汲乳汁的人造乳头。

妈妈块 mamakue。女子乳房内的硬块。

经水 月经。

屁眼　'pinge。①肛门的俗称。②泛指屁股。

臀疒　dhengong。肛门。《集韵》平声东韵沽红切："疒、脱疒、下病。"

落臀疒　痔疮,大便时臀疒露裸伸出。

乌青　皮下紫血块,一般为硬伤所致。胎记也有～的。

污　wu。粪便。

拆污　cakwu。大便。

污连头　亦写作"污里头",呈条状或块状的类便,也称"干粪便"。

尿　'sy。小便液。

尿头　'sydhou。小便间隔时长。"辩腔小囡～邪短。"

尿脬　'sypao。膀胱。脬,读"抛"。《广韵》平声肴韵匹交切："脬,腹中水府。"

血印　①皮肤表面出现的血块。②用血印上去的图案,如血指印、血脚印等。

血盈盈　眼看鲜血破皮而出。

血赤漓漓　血流如注。

腰子　肾。

腰眼　腰部。同义词:腰眼窝、腰子窝、腰子眼。

鸡皮疙瘩　寒冷致皮肤暴起的鸡皮状疙瘩。也叫"筋肉痱子"。

丁伶痱子　dinninbhezy。天热使皮肤发出连片的小疙瘩。

寒毛孔　hhoemaokong。汗毛生处。

汗臊气　hhoesaoqi。汗气味。同义词:汗臊味、汗臊臭　hhoesaocou、汗酸臭 hhoesoecou。

肢胳臭　腋窝散发的特殊汗味、气味。同义词:猪狗臭。

脚臊臭　脚汗散发的臭气。"洋袜几天勿汰,～熏煞人。"也写作"脚骚臭"。

鸡眼　脚底增生的针眼状瘀肉,渐变硬体,挤压胀痛。

身体语言

白眼　bhaknge。①使眼色。表示反对。②不给好脸色,不受欢迎就是吃白眼。"我勿去,咋拉吃婶婶额～?"

昂眼　使眼色。暗示多种意思,如爱意、妒意、不满意等,全凭两人平时关系程度揣度。

横眼　给人白眼。

眨眼　①眼睛一张一合的正常生理现象。②双方对视故意眨眼而暗示什么。

丢眼　用眼波示意。同义词:丢眼色。

瞪眼　用眼瞪。①表示生气,反对。②使眼色,让对方注意。"姐在边上老向我～,我顿时领悟说错了,连忙刹车。"

皱眉头　因伤脑筋而皱眉。"迭桩事体让人～,越搞越复杂,勿晓得啥辰光才解决。"

点鼻头 dibhikdhou。①指自己。②其他暗示。

掩耳 ①不想听。②不要听。③声音太响太杂,受不了。

揪耳朵 jiunidu。①暗示乱说挨揍。②专心听、听清楚等不同含义。

板面孔 ①生气。②不理睬。"侬再送礼我老公公会~额。"

哭笑 ①破涕为笑。②尴尬表情。

哭相 ①面相。②扮作哭相,表示伤心、冤枉。

噘嘴 juikzy。①生气。②其他对视人能领会的暗示。如,请注意、悄悄离开等。

努嘴 ①指点方向。②示意取那个东西。

抿嘴唇 minzyshen。动词,上下唇相合。有时在某场合下向特定对象表达一种意思。

咬嘴唇皮 ①不肯说。②表示一种意思,如难为情、不好开口等。

竖指 伸出指头,不同指头、指形表示不同含意。时表数量,时表点赞,时表辱人。食指贴唇竖起,示意别说话,别声张。

点指 手指点击(桌面)表达某种意思。

指意 手指表达的各种意思。

一只手 五个指头,一个指头可表示一个数,可表示 5 或 50、500、5000、50000等整数。

发拳 手掌一下放开,一种游戏,表示公开、网、要、包等。也写作"豁拳"。

拍脚 pajik。①分开两腿。②脚与脚相碰。

闸脚 shakjik。①双脚急切踩地。②表示着急。

蹩腿 bhikte。把腿向外蹩。

鞠臀 站立时不注意收缩臀肌,导致臀部突出。肥臀者多有此状。同义词:驳臀。

耸肩 表示轻蔑、疑惑、惊讶等。

拍胸 ①表示承担。②表示很有把握。"阿叔大会上~,还忧啥万一。"

拍手 ①鼓励。②同意。③高兴。

点头 表示同意、答应。

摇头 表示不愿意、不同意。

擦手 表示拒绝,劝人拒绝。"看到阿姐~,我就想勿参加了。"

摊手 ①束手无策。②无可奈何。③一无所有。

攥攥拳头 攥拳,zenjhu。攥读"征"。攥紧拳头。①表示有力量,有决心,有信心。②表示仇恨,决一生死。

婚 育

恋爱

谈朋友 交往中选择终生伴侣。同义词:找对象。

交朋友 jiaobhangyhou。①交往中友谊深厚结为朋友。②男女交往向恋爱方向发展。

爷娘作主 父母为子女婚姻作主已成历史,新社会法律保障男女自由恋爱。

讨八字 旧时男女央媒求亲,俗称～。"八字",即按天干地支排列一个人出生的年月日时,如2018年农历九月初一晚九时出生,八字便为"戊戌(年)、庚戌(月)、癸酉(日)、丙辰(时)"。过去认为根据"八字"可以推算人的命运,女方认为男方门户相当,便出"八字"给媒人,称"小八字",其后由算命先生推算,称"合八字"。如果双方命相并无克冲,那么就可以议婚。

授贴子 男女双方家人拿出生辰八字贴子给对方,说明提上相亲议程。若八字不合则要退回,叫还贴。

问问看 问问,套套口气摸摸对方的底。

话话看 试试,谈起来。

相中 xiangzong。看得中意。

长相 外表模样。同义词:看相、卖相。

识相 观察细微举止有度。

人样 ninyhang。人,读"银"。身材,人的模样。

登样 denyhang。长得端庄或穿得合身,看上去顺眼。

身段有样 个头匀称。

做事落坎 言行得体。坎,又写作"槛"。

乖巧 guaqiao。聪明伶俐。

手巧 动手能力强。

灵泛 linfe。聪明,悟性高。"迭个小鬼蛮～咯,以后会有出息咯。"

灵珑 linlong。机灵,灵巧。

活珑 whaklong。说话做事活络灵活。"迭个小伙勿是呆顿顿咯,讲闲活、做事体～唻。"同义词:活络。

活泛 whakfe。活泼、灵珑。

趣 'qu。漂亮。"李家三图五,一个比一个～。"

出客 cakkak。漂亮。"黄毛丫头十八变,越变越～。"

斜崭 xhia'ze。非常好,样样中意、满意。

难勿应 newhexhin。难为情。

懂事体 通情达理。

看三四 koesesy。善解一举一动。

轧苗头 ghakmiaodhou。以小见大,看懂用意。

面皮薄 怕难为情。同义词:面皮嫩。

怕意思 poyisy。怕难为情。同义词:难为情,现世 yhisy。

吞头势 腔调作派。

花头势 天花乱坠地胡吹。同义词:花头花脑。

花插插 沾花惹草。

搞三门 插一脚,插一手。

搞七廿三 胡搅乱来。

乱话三千 吹牛无边际。同义词:瞎三话四。

瞎七搭八 ①言语上乱说。②行动上乱搭。

奇脚花胖 jhijikhopang。站立不稳。比喻此人不稳当、不可靠。

老实头 老实憨厚者。

顶勿出 怕羞不敢出面。

独卵种 dhokloezong。独养儿子。同义词:独养倪子、独养伍子。

独养囡 dhokyhangnoe。一个女儿。

养娇囡 yhangjiaonoe。因女儿宠养而成娇女。同义词:养刁囡。

姑娘家 未婚女子。

老姑娘 未婚女子,只是年龄有点大。

黄毛丫头 年幼的女孩子(含戏谑或轻侮意)。(《现代汉语词典》)

打切 dangqik。打听。

攀亲 结成姻缘。

耳朵圈 niduque。耳垂穿挂金银饰物的眼。

金戒子 'jingazy。戴在手指上的信物。同义词:金戒指。

银镯子 ninshokzy。戴在手腕上的饰物。同义词：银镯头。

香手 'xiangsou。用鼻闻手,或用唇吻手,都表示爱意。

香面孔 'xiangmikong。①吻脸。②泛指接吻。

香鼻头 'xiang bhikdhou。①鼻尖蹭鼻尖。②泛指接吻。③相撞。"两部摩托车～。"

香嘴巴 'xiangzybo。接吻。同义词：下嘴巴 okzybo。

勿要面孔 不要脸。斥责、痛骂之言。

看勿入眼 看不下去。

坍冲 'tecong。失去面子。又写作"坍蠢""坍充""坍宠"。

坍台 'tedhe。出洋相,丢脸。

百搭 bakdak。谁都相好。

骚货 生活作风不正派的女人。

正派 作派端庄。同义词:正经。

深交 ①深入交往。②交往已很深。

作作交 正派规矩认真。"闲话讲准作,事体做板扎,做人～。"

好意思 无礼,无面子。"昨日吵得错板一眼动手,今朝侬～问伊讨物(读末)事?"

勿好意思 ①羞愧。②对不起。"小姐,～,事体急,介夜深还敲侬门。"

老面皮 不害羞。不怕别人指责,我行我素。

老油条 ①油腔滑调不要脸,耍赖。②朽木不可雕,开导不了,进步不了。

轻骨头 轻浮的人,贬义。"迭只浮尸～,碰见出客女子,常总嬉皮笑脸挨(读'啊')上去。"同义词:骨头轻。

头颈活 没方向,变化多。又写作"头经活"。

白相人家 欺骗对方。

早点吹 早些断交。

断脱 断绝来住。

婚娶

过门 gumen。①订婚入门确认亲事。②嫁入男家。③事情过去,放过或搪塞一下。

过门媳妇 订了婚的姑娘或结了婚的新媳妇。

允吉 yongjik。女方受聘,允婚。

行盘 hhangbhoe。纳聘。过去送礼与回赠要用盘子传递,故名。在女方口头允婚后,双方约定日期举行定亲或成婚仪式。纳聘时男方要向女方送"财礼",包括首饰、现金、花草千年红、万年青和茶叶等;女方接受聘礼叫"受茶""允吉"。纳聘时要退回部分彩礼。

解约　jiayak。定亲后终止恋爱关系。解约时，一般女方退还礼金；过失或过错在男方，则另当别论。

话好日　hhohaonik。协商举办婚礼的日子。

定日脚　选定吉日结婚。

正日　结婚当日。

嫁囡　女儿出嫁。

讨新妇　taoxinwhu。娶老婆。同义词：讨媳妇。

讨大娘子　taodhuniangzy。娶妻的旧时说法。同义词：讨娘子。

告吃酒　gaoqikjiu。当面邀请参加婚礼。

喜帖　载明婚典日期、地点的红色帖子。

排场　①举行婚礼的场所。②整个活动过程。

陪嫁　bhega。女子带到男家的结婚用品。

陪娘　bheniang。陪伴新娘左右的姑娘，协助照顾新娘，与新娘关系极好。同义词：伴娘。

喜娘　xiniang。伴在新娘身边的女子。也作伴娘。

喜糖　xidhang。订婚过门和结婚分发亲朋好友的糖果。

发妆　搬运嫁妆。一般嫁妆在正日上午搬运。男方拿嫁妆队伍由媒人引进女方屋里，女方用糖滚蛋（亦称"水潽蛋"）、小圆子等招待，称吃点心。嫁妆提前放客堂里，铺陈都放在两只长凳（又称"春凳"）上，用老布搭角扎紧。发妆时，阿舅或娘舅等先将第一件嫁妆马桶掇出门口，接妆人在门口外接受后，众人才可搬运其他嫁妆。铺陈须连凳一起搬。拿嫁妆队伍到达和离开女家宅基时，都要放鞭炮高升。也有临期插曲，女方家向媒人提出新要求，如向男方索要"尿（音丝）布钿"等，在没有满足要求时迟迟不将马桶掇出门口，直至协商支付若干现金后才同意发妆。

叫钿　长辈给新人的见面礼金。

茶礼　sholi。旧时订婚时男方送给女方的聘礼。

财礼　结婚前男方赠送给女方的礼物。

哭嫁　旧时婚礼习俗。迎亲日姑娘出嫁、整理嫁妆和梳洗、上轿时，与母亲及哥嫂哭别。娘哭诉说家穷嫁妆少，嘱女做个好媳妇。女哭感谢父母养育恩，置办嫁妆苦；再谢兄嫂姐妹手足情，也有姑嫂之间借此指桑骂槐。民谚称："娘家哭得应天响，婆家家当塔塔涨。"

被挑　bhiqiao。一个被挑是两条花色相和的新被。至少四对，新人两对，公婆长辈两对。人们常以被挑多少论嫁妆丰俭。同义词：被撬。

杠棒　gangbhang。抬挑嫁妆的工具，粘红纸条点缀杠头。

打铺盖　前一夜把新被成双折叠用织带捆好，也称挑被头、撬被头。

定被头　棉絮装入被套缝好。

捐嫁妆　jhigazang。青壮男子把被头捐在头顶上搬到船上或汽车上。

摊被头　嫁妆被头中最大的被挑打开铺在新床上。

被头枣子　被窝中藏的枣子,意含早生贵子。

马桶喜蛋　马桶里的喜蛋,意含有果、有喜。

进门　新娘由新郎抱着或牵着走到客堂大门前,门口由男方母亲相迎。酒席设在宾馆的,也必须先入自家门再去宾馆。

拜堂　结婚礼仪。

拜天地　向天地三鞠躬。

拜爷娘　向父母三鞠躬。举办婚礼时新人一起向双方老人鞠躬。

圆床　床笫之欢。

同房　dhongfhang。同床成了夫妻。

同居　dhongju。同房。一般指非婚姻关系的共同生活。同义词:并铺bingpu。

新房头　新结婚房间。同义词:新房间。

吵新房　习俗,闹新房。

吼大小　hhondhuxiao。闹新房的人不分尊卑长幼,放开娱乐,然而也不可违背德道,触犯法律。

糖滚蛋　dhanggundhe。煮蛋汤里放糖,味甜,都说补身体。

回门　whemen。女子嫁后初次与新郎一起回娘家。

新娘子　刚结婚的女人。不过有人到老还坚持这个称呼。

新娘娘　外人和小辈对新娘的称呼。有的习惯称呼到老。也叫新孃孃。

新媳妇　xinxinwhu。公婆或外人对新娘的称呼。

新客人　岳父和丈母娘对女婿的称呼,现多直呼其名,丈母娘喜欢叫阿弟。

新官人　旧时岳父和丈母娘对女婿的称呼。

新郎　刚结婚的男子。同义词:新郎官。

大娘子　①泛称妻子。②妻子的年龄比丈夫大。旧时,浦东人偏好"讨大娘子"。

大小老嬷　旧时可以一夫多妻,大老嬷就是正房,妾为偏房,即小老嬷。

嫁男人　女子嫁给男子。

嫁囡五　ganoehnng。把女儿嫁出去。

做新妇　在婆家当媳妇。

做儿子　上门女婿,到女方家当儿子,即入赘。同义词:倒插门。

头婚　dhouhun。第一次结婚。

二婚　nihun。第二次结婚。同义词:再婚'zehun。

秧新妇　童养媳。旧时童养媳从小领养、抱养在家，为当儿媳妇做准备。

扳了　关系断了。离婚了也叫“扳了”。

生育

有喜　yhouxi。有孕。同义词：有身孕、身浪有了，也说有拉哉、伞身体。

作泛　妊娠反应。“迭腔吃勿落，动一动打恶心、吐酸水，八成是小囡～。”

生小囡　'sangxiaonin。怀孕。

度度皮　dhudhubhi。怀孕且有月份，肚子已有显现。同义词：大肚皮。

养　yhang。①生小孩。②抚育孩子。③饲养动物。④不及物动词。养神，养精神。

养小囡　①生下小孩。②抚育孩子。

接生　jiksang。协助产妇生孩子。

接生婆　专门帮助产妇顺利生孩的女人。

足月　婴儿在娘肚里十个月。

舍姆里　'somli。坐月子期间。

做舍姆　zusom。坐月子。

做满月　生育习俗。婴儿出生后一个月，宴请亲友，叫作“请满月酒”，来者叫“吃满月酒”。旧时重男轻女，生男做满月，生女一般不做。届时亲友携礼品来贺，俗称“望舍姆”或“望小姆娘”。贺礼常为云片糕、桂圆、红枣、红糖之类。新中国成立后无论生男生女，都一样庆贺。贺礼有绒线、童装、金铃、金木鱼，以后玩具更时尚、高档。此俗延续发展，礼品更贵重，庆贺更隆重，星级酒家大摆酒席，幻灯视屏齐上，不算稀奇。

吁妈妈　yumama。喂奶。

奶水棚哇　乳房奶水多，发胀吗？

只奶　zakna。婴儿吮吸母奶。

呛奶　qiangna。下咽受阻喷奶。

隔奶　gakna。不让再吃奶。同义词：断奶　dhoena。

红蛋　也叫喜蛋。生小孩后送人吃的染成红色的鸡蛋，以示喜庆。

做三朝　zusezao。三朝即三天。做三朝就是小孩生下三天摆酒请客。也有做百日、做满岁等。

小月生　xiaoyhuiksang。在当年9月1日以后出生的人，指农历七月一日后出生的人。

大月生　dhu yhuiksang。在当年9月1日以前出生的人。

一岁间　后一婴儿出生与前一个婴儿间隔一年。

踏肩头　后一个孩子与前一个孩子连着出生，指一年不到。

虚岁　一般习惯是年龄按出生当年加 1 岁,未踏农历新年加 2 岁,这叫虚岁。

实足年龄　按国家规定要求计算的年龄。

叫名　新生儿的名字。"迭个小子～'富强',跟'中国梦'连上啦。"

刮脱　终止妊娠。同义词:磨脱。

两个娘养额　①两个娘生的小孩。②子女气话,埋怨、责怪大人偏心眼、不公正。"只准我学生意,不让我再读书,我和弟好像～。"③旁人感觉。

教 育

设施、文具

学堂 hhokdhang。上学读书的地方，就是学校。

小学堂 小学学校。

学生子 学生。

台肚里 课桌下面空间。"乘老师不注意，阿拉在～偷偷看《封神榜》中的精彩部分。"

书包 'sybao xubao。装书的包，一般用布做的，现材料各异，样式、颜色多样。

包书 出于爱护目的，用纸或塑料等轻薄而又耐磨的材料把书的封面封底包起来。

《申报》纸 《申报》旧时上海报纸，1872 年 4 月创办，1949 年 5 月停办。后来代称报纸。有俗语："瞎眼看《申报》。"

夜报 晚报，如《新民晚报》。

闲书 hhesy hhexu。消遣性的课外书籍。

小人书 连环画，也叫小书、小人头书。"徐伟爷叔屋里厢书架浪有勿少～，每趟去伲总要翻一遍，邪有看头。"

铅笔盒子 'kebikhhakzy。读书用的文具盒，当初仅装铅笔、尺子及擦字的橡皮，现在文具盒有更高的工艺，容量扩大，可装更多东西，如水笔、彩笔、卷刀、计算器等。也作"铅笔盒"。

笔袋 装笔的袋子。

铅笔头 铅笔的一头，或用得还剩很短一点。"小李从小节约，～短唻一眼眼还勒写。"

卷笔刀 juebikdao。卷削铅笔的工具。"当时班里只有伊买得起～，铅笔塞进去，卷几下就好了。"

墨笔 makbik。毛笔。

蘸钢 zegang。旧时蘸水钢笔的简称。一头细,一头粗,粗的一头装笔头,蘸取墨水写字的简便水笔。

簿子 bhuzy。可写可画的本子。如写字～,记账～。近义词:笔记本、作业本、白本子。

戒尺 gacak。旧社会用作戒示、处罚学生,打学生手心、屁股的尺子。

教鞭 jiaobi。教师讲课时指示板书、图片用的细棍,常用竹制或木制。同义词:教棒。

叫扁 jiaobi。哨子。

硬柏纸 ngangbakzy。又厚又硬的纸,可垫可折可做盒子。又称"马粪纸"。

道林纸 用木材为原料制成的纸,按纸面有无光泽分为毛道林纸和光道林纸两种。因最初为美国道林(dowling)公司制造而得名。(《现代汉语词典》)

揿钉 qindin。图钉。

浆糊 jiangwhu。①有黏性的物体。②引申为糊涂、糊里糊涂。"迭桩事体,拨弄讲勒我头脑里一盆～,糊里糊涂。"

蚂蟥筋 即橡皮筋,因像蚂蟥一样伸缩而名。

字纸篓 废纸篓。

书钿 上学交的书簿费。

学钿 读书的学费。

蒸饭钿 远道学生蒸饭在食堂付的代加工费。

小菜钿 住宿学生付的菜金。

教学

开小差 kexiaocha。①思想不集中,注意力转移。②溜号,人躲起来或逃跑了。

抽起来 被老师点名站起来提问。

着颜色 为美术作业涂颜色。

赖学 lahho。逃学。童谣有"赖学精,看见先生难为情,书包掼勒屋头顶"。

放饭学 fangfhehhok。学校中午放学。

放夜学 下午放学。

闹 ①被老师批评。"小六子经常拨老师～勒眼皮搭落。"②吵闹。闹翻天,吵得不可收拾。

吃批评 挨领导或老师批评。

打手心 旧时教师用戒尺或教棒惩戒学生。

乱粉笔头 dokfenbikdhou。教师用扔粉笔头提醒学生要认真听讲。"老师见一学生低头看课外书,～到伊头上,并问'准哦?'迭位同学满脸绯红,同学们哈哈大笑。"

立壁角 likbikgok。课堂里罚站,站在墙壁角。"小学里最难忘的一桩事体是我撕了同桌女生的作业本,被老师当众叫出来～。"

木头人 mokdhounin。上课提问不发声回答而站立的学生。

关夜学 因犯纪律或学习跟不上大家而被老师留在学校,进行面对面批评教育或补课。"侬油头塌脑下去,迟早像野狗(邻居淘气娃)被老师～。"同义词:留夜学。

扎钩 zakgou。老师批阅作业,题目做对了打钩,即扎钩。

打绞 dangghao。老师批阅作业,题目做错了用红笔打叉,即打绞。

大璧绞 dhabhighao。在错题上画的叉叉。"啊呀,侬五只题目吃着五只～,吃了个鸭蛋!"

吃"红灯" qikhhongden。测验、考试不及格的就是"红灯",对学生来说是不光彩的,老师在成绩报告单上用红墨水填分数,警示学生,让家长引起重视。

开"红灯" 测验、考试时不及格,用红笔标出,故名。

满堂红 测验、考试全部不及格。

拉科 'laku。考试不及格,拉下成绩跟不上大家。"伊迭场毛病住院轮个号头(一个月),本来学咪浮带带、极把把的几何、代数哪能会得不～?"

温书 复习功课。"伲孙子读书邪气用功,老师呒没布置作业,伊也会得天天～。"

默书 makxu maksy。离开课本凭记忆写出全文或段落。

抄书 ①原式原样把课文抄下来。②投机取巧,抄袭别人作业,也叫抄书。

老古话 古谚语。"毛家阿奶自家名头写勿来,但是肚皮里～几日几夜讲勿完。"又称"老闲话""老古闲话"。近义词:老法里、老话头。

鸡脚拉 jijiakla。形容字写得歪歪扭扭、乱七八糟。"侬格字写勒像格～,啥人看得懂?"

蟹爬 habo。字写得极差,像螃蟹爬行。

连笔头 每个方块字笔画是独立的,书写时把它们连起来就叫连笔头。

漏笔画 一个字缺笔画。

除勿尽 除不尽。"10除以3,永远～。"

拖堂 tudhang。延长下课时间,当堂老师时间把握不好而超时。"物理老师摆现象举例子,一放开就刹勿牢,～是常事。"同义词:拖课。

零蛋 零分。同义词:零汤团、"鸭蛋"。

压末脚 akmakjiak。最后。

压末名 最后一名。

瓩底 dokdi。最后,最差。

上场昏　shangshanghun。平时学习很不错,考试突然失常。"伊每到考试要～,总归考勿好。"

读僵脱　dhokjiangtak。读死书,头脑僵化,越来越不开窍,不上道。"伲个阿二头～勒,只好搭死掼哉。"

读尴尬　dhokgega。①读也不是,停也不是。②不能不读,再勉强也要读下去。"阿末头勿想读机电专业,家长硬劲要伊读,乃末～哉。"

读升世　dhoksensy。读书改变命运。"伊总算考着上海电力学院,～哉。"

读书囡　①读书的孩子。②善于读书,擅长学习的小孩。"伊争气唻,像个～。"

读书吃饭　靠读好书,将来有工作做,有饭吃。

书包翻身　xubaofesen/sybaofesen。通过读书改变贫困命运。"老张家两个小囡,读书用功,乃末～哉。"

体 育 娱 乐

体育活动

狗爬式　一种像狗爬似的游泳姿势。"侬迭种～,还想得冠军?"

踏水跑　踩水,在水中移动身体。

打没头探　dangmakdhoute。扎入水中潜水。

豁虎跳　huakhutiao。侧身向前翻跟斗。同义词:豁兔子。"小格辰光我也会～,能连翻十几个,现在勿唻三了。"

翻跟斗　①用双手使身体翻滚,如前翻、后翻、侧翻等。②喻高价倒卖(翻一个跟斗就是翻一倍价钱)。

竖蜻蜓　倒立。同义词:竖烟囱　shyyicong。"小辰光,样样会白相,靠墙～,脱空～,侪唻三。"

顶倒爬　倒立着走。"伲班里,只有小丁会得～。"

着棋　zakjhi。下棋。一般指下中国象棋。"老王同人～,从不悔棋。"同义词:着象棋。

将煞　jiangsak。将死对方,赢棋。

悔棋　棋子下定后后悔要求重下。"伊着棋蛮有水平,就是有格辰光要～。"

臭棋　下得很不好的棋。

和棋　whujhi。下棋不分胜负的终局。

纸牌　同义词:扑克。

打扑克　玩牌。"搓麻将,～,只能玩玩,千万勿好钞票输赢啊!"

打杜罗　打扑克的俗称。

打杜洛克　dangdhulokkak。打扑克的别称。

打老开　打扑克的俗称。又叫打大老开。

学习54号文件　打扑克牌戏称。因每副扑克有54张牌。

大怪 dhagua。扑克牌中的大王,彩色。

小怪 扑克牌中的小王,单色。

呼胪 'hulu。"争上游"等游戏中三张相同大小的牌带一对,如三张"8"带一对"3",就叫"八呼胪"。

三姐妹 连续三对同点的牌。

同花顺子 扑克牌中花色相同的5张顺牌。

掼炸弹 ghuezode。打出4张以上同点的牌,也叫"甩炸弹",有的也可搭一张小牌。

争上游 扑克游戏的一种,大牌吃小牌,先出完牌为胜。

捉猪猡 扑克游戏"拱猪"。

斗地主 扑克中三人对一人的打法。"今朝勿白相(玩)80分,就白相(玩)～,哪能?"

三打一 即"斗地主"。"电视里放'～',真是高手对决。"

八十分 分成两组,用两副牌,以打家捉满80分为胜。

廿一点 nianyikdi。先发两张牌,正好21点或接近21点可不要牌。然后其他人则不断要牌,最多五张。最后摊开比大小,以点数最大为胜。

接乌龟 jik wuju。扑克游戏,从7打起,上下接牌,最末脱手当"乌龟"。

打桥牌 扑克牌游戏,四人分两组对抗,按规则叫牌、出牌,以得分多的一方为胜。

打沙蟹 一种用扑克牌赌博的方式。

博眼子 bokngezy。用扑克牌赌博,看各人摸到的牌的大小决定输赢。

赌铜钿 用麻将、扑克等赌钱。"搓麻将可以,但勿可以～。"

捉赌 抓赌博者以惩罚。

学习144号文件 戏称打麻将,因一副麻将有144张牌。同义词:搬砖头、砌墙头、筑方城、砌长城。

戏曲

做戏 zuxi。①演戏。②比喻故意做出虚假的姿态。"伊勒拉大家面前～,勿要相信。"

浦东说书 pudongsaksy。起源于浦东一带的一种曲艺。清代叫"说因果",新中国成立后改为沪书,由艺人用浦东方言专唱钹子书。又叫刮子书。浦东说书已成为国家级非物质文化遗产传承项目。

沪剧 whujhik。上海的地方戏曲剧种,由上海滩簧发展而成。浦东川沙新镇、宣桥的沪剧已成为市级非物质文化遗产传承项目。同义词:申曲。

滩簧 'tewhang。流行于江苏南部、浙江北部的一种说唱艺术。(《现代汉语

词典》》

本地滩簧 沪剧的前身。

的笃班 dikdokbe。旧指越剧、越剧团。同义词:绍兴戏。

的笃板 演唱时打拍子用的竹板,由两片大竹板和多片小竹板用绳串成。

评弹 一种苏州方言弹唱形式的曲艺,是评话和弹词的合称。

弹词 dheshy。流行于江南的一种曲艺,有说有唱,由三弦、琵琶伴奏。以苏州弹词最有名。同义词:说书。

评话 bhino。只说不唱的曲艺。同义词:说书。

双档 'sangdang。有两人演出的苏州评弹。

京戏 'jinxi。200多年前,昆曲进京,融合北京地方戏曲逐渐形成京剧。同义词:京剧。

老戏 古装戏。

扯二胡 caniwhu。拉二胡。是本地戏曲常用的伴奏方法。

打唱 婚丧喜事等仪式上的吹打演唱。

打尺板 dangcakbe。演出或民乐合奏中打击尺板作指挥节奏。

金锣 铜锣,打击乐器。

铴锣 thanglu。小铜锣,打击乐器。同义词:堂锣。

牵线木人头 提线木偶。

上手 皮影戏两个演员中的主要者,类似于相声中的逗哏。

下手 皮影戏两个演员中的次要者,类似于相声中的捧哏。"上手机智灵活,～随机应变,两个人配合得非常合拍。"

独脚戏 dhokjiakxi。只有一个角色表演的滑稽戏。也有两人演出,俗称上海相声。"看姚慕双、周柏春两兄弟格～,周柏春的冷面滑稽,特别发噱。"

变戏法 bixifak。演魔术。

锣鼓家生 锣、鼓、铙、钹等打击乐器。

吃田螺 qikdilu。台上演出或演讲时忘词。

哭嫁哭丧歌 保留在原居民区,部分居民中仍有哭嫁哭丧歌流传。浦东地区哭嫁哭丧歌已成为市级非物质文化遗产传承项目。

浦东山歌 形式短小、曲调质朴、节奏自由的民间歌曲,流行于南方农村或山区,多在田野劳动时歌唱。本地各乡镇都有山歌。浦东山歌已成为市级非物质文化遗产传承项目。

压台戏 一次戏剧演出中的最后一出戏。一般是名演员的重头戏。同义词:压轴戏 akjhiokxi。

拿手戏 ①指某演员特别擅长的戏。②泛指某人特别擅长的本领。拿手戏也称好戏。

拉歌　互相拉对方唱歌。"到部队里去演出格辰光拨我印象最深的就是～了。"

三步头　三个节拍的交谊舞。

篷嚓嚓　'bongcakcak。原指三拍子的舞蹈,后作舞蹈的俗称。

四步头　四个节拍的交谊舞。

迪科　dhikku。迪斯科舞。英语 disco 的音译。同义词:迪斯科。

卜郎鼓　bhaklanggu。货郎鼓。"小贩摇着～,吸引小人、妇女买货。"

荡湖船　跑旱船。

挑花篮　tiaohole。新中国成立后,改用红绸带系着花篮,作扁担舞之。浦东地区花篮灯舞已成为市级非物质文化遗产传承项目。

舞狮子　前一人以站姿为主作狮子的头和前足,后一人弯着腰作狮子的背、腰、臀、后足,两人身上套一身"狮子皮"做各种各样的动作。

茶担舞　shodewu。是茶担行业一种礼仪性舞蹈,用于喜庆节日活动中。表演时由"茶司"用单手或双手托茶盘,表演"凤凰三点头""童子拜观音"等动作。

绕龙灯　也叫甩龙、翻龙等。是我国民间竞技舞蹈。由舞龙珠一人、舞龙队九到 11 人组成一队。常为两队竞技。寄寓禾苗滋润、农业丰收,抵御自然灾害的人文精神。如今,浦东三林舞龙已闻名全市、全国,也去外国演出。浦东三林绕龙灯已成为国家级非物质文化遗产传承项目。

打莲湘　打莲花落。也叫莲花棒。浦东打莲湘已成为市级非物质文化遗产传承项目。

卖盐茶　mayisho。浦东民间舞蹈。是古盐场的产物,浦东盐民真实生活的写照。盐民为弥补生机,贩卖私盐,乔装卖茶叶,形成民间舞蹈。常有八人以上组队,随丝竹乐曲变换队形,体态轻盈,步伐一致,简朴、诙谐。浦东卖盐茶已成为市级非物质文化遗产传承项目。

触电　chokdi。①参与拍摄电影或电视剧等(多指第一次)。②比喻对某事产生兴趣。

大片　一般指进口的大制作电影。

岁末电影　近年来每到年末,一些著名导演推出的贺岁片。

毛片　maopi。盗版影碟。

黄带　黄色录像带,指毒害人思想的淫秽的音像制品。"有个别驾驶员竟然在大巴上放～,实在可恶!"

游戏

洋娃娃　布娃娃。

洋泡泡　塑料气球。

不倒翁 bakdaoong。玩具,上轻下重,底部为半球形,扳倒后能自己起来。

转铃风车 在一根细棒上装一个圆形的可旋转的叶轮作风车,随风转动。

吹肥皂泡 用一个小瓶盛肥皂水,用一根小管子蘸水吹泡,五颜六色很好看。

挑游戏棒 将一把有红、绿、黄、白等颜色的游戏棒撒开,用挑、抽、按一头等各种方法取棒。

万花筒 玩具,圆筒状,内用三面镜子使底部的彩色不规则小玻璃反照呈六角形的图案,千变万化。"小囡学做～。"

囥野猫 kangyamao。捉迷藏。"伊个辰光～玩得开心,囥得再牢,也能寻得着。"

迷野猫 bheyhamao。捉迷藏。"小格辰光就喜欢玩～,随便啥地方侪敢藏。"同义词:捉野猫 zokyhamao。

搭积木 把形状、大小不一的彩色木块,搭建成建筑物等的一种游戏。

弹皮弓 dhephigong。弹弓。"小格辰光,几个小伙伴用～打麻雀,每天都有收获。"

打弹子 有小玻璃球单手弹出,击中对方玻璃球为胜。

顶弹子 把一个玻璃球举到一定高度,对准另一玻璃球直线投下,把其挤出界线为胜。

滑胡梯 滑梯游戏。同义词:泻泻板 xiaxiabe。

爬竹竿 一个铁架上有两根粗绳、两根竹竿,供小孩爬竿拉绳锻炼。

推箍 ’tegu。用铁棒弯成钩,推动旧竹箍或铁箍前行。同义词:推铁箍。

滚铁环 推箍的后来形式,用铁钩推着圆铁环前行。圆铁环上也可套几个小铁圈,推行起来发出声响,很有趣。

跷跷板 ’qiaoqiaobe。一条硬木长板,中间有支点,两个孩子坐在两头,一上一下跷着玩。

摸瞎子 一人用手帕蒙住眼睛,其他伙伴逗引并躲开他,抓住一人即为赢。

摸木头 一人追,众人逃,众人摸到任何木头(如桩、柱头、木板等)都算避开了。

拉绳子 一对一,用绳子绕过腰间,用一手拉紧或放松绳子,使对方移动脚步为赢。"～是一件拼智力的游戏,一收一放,靠智慧才能取胜。"

放高升 放爆竹。一般不让小孩玩。"过年、迎新娘,侪要～。"

放鹞子 fangyaozy。用芦苇、竹等制筋,贴上纸,拉住线,有风鹞子就能上天。

放掼炮 扔在地上就能响的鞭炮。

放花棒 点燃后能不断放出烟花,挥舞起来很好看。

拗手劲 aosoujin。握住对方的手,用力将对方撑起的手臂扳倒为胜。

骑竹马 用一根竹竿撑在胯下,代作骑马朝前奔跑,以跑在前面者为胜。

跳山羊　一人弯腰做山羊侧立,另一人撑在他背上张开腿跳过去。

鸡鸡斗　单腿勾起,用膝盖撞击对方,使对方扳起的腿落地为胜。同义词:斗鸡。

钩脚跳　一人单脚站立,另一脚与他人钩起,有节奏地跳跃转圈。

斗赚绩　doushejik。斗蟋蟀。"许多人哄勒一道,原来勒拉看～。"

行酒令　hhang jiulin。喝酒时做可分输赢的游戏,如猜拳等输了的人罚喝酒。

泡汤　①洗澡。"今夜一道～去,好哦?"②比喻落空。"迭桩事体～了。"

泡澡　过去流行的集体洗澡方式。

花式跳绳　hosaktiaoshen。后跳、交叉跳、两人对跳等花样跳绳。

跳大八字　tiaodabakshy。两人甩长绳,多人分别如八字形连跳。

跳双飞　单人跳绳的一种较难样式,用一绳连跳两次。"我小格辰光会～,一下跳50个。"

造房子　saofhangzy。在地上画一幢几层楼的格子,用一脚踢石子行进。

挑绷绷　tiaobangbang。一种儿童游戏,用细绳或毛线织罗网挑。同义词:挑绷绷丝。

荡秋千　dhangqiuqi。支架上垂两根绳子,绳子上绑一块木板,前后摇荡。

打"抽勿煞"　da"qiuwhaksak"。用一根绳抽打长形陀螺,让"抽勿煞"在地上旋转。"小格辰光侪是自家做'～',打起来刹劲。"同义词:抽贱骨头　coexhiguakdhou。

打棱角　dang lingok。将一根细绳绕在一个菱角(陀螺)上,猛抽绳子使之在地上旋转。也可以用其他菱角劈掉在地上旋转的菱角。

打牌宝　dangbhabao。用纸叠成"牌宝",再互相打,打翻的牌宝属于自己。同义词:掼牌宝。

削水片　用碎瓦片或碎缸甏片打水漂。"几个人并排,比赛～,小陆总归赢额。"同义词:劈水。

吹泡泡　吹肥皂泡,看谁吹得大,吹得多。

打水枪　用小竹竿做成一个小水枪,内吸入少量的水,再用一个活塞推杆,使水往外喷射。

抬轿子　两人用手搭成可以坐人的"轿子",另一人分开双腿坐上去而行走。

吹叫扁　'cyjiaobi。吹哨子。"体育老师一～,同学们马上整队听训话。"同义词:吹叫子。

猜谜谜子　coememezy。猜谜语。"小辰光,隔壁好婆夜快头经常拨我俚～。"

豁拳　fakjhu。①游戏中同时伸出手指,比大小。"要讲～,伊总归赢额。"②猜拳。

健 康

疾病

毛病 maobhin。①疾病。②缺点、错误。"伊迭个人～勿少。"③工作、物件的不足之处。

生毛病 sangmaobhin。患病。

生病鬼 sangbhinju。鬼,读"举"。老生病的人。

看毛病 koemaobhin。就诊。

病拉 病着。"勿晓得伊～,还是好拉,伊是生病鬼呀。"

病恹恹 ①萎靡不振,精神不振。②病未痊愈或病态模样。

勿适意 ①不舒服,难受。②病的代词。"格腔(这段时间)勿适意。"

难过 ①恶心。"心里～唻想吐。"②日子不好过,度日如年。

落脱一壳 瘦了一圈。

落脱几好肉 消瘦掉了许多分量。

瘦脱一圈 形容消瘦。"老季前段辰光生毛病,那日看见伊～。"

瘪仔行情 bikzyhhangxhin。瘪即瘦,瘦了许多。

人拉走样 ninlazouyhang。人,读"宁"。人都变样了。

掼瘪拉巴 走路不稳,摇摇晃晃。同义词:掼瘪喇叭。

脚块子拖勿起 双脚迈不开,搬不动,很吃力。

结鼓肉收进去 脸颊瘪下去,说明消瘦过度。

眼睛抠进去 形容消瘦。同义词:眼睛凹进去。

声音哑唻 声音嘶哑。同义词:声音痧(沙)唻。

讲话迁唻 迁,轻,微。说话轻得听不清。

煨灶猫 像灶边打瞌睡的猫,无精打采。

鼻涕拉拖　bhiktilatu。①任其流鼻涕。②脏,形容不讲卫生。"迭个小团袖子管、胸口头油光光,～爷娘勿管呃。"

黄脓鼻涕　鼻涕一种,色黄如脓。

清水鼻涕　鼻涕一种,无色如水。

鼻头管勿通　鼻塞。

发痧　fakso。中暑。

疰夏　'zyhho。夏天胃口差,吃不下东西。同义词:忌夏。

寒热　hhoenik。病症,体温升高,体感忽冷忽热。也叫疟疾。

发寒热　fakhhoenik。发烧,时冷时热。

冷热病　langnikbhing。疟疾。

出痧子　caksozy。生发麻疹。

额角头烫　额头体温比平时高,发烧症状之一。

发发汗　出汗,想办法帮助出汗。"掌被头刹刹紧,让伊～。"

人虚唻　nin'xule。人,读"宁"。缺乏精气神。

虚脱　'xutak。虚弱致昏倒,昏厥。"格日仔勒拉车站候车突然之间眼前发黑,一下子～。"

脱形　takye。突然之际脸色变白,甚至失去知觉。

脱力　taklik。一时三刻没有了力气。

鲠　gang。鱼肉骨头等卡在喉咙。"吃鱼吓佬佬,上趟勿小心鱼刺～拉喉咙头。"

拆　①闹肚子,拉稀。②折磨。"格能下(读浦东音'夏')去身体～完哉。"

泻　xia。闹肚子,拉稀。同义词:拆泻。

极屎极污　惊吓或忍不住排出粪便。"那天,柴灶间蹿出一只黄鼠狼,吓得小妹～出来哉。"

眼珠竖哉　临死征兆,白眼珠往上翻。

眼皮搭落　闭着眼睛。

眼睛瘾勿起　因病睁不开眼,表示虚弱。"迭段辰光人虚唻～。"同义词:眼拉睁勿开。

拆拉拆勿出　大便不通。同义词:射拉射勿出。

话拉话勿动　hholahhofhakdhong。因病说话无力气。

呕么呕勿出　呕吐困难。

噎么噎勿进　yikmakyikwhakjin。噎,读"已"。东西吃不下。

扭拉扭勿动　即使想用力也动不了。

转头眩　zoedhouyhu。身体旋转而头晕。

旋头圆　xidhouyhu。脑子发晕,好像人在旋转。

痓车 juco。痓,读"举"。乘车头晕恶心。

晕船 yhunshoe。乘船头晕恶心。同义词:痓船。

捉鸽端 zokgakdoe。冷气刺激噎气时不由自主逆向发出的声音。

热昏 nikhun。①头脑发热。"拨人一喋百米崖上跳潭也敢？～。"②天热致人昏昏沉沉。

舌苔黄唻 shaktewhangle。舌苔黄,病症。

撑勿起来 指病在床上起不来。

碌勿起来 指下不了床。

蹩脚无样 phikjiakwhuyhang。走路随时会跌倒。"睏仔十几日,头日下床,碌起来～。"

勿落惚 fhaklokfhak。躺了睡不着;睡了一会儿就醒,不能沉睡。也叫勿落窟。

寒势势 hhoensysy。冷的感觉。

麻辣辣 molaklak。麻辣的感觉。

胀搭搭 zangdakdak。感觉胀鼓鼓。

痛煞人 非常疼痛,痛得要死。"牙病勿是病,痛起来～。"

叽哇百叫 因痛苦或极其反对而叫嚷。

吭唷吭唷 痛苦发出的声音。同义词:豪哟豪哟、无哟无哟。

五哮百哮 hhngxiaobakxiao。痛苦发出的声音。

夹潦水白 gakliaosybhak。脸色煞白。

极汗一身 jhikhhoeyiksen。浑身虚汗。

汗蘸蘸 hhoezeze。冒汗。"睏仔一觉醒来,背脊骨里(后背)～。"

脱落湿 takloksak。流汗太多,全湿了。

汗毛淋淋 hhoemaolinlin。激凌。或惊吓,或出汗过多。

熬勿过去 熬,忍耐。坚持不了多久。"看来老人透气吃力唻,今夜～。"同义词:挺勿过来。

咳 ghe。读"改"。从胃里涨出气来。

厌酸 胃酸多,厌食。"吃勒圆子大概已溲气,～唻。"

舍姆病 产中疾病。

哈麻痧 又写作"蟹麻痧",霍乱,一种难治又极易传染的痢疾。

肠胃炎 肠胃疾病。

胃气痛 wheqitong。以为胃里有气隐隐作痛,实际就是胃痛。

热疖头 nikjikdhou。夏天头部生疖子。"迭个小团热天性常总发～。"

肚包 血吸虫病。后期产生腹水,肚胀如鼓。也称"水鼓胀"。

材障 扎入皮肉的竹、木等物的针尖状短刺。

滚脓 gunnong。因细菌作用伤口化脓肿胀。

疙瘩 gakdak。①表皮非正常凸出。②喻指不好商量、难缠的人。

乌青块 wuqinkue。因碰撞而出现的淤血包,表皮呈青紫色。同义词:乌伦块wulenkue。

紫血弓 zyxuikgon。因受伤导致皮肤上出现青紫色的血泡或包块。

胱 读咣,疾病或受伤症状。同义词:肿。

支水 zysy。支,读"知"。疖痈破了流出的液体。

脓头 nongdhou。①皮肉腐烂欲破未破的地方,出脓口。②疮中脓水的源头。

盖 ge。读"改"。①名词,伤口结的疤,愈后自行脱落。②动词,揩。"拆污后~臀。"

落臀肛 lokdhengon。脱肛,即痔疮。《集韵》平声东韵沽红切:"疘,脱疘,下病。"同义词:赤臀肛、脱肛。

肝火 goehu。①中医认为肝脏中有火气,肝火太低太旺都是患病症状。②生气。急躁的人常发脾气,动肝火。"阿毛伊拉爷,七八十岁的人了,动勿动还发~,犯得着哦?"

漏肩风 loujihong。肩周炎,受寒后肩膀酸痛。

腰子病 yaozybhin。肾炎。

大卵脬 dhuloepao。疝气的俗称。

大卵子 dhuloezy。①睾丸不正常,偏大。②懒,拖沓。"迭个人~些些,办事体夜长梦多。"

大脚疯 dhujikfong。脚气病。

田鸡鼓 医称腮腺炎。中毒引起脸颊浮肿。"小毛头突然生~,可能是吃仔吐贴(黄泥螺)引起额。"同义词:大面孔。

猪狗臭 zygoucou。狐臭。

羊头疯 癫痫,又称羊角风。同义词:猪头疯。

风阵块 又称风疹块。过敏性的表皮疙瘩。

鬼剃头 头发一撮撮脱落,露出皮肤。

赤眼 caknge。又叫拆眼、红眼。眼疾。

红眼 ①眼疾。②羡慕别人的财富或者成功。

瞎子 hakzy。眼睛瞎了的人。同义词:瞎眼。

烂眼污 眼疾。

水果胀 液态食物过饱导致肚子不适。

肚皮射 dhubhisha。拉稀。

肚皮角痛 肚子一个角落痛。如胃疼、肝疼。

绞麻痧痛 因患痢疾闹肚子,刀绞般疼痛。

节馒头痛 膝盖疼。

脚弯里酸 膝盖酸痛。

显阳物 xinyhangwhak。又写作"罍阳物"。淋巴核块,正常时很小,变大就是肿块。"摸一摸颈骨里～,假使大了,就晓得啥个地方有炎症。"

杨勃疮 又写作杨梅疮。梅毒。

塌肩 肩架下垂,两边外塌呈八字形。

木圆背 木圆,常写作木鱼。和尚念经敲的器具。形容驼背似木圆状。

勃伦头 bhaklendhou。皮肤上隆起的块,可能囊肿引起。

尖尖头 ①针状顶头或末梢。②增生的小囊肿。

多多头 dududhou。增生柱状小块。同义词:奶奶头。

齁 hou。哮喘。齁,俗作"吼"。

齁板头 哮喘。传说一般小孩吃盐过多易得哮喘。"小菜勿要邪咸,当心吃仔～。"

心口痛 xinkoutong。疾病症状,胸口疼痛。

耳朵响 niduxiang。疾病症状,耳鸣现象。

赚绩叫 shejikjiao。赚绩即蟋蟀,耳朵里老有蟋蟀一样的鸣叫,耳鸣现象。

药无居叫 yhakwhujujiao。蝉,又叫药无居。耳里蝉鸣,即耳鸣。

瞎眼牵牵 hakngeqiqi。视线不清。

生病碌痛 毛病一个接一个。

脚瘫手软 jiktesounyu。体力透支,毫无力气。"在高原急跑三里地,包你倒拉山坡上～。"

丁令痱子 'dinlinbhezy。激凌。①生理反应,如遇烟、冷气刺激出现鸡皮疙瘩。②言语出格令人极其反感,引起皮肤反应。

吃噎 qikyik。①食物卡住,透不过气。②喻无言以对,吃瘪的意思。"连问三句答不上唻,～。"③蹩脚,被人瞧不起。"平常嚇哩啪啦凶来,上当真拼高低就缩拉角落里屁拉勿放,～。"

膯食 denshak。食物堆积胃中。膯,《广韵》平声登韵他登切。"膯,饱也,吴人云。出《方言》"。

捆手 guosou。手指或腕臂僵硬,不自如。指手,也可指人。"伊是～,大家帮帮伊。"

折脚 跛脚,指脚或腿有毛病,也指跛脚的人。折,sak。

六节头佰 一只手多生了一个指头。

发神经 fakshenjin。①精神病发作。②比喻无由头地发脾气。"好姆搭搭为一句话勿中听,就掼碎花瓶,勿是～哦!"

偷针眼 'touzennge。眼睑毛边生出麦粒肿,局部红肿。

偷鸡眼 'toujinge。眼睑毛边生出麦粒肿。同义词:偷子眼、偷针眼。

斗鸡眼 两眼聚焦一起不动。

洋白眼 眼疾。

鸹嘴 gakzy。口吃。"有些人并勿真~,只是急不择言,习惯疙里疙瘩讲,越急越鸹。"

缺嘴 quikzy。唇裂。

石女 shaknyu。①先天性无阴道或阴道发育不全的女子。②处女。

雌哺雄 cybhuyhong。又写作"雌孵雄""雌伏雄"。①两性人,不男不女。②骂人用语。

叠脚尖 脚趾上下叠压,并非上下并长,而是穿鞋所致。

脱骱 takgha。脱臼,也叫脱位。

医疗

望医生 mangyisang。看医生,实际是请医生看病。

请郎中 请医生看病。

看舌苔 koeshakte。中医诊断方法之一。从舌苔厚薄、颜色研判有疾无疾。

开方子 开药方。

赎药 shokyhak。按照药方抓药,病家上药房去配。"药店勿远,~叫兄弟去吧。"

撮药 cokyhak。配取中药。撮,《广韵》入声末韵仓括切。"撮,手取也"。

单方 亦写"丹方"。民间流传的药方。

膏子 gaozy。①熬成浓汁服用或敷用的药。②滋补膏方。"迭个寒场吃了~补了一下。"

滗渣 bik'zo。从药罐头中倒出药汁,剩下的便是渣。

刮痧 用铜钱、汤匙等刮擦皮肤,显红色紫色,以去火驱热。

扚痧 dikso。用手指夹住皮肤扯拉,显红色,能卸火,治中暑。

挑痧 'tiaoso。用针挑刺皮肤出小血滴,治中暑。

拔毒 通过拔火罐吸出体内邪气、火气,驱内热。

挑材障 用针拨开剔出插入皮肉中的刺状外物。

行针 hhangzen。针灸。

清火 qinhu。去内火。

克人中 ke ninzong。掐人中。"伊救人就是~,本事蛮大额。"

救命车 抢救伤病员的专用汽车。同义词:救护车。

过嘴 漱口。

汰胃 dhawhe。洗胃。

狗皮膏药 ①外敷药膏。②假药别称。"侬啥滩别来格～？几几好好(许许多多)人贴了吭用。"

一帖药 ①药。②一贴就瘥。③一次就能治好病。④扩展为一计或一举动就能解决问题。"想勿到朋友变冤家,半年不叫应,大老倌出手～,两人一笑泯前仇。"

珠粉 zyfen jufen。珍珠粉。

蚌壳油 bhangkokyhou。盛在蚌壳内的牡蛎油,可防止和减轻皮肤皲裂。

保健养生

养 yhang。浦东人把病后休息称作"养",休养的意思。由此派生出"养一养""养一腔"等很多词语。

歇 xik。暂停、放松和休养的意思,相连的词语有"歇一歇""歇一腔""歇脱一腔"等。

醒拉 不做任何事。"迭枪～,吃吃眠眠,长仔交关肉。"

神思 shensy。指脑筋及精神。

伤神思 sangshensy。伤脑筋,费精神。"侬迭个团到东到西寻相骂打相打,让偌爷娘～。"同义词:费神思。

省神思 sangshensy。不用操心。

笃悠悠 言行举止不急,慢慢悠悠。

泰山 稳当不匆忙。同义词:笃定、笃笃定定。笃定泰山常连用,更显时间宽裕、事体稳妥。

快活 kawhak。快,读沪语"卡"。开朗开心。

快活人 开朗快乐的人。"伊呀,是个～,一直嘻嘻哈哈从不愁眉苦脸。"

白相相 bhakxiangxiang。①轻轻松松玩耍。②戏弄人。"侬昨日讲一定投资一份,今朝勿参加哉,好～哦?"

玩白相 mebhakxiang。①游戏。"打扑克不赌钞票,纯粹～。"②无利益动机的玩耍。③故意寻开心。"侬搭人家谈朋友要作作交,勿好～(你同人家谈恋爱要正儿八经,不能玩弄人家寻开心)。"

想开点 常用于劝慰苦恼者,丢开烦心事。

吃力 一般指体力不够,力不从心。由此延伸至精神情绪,也有吃不消的感觉。

吃精吃力 劳累,体力和精力透支。同义词:吃劲吃力。

气煞 气死,让人生气至极。"迭桩事体搭我浑身勿搭架,硬告我挑头额,真是～。"

一包气 一肚子冤气。

吭气度 ①不生气,控制生气。②不放在心里。"人家心中有事眠勿起,我～

照样吃得落、瞓得起。"同义词:呒气拉度。

眼睛大点　ngejindhudi。当作不看见。"格样看勿惯,伊样勿入眼,自寻烦恼,勿如～,心净。"

心境头一　情绪最重要。

汤水　下饭的菜肴。

汤汤水水　菜肴,不单指液体菜肴。

吃饱着暖　qikbaozaknoe。吃得肚饱穿得身暖。

落惚　lokhuak。睡得着。同义词:瞓得起,睡得香。也写作:"落寤"。

自然醒　shyshoexin。睡足而醒,相对叫醒,完全符合人体生物钟规律,特别舒服。

一觉瞓到大天亮　yikgaokundaodhutiliang。俗语,形容无忧无虑睡得舒坦。大,读度。

屋要清爽,人要清水　okyaoqinsangninyaoqinsy。室内讲干净,人要讲卫生。清爽、清水都指干净。

清清爽爽　qinqinsangsang。干干净净,整整齐齐。

清清世世　qinqinsysy。干干净净,一尘不染。又写作"清清水水"。

拔背　习俗。敲拉磨后背。

敲背　kaobe。习俗。用空拳、掌根有规律地敲击后背,包括肩、颈。一般是小辈为长辈敲。旧社会丫头为主人服务,现有专业人员提供服务。

拍肩　捶肩。

捏筋　在穴位筋脉处捏研、刺激,舒筋通脉。

翻皮　用手指提皮肤似卷翻动。

揩浴　用毛巾、丝瓜筋或专用工具擦身、洗浴。

泡脚　用热水浸泡双脚,相传有保健养生作用。同义词:足浴。

养老送终

老人

大岁数 dhuysoesu。大，读"度"。①高龄。"西村老人～多。"②上了年纪的人。"过马路，小青年要让～。"

七老八十 老了。"伲格些人侪是～了，邪远勿好去啦。"

毛七八十 七八十岁。

老天年 laotinik。①人的自然寿命。如"安享～。"②寿终，老人自然死亡。"昨日仔北宅谭老爷早起里（凌晨）～了。"

老甲鱼 laojiakhng。年纪较大的男子。贬义。

老首冲 laoshoucong。老男人。他称有贬义，自称表示已无用。"已经吃闲饭啦，我是呒用格～。"也写作"老寿充"。

老东西 老人。旁称、背后称呼均含贬义。

老早死 死，音 xi，读"西"。老人。"迭只～戆来，自说自话旦房子卖脱，小长（辈）恨煞。"

老勿死 死，音 xi，读"西"。老不死。

老棺材 ①久存成棺。②老人代称，指老男人，有时戏称，无贬义。"侬只～爬介高个山，吓煞我哉。"

老活狲 laowhaksen。①年长猴子。②喻活跃、好动的老男子，一般为旁称背称。

老人臭 laonincou。老人身上发出的特有气味。

伛腰曲背 ouyaoquikbe。伛，读"欧"。弯腰曲背。

办转 bhezoe。佝偻。脊背向前弯曲。"几年勿碰头，想勿到侬～仔身体，矮脱仔交关。"

聋鬃跌搭 longbhang dikdak。听力障碍，不能听清，或者反应迟钝。又写作"聋鬃滴溚"。

漏风 讲话因缺牙咬字不准,有漏气声。

脱牙落齿 takngalokcy。①掉牙。②说话表述不利索、不清晰。

满口 全部,一口,一般指牙。"但等两只松动额牙齿落脱就装～。"

皱里皱浪 皮肤皱纹多而深。

皱皮塌囊 皮肤皱纹多而下垂。

跌跌踵踵 dikdikcongcong。走不稳,时不时跌跤。

吭 hang。吭,读"夯"。哮喘。"想勿到爷叔迭趟老毛病发作邪凶,～来睏(躺)勿下去。"

气吭八倒 吭,读"夯"。气喘。"真是吭用,爬三楼就～。"

气短脉脉 上气不接下气。

吼 hou。吼,读"后"。①气喘的一种表现。②发怒或情绪激动时大声叫喊。

炕 kang。东西卡在喉咙。

讲勿独碌 言语不连贯。

讲勿挣脱 gangfhaklaktok。词不达意。同义词:泥糊夹浆。

忘记大 mangjidhu。大,读"度"。忘性大。

记勿余 记不住。

柴勿住 shafhakyu。住,读"余"。吃不消。"12个小时顶岗勿吃勿坐,我～。"

颠勿转 ①思想转不了弯。"向老姑解释无数遍伊还是～,想勿通。"②东西翻不动。"一脚匾小米重来～。"

别勿转 bhikfhekzoe。思想上理解不了。"迭种事体勿要摆勒心浪,勿要～。"

一张进 死认一个理。"伊就是听勿进别人额意见,～。"也作"一争进"。

寿头 shoudhou。明知被斩还伸头。

寿头八气 傻里傻气。同义词:寿头寿脑。

踱头 dhokdhou。戆。

踱头踱脑 傻里傻气。

捆手捆脚 ghosoughojik。病态,行动欠灵活,做事吃力。"走开走开,老妈见阿弟做事～,就俫伊轰出厨房。"

瞎话伯伯 说话不负责任、不作数的老男人。"迭个人出名格～,勿要听伊。"同义词:瞎话八百。

眼瞎跌搭 ngehakdikdak。眼睛看大不清。"阿奶勿能牵牢侬,～要掼跤额。"同义词:眼花跌搭。

踢脚扑碌脱 走路不利索,或是路不好走,或是脚拖不起,力道不足。

漓吐拉吐 指吃喝滴洒开来。

馋唾水 shetusy。唾,读"吐"。唾液。又叫口水。

沥馋 lishe。口水不知不觉垂滴。同义词:滴馋。

溜尿臋 尿，sy。尿液憋不住而出。

药罐头 ①盛放药品的器具。②比喻长期服药的病人。"屋里厢要是有一只～手头就紧啦。"

鸦片鬼 鬼，读"居"，ju。旧时吸鸦片的人。吸鸦片的人总是病恹恹的，引申为老病号。

勿收头 ①不好收场。②没有好结果。同义词：勿识头。

轮昼半日 好长时间。"伊进马桶间～勿出来，让人心焦。"又写作"轮则半日"。

死样怪气 xihangguaqi。脾气古怪，阴阳怪气。"侬迭种人看看触气，～，勿要吓人啊！"

活死人 未死又不像活人，无用之人。

死勿脱 死不掉。说自己是咒自己不该活着，他人或背后说人则是咒人骂人。

木嗒嗒 动作缓慢，迟钝，反应不快。同义词：木独独。

木木独独 ①麻木，无感觉。②反应迟钝。"老人聋髶跌搭，～，急勿出来咯。"

养老

老本 laoben。老人把养老积蓄视为老本。

老本事 laobenshy。年纪虽大，但过去的体质、技艺或特殊功夫还在。

老家当 laogadang。成家必有一些家当，老家当是指过去的实物，现在把货币也称家当，"老"是珍贵之意。同义词：老家生。

自管自 ①生活自理。②管好自己。"各人～，清扫自家门前雪，莫管他人瓦上霜。"

夫妻道里 夫妻之间。"吼筋剥跳吵个勿停，～还要分啥对错？"

吵相骂 吵架。"小额三日两头～，害得老额愁眉苦脸。"

个吱个吱 吵架，你一句吼、我一句骂，不肯罢休。

猛碎头 mangshoedhou。话多，啰嗦。"老娘是～，平常中间闲话邪气多，好得老爷习惯了勿顶勿吼，相安无事。"

牵头皮 ①对过去的事耿耿于怀，常常放嘴上。②梳发时摩擦头皮。

捣闲话 ①传话。②算旧账。旁敲侧击不正面说。③无用的扯淡。

翻老账 ①旧话重提。②算旧账。

揭疮疤 ①医学术语。②不快活或不光彩的旧事重提。"怪勿得人家勿理侬，侬捣前头事体～做啥？"

勿起路 ①不起作用的话。②不可能实现的计划。

好户头 ①好人。"伊是～，侬不要白相人家。"②随和，好商量。

好白话 ①好商量。②容易接近。"老黄～，宁愿自家吃亏，也不与侬计较。"

白话得起　①不计较，沉得住气。②为人诚恳，轻易不怪罪人。

山歌调啼　segudiaodhi。快乐地哼唱山歌。"真是西天出日头，伊今朝回家～，大概领着大红包哉。"

眉开眼笑　快乐的样子，喜笑颜开。

板面孔　变冷脸，生气。"侬再勿正经，瞎三话四，大阿嫂要～了。"同义词：竖面孔。

皮稠　被人指责。"做啥背后被人～。"

触气　令人生气。

入眼　入，读 shak。看得上。"侬迭种做法我实在看勿～。"

乐惠　①添置东西，乐意又实惠。②吃得快乐而实惠。"吃点花生米，咪点小老酒，就是小～。"

听勿进　①听不进去。②不中听。"伊迭眼闲话，话中有话，实在～。"

浪壁咕　langbiygu。散布反话，表示不同意、不服气、不服帖。

动呃动　活动活动。"勿要只是吃仔坐、坐仔眠，要～。"

看白相　在一旁观看。"吃仔夜饭常到广场～，人家跳舞唱歌，伊立拉边头乐仔仔额。"

玩白相　mhebhakxiang。参与活动。"麻将会格，只是～，从不来输赢（赌博）。"

玩玩牌　牌分麻将、扑克、桥牌等不同种类。玩玩是口语，表示小弄弄、一会儿的意思。不过几天几夜大赌也名其曰"玩玩"。

吃吃老酒　吃酒。上海人称黄酒为"老酒"，在家中小酌叫"吃老酒"。黄酒以陈年为上，也就"老"为"陈"也。现老酒泛指各种酒。

吃得落　胃口好。

眠得起　睡眠好。

眠勿起　不能入睡。"迭桩事体一出，伊就一夜到天亮～，想想哪能结局？"

眠中觉　午睡。

眠日中心　午休、午睡。

自然　①舒坦。②身体好着。"长远勿去望，勿晓得伊～拉哇？"又写作"舒善"。

适意　身体感觉舒适，精神舒心畅快。

写意　xiayi。心境畅快舒适。

光火　guanghu，生气。"迭桩事体办勒勿像样，难怪俉爷要～。"

光光火火　生气，不满意不快乐的神情或动作。

火闸闸　hushakshak。生气时像火星奔溅，不过还是忍住了，没有爆发。

乩家掼生　dokgaghuesang。读"得加掼生"。生气时扔家具。"回屋里就～，晓得伊碰着勿称心格大事体哉。"

散心 放松心情。

荡荡 dhangdhang。蹓跶。"黄昏头看见老大勒河边～,说明毛病好得蛮快。"同义词:蹚蹚、趘趘。

兜兜 转悠,蹓跶。

扯乱蛋 caloedhe。①闲扯聊天。②不符合事实,甚至无中生有,张冠李戴。"人家呒没到场硬讲伊大打出手,真是瞎～。"

吹牛山 cyniuse。吹牛。"伊么一直格能～,没一句当真。"

嘎讪胡 gasewhu。胡,读"雾"。①有空讲《山海经》。②东方卫视有档《嘎讪胡》节目。"迭档～节目,社会百象、万千世界,老少皆宜,内容丰富,老百姓侪讲好。"

勿要舍勿得 舍,读"索",suo。别吝惜。

勿要熬勿得 别妒嫉。"人家比侬好,就～。要好好交向伊学习学习。"

勿要气鼓鼓 别生气。"侬要开心点,～。气鼓鼓,身体会得好哇?"

呒病是福 hhmbhinshyfok。乐观,没有病就是福气。"侬听到过哦?～,要多出去白相相,跳跳广场舞。"

着咪好眼 穿得好些。

吃咪好眼 吃得好点。"现在,着来好眼,～,是应该格。侬勿要勿舍得。"

零食勿脱 糕点零食常有。

游游世景 旅游看风景。"退休了,有辰光了,要想勒开点,多出去～。"

望望老朋友 探望、访问好朋友。

兜兜好风景 游览风景。"～,住住农家乐,实在有劲。"

勿要怪人 fhakyaoguanin。不要责怪人。

勿要厌支 fhakyaoyizy。不要埋怨。

勿要叽糟 fhakyaojizao。不要为难,给人出难题。"有啥事体慢慢叫讲,～,勿要一日到夜叽里咕啰勿停。"

苦恼掼干沥 烦恼想不开的事丢干净。

大人缩小 心情、娱乐甚至做事返老还童。"迭位80岁老头子,心境好咪,天天嘻嘻哈哈～!"

孝行

老长辈 与父母同辈的人及上辈人。

望长辈 mangzangbe。小辈看望长辈。

呒大小 hhmdhuxiao。不分大小。①比喻长辈无架子,随和,甚至溺爱小辈。②指责小辈眼中无老辈,不够尊敬长辈。同义词:呒大呒小。

勿厌周 不厌烦。"刘家子女服伺老娘碌勿起10年,从～,远近闻名。"

勿挤周 不厌烦。

老祖宗 对先辈的总称。

摸良心 自问或责问他人有没有良心。

奉汤水 把饭菜送到老人家里手里。"老宋虽然与儿子分灶过日脚,但倪(儿)子常~拨伊。"

舒长 suzang。舒,读"苏"。服侍伺候。"老人睏拉床浪三年,身上勿长褥疮,侪靠子女~好。"

敲敲背 敲背,一种享受式的轻敲。

沃沃脚 dhadhajik。沃,读"大"。洗脚。

咖脚丫 咖,ga。搓脚趾之间凹口。

剪节掐 掐,kak。用剪刀铰去过长的指甲。

挖耳膜 waknimo。耳,读"尼",ni。掏耳屎。"因为小心翼翼,轻轻拨弄,感觉舒服,而使阿爸认为是一种享受,喜欢亲人搭伊~。"

引伊快活 快,读"卡",ka。逗他快乐。

烧勒伊吃 煮给他吃。

吁 yu。①喂。("给小孩~奶")。②把食物送到别人口里。"老人自家坐勿起来,倪子拿粥一口一口~勒伊吃。"同义词:抚,ao。

舀 用匙子喂。同义词:灌,用勺或管状工具灌进嘴巴。

端尿端屎 为小孩和病瘫者解手,接之倒之。

翻身 ①正常人自己翻转身体。②帮助病人翻转身体。③比喻由差到好,由苦到甜,由穷变富的巨变。"我倪村过去讨饭人多,如今家家存款百万,住着小洋楼,真是~变了样。"

丧葬

殁 mak。人死。"伊得格是肺癌,勿到三个号头,就~了。"同义词:没。

死 xi。去世。同义词:走了。

过世了 死的礼貌说法。"老刘隔日子夜快~,70稍微多一眼,可惜啊!"

翘辫子 qiaobhizy。死的粗俗说法。传说这与清朝男人留发有关。(一说清朝斩犯人,行刑前拉起死囚的辫子从辫后下刀,辫子翘起。另一说是强盗被处决后人头挂在城门上,就是用辫子挂的,远远望去辫子翘着。还有一说是先人葬仪入殓前,要将死人的辫子盘在脑后,也如翘起。)自称时带有戏谑义,他称时带贬义。

老死 laoxi。寿终。指不是病故,年纪大了自然死亡。

吊丧 diaosang。到丧家祭奠死者。同义词:吊唁。吊孝 diaohao/diaoxiao。

烧纸 吊唁。"伊拉一家门到海边~去了。"

寿衣 死后穿的新衣。有的老人生前自己或子女请裁缝师傅做好喜欢的新衣。

寿材 shoushe。人生前为自己和他人准备死后殓装的棺材。

棺材 'goeshe。装殓死者的用具。

戴孝 dahao。孝，读"好"或"晓"。穿孝衣、孝鞋，戴白花、黑纱。戴黑纱有讲究，父亡、亡夫戴右臂，亡女戴左臂。

白鞋 bhakhha。人故世后特地做的白布鞋，有的鞋背鞋根缝上白布即可。又叫孝鞋。

白布 专用来裁制头巾、孝带的布。

白兜 近亲须戴白头巾。

孝带 haoda。凡亲属丧家都给一二米长的白布条，或斜挎肩并束腰，或只束腰。

守灵 守在灵床、灵柩或灵位的旁边。在乡下，停尸专用场所设灵堂，白天晚上有人守着，香火不能断。

神主牌 shenjubha/shenzybha。灵牌。

锡箔 xikbhok。涂着一层薄锡的纸，供祭祀故人用。

折锡箔 zakxikbhok。手工把锡箔折成元宝等形状。同义词：结锡箔。

做七 亡者从断气那天起，家中亲属要为其"做七"。每隔七天，子女近亲到场。焚香烧锡箔，多供几个菜。七七四十九天，以头七、五七、七七最重要。有的人家会在当天请和尚、道士来念经，道士念的是《三官经》。"搞七念三"由此而来。

豆腐饭 dhouwhufhe。江南习俗。人死后举行殓仪，亲朋好友在一起吃一顿饭，表示答谢。此餐有荤有素，有奢有俭，但有一个特点，必有豆腐菜，或是红烧豆腐，或是荠菜豆腐羹，或是豆腐汤。

吃白饭 qikbakfhe。吊唁。着白衣（孝衣、孝带），吃白饭（豆腐、白米），不交饭钱，所送的礼供奠仪而非饭钱。所以叫"吃白饭"。

哀事成单 对应"好事成双"。吊唁者送给丧家的钱，叫奠仪。数量上必须是单数，如 101 元、201 元等。现已不讲究。

落葬 lokzang。旧时棺材下葬或迁坟，现指骨灰盒下葬。同义词：安葬 oezang。

坟山 fhense。①用作坟地的山，泛指坟地。②高大的坟头。③坟墓或坟地后面的土围子。

毁人滩 huinint'e。坟堆，一般指非富人家的坟地，长期无人关心，累累白骨，暴露地面。

骨殖甏 guakshakbhang。盛装骨殖的瓮。专门制作，上下椭圆，有盖。在过去，一家先人骨殖入甏集中埋地下。

摆周年 bazouni。乡下旧时祭祀亡者的习俗。坚持头三年祭日在家中摆一桌,焚香敬念,祈祷时要给祖上先人焚香敬念。同义词:做周年。

上坟 shangfhen。扫墓。"每年清明,农村家家户户侪要～扫墓。"

做家堂 zugadhang。旧时,小康人家客堂里后二步梁上有家堂,供奉祖宗牌位,每年重要节日要举行祭拜。

饮 食

蔬菜

小菜　①下饭的菜肴："只要～好,饭就吃得落。"②泛指蔬菜和副食品："母亲现在也三日两头去菜场买～。"

素小菜　蔬菜、豆制品烧成的菜。

素什锦　susakjin。用蔬菜、豆制品等合在一起烧成的菜。

鸡毛菜　一种形状和大小与鸡毛相仿的小青菜。

小塘菜　xiaodhangce。小棵青菜。

矮脚青菜　本地培育的青菜佳品,小棵,菜梗短,味佳。

蕹菜　'ongce。即空心菜,因其茎蔓中空而得名。同义词:蕹菜。

水芹　芹菜的一种,生长在浅水中,茎细长,叶盛顶部。

药芹　yhakjhin。旱芹菜,稍有药味。

西芹　从国外传入的大型芹菜。同义词:美芹。美国传来的大型芹菜。

咸草头　hhecaodhou。腌制的草头。草头,即苜蓿。

草头干　caodhougoe。不加盐煮成的草头,晒干制成,可烧成咸酸饭或做成草头塌饼,很香。

雪里蕻　xiklihong。雪菜,也叫雪里红。叶狭长,锯齿状,腌后汁鲜美。

金针菜　即萱草,黄花菜,也叫忘忧草。"用干额～烧肉,又入味,又好吃。"

塌棵菜　takkuce。一种颜色近乎墨绿、秋冬生长的蔬菜。

菜小囡　cexlaonoe。青菜心。同义词:菜囡头。"炒青菜,最好吃是～,又嫩,又甜。"

净菜　jhince。洗菜。也指捡洗干净的菜。

丝瓜筋 sygojin。丝瓜络,果实成熟后肉多网状纤维,可洗碗等。"本地人用～,可以擦身,也可以洗碗。"

捏黄瓜生 用盐腌制对剖的生黄瓜,生脆可口。"～,喝粥时额好小菜。"

生瓜 形同黄瓜,表面无刺,可腌咸瓜。

腌咸瓜 yihhego。将生瓜、老黄瓜等剖开,盐渍,暴晒,再腌制成咸瓜,农村常用作咸小菜。

香瓜 茎蔓生,叶子心脏形,果实一般扁圆形或梨形。果实可做蔬菜,种子可炒食。

饭瓜 南瓜。"伊个辰光粮食紧缺,切个～,加一眼米,烧成一锅～粥,来对付一顿。"

夜开花 yhakeho。瓠瓜,茎蔓生,花白色,果实细长,圆筒形,表皮淡绿色,果肉白色,可做蔬菜。

山芋 甘薯。

番薯 'feyhu。即山芋。"粮食紧张时,一镬煤～,就是全家人一天额口粮。"

栗子山芋 口感像栗子一样粉糯的山芋。"难得吃～,又糯又香,味道真额勿一样。"

洋番芋 yhangfeyhu。马铃薯的别称,属国外引进。"去海滩斫秧草,野外住宿三天,别样呒啥吃,天天吃～。"同义词:洋芋艿、洋山芋。

牛踏扁 niudhakbi。一种大而扁的大豆,青时毛豆味美。

黄豆 干大豆。

寒豆 hhoedhou。蚕豆。

本地寒豆 本地蚕豆较嫩品佳。"～放眼大蒜炒炒,又嫩又香,真好吃!"

发芽豆 蚕豆发嫩芽而成的一种菜肴。

小寒豆 即豌豆。"煤好的～,可以连壳吃,也可剥壳吃,比炒寒豆好吃。"

落苏 loksu。上海本地对茄子的俗称。

捏落苏 茄子身上刺眼或切片,用盐暴腌,洗净后加作料制成的菜。又称"暴腌落苏"。

下落苏 在饭镬上蒸茄子,蘸酱油、麻油下饭的菜。同义词:饭蒸落苏。

秤砣落苏 状如秤砣的圆形茄子。

油焖落苏 把茄子切成段后油炒,加酱油等,再用文火煮。

拎果 花生的一种,果较小,成熟时,一拎就能拔起。

芋艿老头 浙江奉化特产,本地较多食用。

白梗芋艿 芋艿品种之一,梗白,吃起来口感比红梗芋艿差。

红梗芋艿 芋艿品种之一,梗红,口感较软、黏。

辣茄 lakgha。辣椒的上海本地叫法。"大概当过兵的缘故,老张烧小菜总归喜欢摆眼～。"

鸡脚辣茄　jijiklakgha。一种极细小、形状像鸡脚爪的辣椒,味极辣。

灯笼辣茄　圆椒。"用～炒肉丝,就吃勿出辣味了。"

柿子椒　辣椒的一个品种,果实近球形,略扁,表面有纵沟,味不很辣。

咸菜　①统称腌制菜。②用雪里蕻腌制的菜。以浦东老港牛肚产的最有名。

暴腌咸菜　bhaoyihhece。用盐腌制短时即食的咸菜。

鬏头咸菜　bangdhouhhece。用雪里蕻、芥菜叶加盐拌和后塞紧在鬏内的咸菜。

腌白菜　加入辣椒等作料的凉拌菜。

素肠　一种用面粉做成的香肠形状的"豆制品"。

面筋　用面粉加水拌和,洗去所含淀粉后剩下的黏状物。

油面筋　yhoumijin。用面粉经发酵、油炸做成的一种球形食品。

水面筋　一种水中煮成的面粉制品。

烤麸　kaofu。用面粉糊经发酵做成的一种食品。

豆腐皮　dhouwhubhi。一种形薄如纸的豆制品。同义词:百叶　bakyhik。"两个海边人碰头,一个讲,我搭侬是茶干～,一块土浪人。"

千张　'qizang。即"百叶"。

素鸡　一种用百叶做成的豆制品,鲜味如鸡肉。

油豆腐　油炸的小块豆腐制品。

三角油豆腐　油三角,豆制品。

油条子　一种呈条状的油豆腐。

粉皮　用绿豆粉、白薯粉等淀粉制成的片状或条状豆制品。

盐津豆　yhijindhou。加少许水、盐后煮,熟后表皮起皱的黄豆。

浇头　另外加上去的菜或调料。

外加浇头　①同"浇头"。②指办完正事后另外补充的好处。

菜卤　celu。腌菜后的浓汁。

白汤　不加酱油的汤。

时鲜　shyxi。新鲜并当令的,多指蔬菜和水果。同义词:时鲜货。

作料　烹饪调料,如葱、姜、蒜、酱油、味精等。

荤菜

荤腥　hunxin。指鱼肉等食品。"老人家常年吃素,不沾～。"

荤菜　用鸡鸭鱼肉等做的菜。

荤油　指食用的猪油。

白肉　bhakniok。牲畜宰杀后的净重。

肉头　①肉。"现在的猪,生长快,～嫩,但营养哪能,就难说了。"②喻某人殷实的程度。"伊迭两年赚着一票,～厚来!"

连刀块　(肉等食物)应该切断而没有切断,仍连在一起。

老油肉　肥肉。同义词:羮肉　zangniok。

五花肉　hhnghoniok。有精有肥的猪肉。"裹粽子、红烧肉最好要用～,有精有肥才好吃。"

猪头刲　zydhoubhe。劈成两半的猪头。

猪头肉　用猪头烧成的肉。"～,炒花生,喝喝老酒蛮开心。"

颈项　jinhhang。头颈部位的肉。同义词:颈项肉"。

猪鼻冲　'zybhikcong。猪鼻。"～有啥吃头? 但老刘买来红烧、白煠,吃法邪气多。"

猪舌头　'zyshakdhou。"小额辰光,听人家叫猪舌头为门腔,有眼奇怪。现在想起来还是很文雅的。"同义词:门腔　menqiang。

猪尾巴　zynibho。尾,读"尼"。"小严蛮有腔调,年纪轻轻就喜欢吃～。"同义词:猪尾子。

圈子　猪大肠。"那个辰光,买着一副～勿大容易。肚肠翻个身,汏汏清爽,吃一顿,也算打了一顿牙祭。"同义词:猪肚肠。

拖梢头　tusaodhou。猪大肠的末端部分。

肺头　fidhou。猪的肺脏。"猪～,血淋拉滴,老尹买转去,斩成块,放眼大蒜,一个人大快朵颐。"

夹肝　gakgoe。胰脏。

腰花　猪肾划出交叉的刀痕后再切成的小块。

下脚　hhojiak。牲畜、家禽的下水,如肠子、肺头、肚等。同义词:下脚头。

奶脯肉　napuniok。猪乳房周围的肉,质量较差。"迭额辰光,买肉凭票,管它～、槽头肉,能买到一眼肉蛮好了。"同义词:奶脯。

烂糊肉丝　lewhunioksy。肉丝和黄芽菜烧在一起成糊状的菜。

走油肉　用油炸后再蒸使肉皮松软的猪肉。"人家望望～害怕,他却连吃两块,还嫌不够。"

油氽蹄膀　yhoutendhipang。将猪蹄膀放入油锅中煎炸,使肉嫩皮松。同义词:走油蹄。

风肉　hongniok。烤干的腌制过的猪肉。

方腿　方形的熟硝肉,一种熟菜。

方肉　方形的熟肉。

牙骨头　ngaguakdhou。啃骨头。牙,动词。"老王买了一个猪头,到夜快头,一边～,一边喝老酒,倒蛮适意。"

猪油筋　'zyyhoujin。熬去猪油剩下的油渣。"那个时候,小小几块～烧烧咸菜,也是一只荤小菜呢。"同义词:猪油渣。

肉塌饼　nioktakbin。①一种馅头为鲜肉的塌饼。②比喻被汽车压死的惨状,俗称"压得像～,惨啊!"

热气肉　nikqiniok。现杀现卖的猪肉。

冷气肉　猪屠宰后冰入冰库,而后再按需要卖出。

九斤黄　一种闻名浦东的鸡。

鸡壳落　取肉后的鸡骨头架子,因鸡肉较少,称作壳落。

琵琶腿　bhibhote。鸡的大腿部分如琵琶,可红烧,可白炸。"一只咸额～,吃起来倒还蛮嫩格。"

高汤　用猪肉、鸡肉等熬成的浓汤。

白壳鸡蛋　洋鸡蛋。

红壳鸡蛋　草鸡蛋。

剥壳鸡蛋　bokkokjidhe。去了壳的熟鸡蛋。同义词:剥光鸡蛋。用来比喻裸体、皮肤白嫩的少年。

白和蛋　bhakwhudne。带壳水煮的鸡蛋,一般指已去壳的。同义词:白煠蛋bhakshakdhe。"端午到了,一个男小囝拿两只粽子,挂一只～,蛮神气。"

酱煨蛋　剥壳后放在酱油里和猪肉一起煮熟的鸡蛋。

水潽蛋　sypudhe。将鸡蛋打入沸水中不加搅拌地煮熟,加入盐或糖吃。

糖滚蛋　dhanggundhe。同"水潽蛋"。"小孩生病了,躺在床上,妈妈就给他烧两只～,补补身体。"

菜卤蛋　用菜卤煮成的蛋。

鸭肫肝　akzengoe。

时件　鸡、鸭内脏中可以做菜的肝、心、肫、肠的合称。同义词:"四件"。

鱼鲜　鲜鱼。

肚档　dhudang。鱼腹部多肉少刺的部分。"炒～也是江南一个名菜。"

黄鱼鲞　whanghhngxiang。黄花鱼干。"小额辰光倒吃过～,现在连黄鱼都看大勿到了。"

虾米　'hoemi。干虾肉。

开洋　去壳的大虾干。

炝虾　qianghoe。用白酒或酱油腌制的虾,新鲜肉嫩,吃时有的还会动。"迭盆～腌得好,还有活额,味道又新鲜又肥美。"

海蜇脚　海蜇的口腕部分。"老早人们喜欢吃海蜇皮,而现在～价钿却比海蜇皮贵,看勿懂。"同义词:海蜇头。

裙带菜　jhundace。呈带形似裙边的一种海带。

盐花　①盐霜。"咸肉俺厢侪是～。"②含盐分的东西,如出汗后的衣服,干燥后呈现的白色粉末。"侬迭件衣裳,侪是白糊糊的～。"

老盐头　盐块。

盐卤　yhilu。浓盐水。"《白毛女》里个杨白劳就是吃～自杀额。"

盐汤水　加了盐的清水。

虾子酱油　内含虾子的鲜味酱油。

乓头酒　pangdhoujiu。烧菜时用的料酒。"搂草头时,一定不要忘记加～。"

辣货酱　lakhujiang。①用辣椒制成的酱。②比喻吃苦头:"侬再勿识相,拨弄吃眼～。"同义词:辣货。

豆瓣酱　dhoubejiang。用面粉加蚕豆瓣制成的酱。

甜面酱　面粉加甘草制成的酱。

白米香葱　根部像白米一样的小葱。

豆沙　用赤豆等煠酥去壳加糖制成的甜味馅儿。"本地人做圆子,甜额喜欢放～馅,又香又甜。"

黑洋酥　hakyhangsu。黑芝麻磨碎后,拌入糖和猪油做成的馅。"甜圆子,我就喜欢～。"

饭食

便饭　bhifhe。

淡饭　无菜之饭或吃饭不用菜。"呒没小菜吃,就扒了几口～,出去做生活了。"

早中饭　提早吃的中饭。

早夜饭　提早吃的晚饭。"小格辰光,吃仔一眼～,拿好骚老蜞灯,就跟仔大人抢蟛蜞去了。"

半夜饭　原指晚上加班后的加餐,现在指夜宵。俗语"多吃～,少吃年夜饭",喻多开夜工、多做夜作会缩短寿命。

隔夜饭　gakyafhe。①隔了一夜的饭。"～氽氽粥,就好当早饭吃了。"②笑人说话丑恶。"听侬介肮脏的话,我吃格～侪要呕出来哉。"

白米饭　米饭。"本地农民有句俗语:～好吃田难种。"

籼米饭　ximifhe。用籼米煮成的饭,较硬。籼米本地已淘汰。"老早吃个～,又硬又粳,勿大好吃。"

好米饭　用粳米煮成的饭,较软,好吃。同义词:粳米饭　'gangmifhe。

新米饭　特制当年产新粳谷碾米后烧成的饭。"辛苦一年了,先吃一顿～再讲。"

咸酸饭　和青菜或咸菜等煮成的饭。同义词:菜饭。

豇豆咸酸饭　gangdhouhhesoefhe。用豇豆做佐料煮成的咸酸饭。

家常饭 日常吃的一般的饭菜。

赤豆饭 cadhoufhe。白米加赤豆煮成的饭。"～好吃,既有白米饭额黏,又有赤豆额香。"

麦粞饭 makxifhe。米和圆麦细粒混合煮成的饭。"吃惯了～,再加咸瓜豆瓣,算勿错了。"

高粱米饭 白米和脱粒去壳的高粱子煮成的饭。

珍珠米粞饭 zenzymixifhe。白米和玉米细粒混合煮成的饭。

干饭 水分较少的饭。

烂饭 水分过多煮烂了的饭。

焖饭 ①冷饭加热焖热的饭。②电饭煲做饭。

淘水饭 用开水冲泡剩饭。"热天性,爷叔喜欢吃天落水～。"

夹生饭 gaksangfhe。煮成的半生半熟的饭。"记得小额辰光,头一趟烧饭,烧仔一镬～。"

油炒饭 加素油和盐炒的饭。

猪油淘饭 加猪油炒的饭。"俗话讲,～,越淘越烂。"

汤淘饭 tangdhaofhe。冲入菜汤的饭。

茶淘饭 倒了茶或开水煮成的饭。有时泛称水淘饭。

年夜饭 niyhafhe。大年三十晚上的一顿饭,较为丰盛。

饭碗头 小人吃剩留在碗里的饭。"迭个小囡又吃剩～了。"

饭米糁 fhemisoe。饭粒。"迭个小囡懂事,饭碗里落脱一粒～,伊也会得拾起来吃脱,勿容易!"

焦饭糍 jiaofheshy。烧焦的锅巴。

饭糍 锅巴。同义词:镬焦。

饭糍粥 fheshyzok。用锅巴煮成的粥,有香味。

饭团 成团的饭。又指日本的"寿司"。

剩饭 吃剩的饭。同义词:冷饭。"小戆单身一人,呒没人烧饭,伊就～冷小菜吃一点,马马虎虎过日脚。"

糍饭 糯米烧成的饭。

糍饭团 'cyfhedhoe。糍饭包上油条和糖后抟成的团。

糍饭糕 用糍饭油炸成的小方糕。"迭眼～,又香又软,我喜欢吃额零食。"

米粥 白米烧成的稠粥。

米烧粥 用米烧成的粥。

淡粥 无菜之粥或吃粥不用菜。

粥韧 zoknin。烧粥时锅边及粥表面一层很黏的东西。"迭眼～,又黏又香,实在好吃。"

稀饭 粥。

薄粥 bhokzok。烧得很薄的粥。同义词：薄粥汤。

粥汤 极稀、很稀的粥或从粥中舀出汤来。"伊个辰光，早晨有眼～吃已经勿错了。"

粥淘饭 zokdhaofhe。将粥盛在干饭中一起吃。

饭泡粥 用剩饭氽成的粥。同义词：饭氽粥　fhecoezok。

咸酸粥 用菜或咸菜等烧成的咸粥。

粉头粥 用白米烧成的揉粉的粥。

厚粥烂饭 粥烧得很厚，像饭；饭烧得很烂，像粥。

糁面 semi。用小麦、高粱、玉米加工的面粉。

干面 ①晒干或晾干的面条，易保存。②指面粉。

湿面 ①当日制作的水分未干的挂面。②还未晾晒干的面粉。

寿面 shoumi。祝寿时所吃的面条。"一碗～一份孝心，祝奶奶福如东海，寿比南山！"

切面 用刀或机器切成的面条。汤面，带汤的面条。

光面 不带浇头菜肴的素面条。

阳春面 yhangcenmi。同义词：光面。"老早进饭店，不敢点菜，就出八分洋钿买碗～垫垫饥。"

手擀面 手工制作的面，滑爽，有韧劲。同义词：刹面。

浇头 浇在面条或米饭上的菜肴等。

面浇头 吃面条时加上去的菜肴或酱汁。

面疙瘩 migakdak。一种面粉做的食品，形状任意，放在滚水中煮熟而食。

高脚馒头 一种山东式的无馅馒头，形状高耸，较结实，吃起来有层次感。同义词：高庄馒头。

生煎馒头 'sangjimoedhou。用油煎熟的一种小包子，鲜肉为馅。

小笼馒头 用小笼蒸熟的一种小型肉包子。"迭家店～好吃，肉鲜皮薄，咬上去汁水又多。"同义词：小笼。

柴爿馄饨 街边小吃买的馄饨。过去是用木柴作燃料煮的。

油炸桧 yhoushakgui。油条。传说人们用"油炸秦桧"，表达对奸臣的恨，对岳飞的怀念。

脚脚头 吃剩下的东西，残羹冷菜。"一眼眼～留伊做啥？吃脱伊！"

点心茶水

绞连棒 gaolibhang。脆麻花及麻花状的食品。

开口笑 一种麻球，因表面裂开像人在笑而得名。

一口酥 yikkousu。一种很松软的小饼。比喻简单容易做的事。

面饼 mibin。面粉拌和后在锅内摊煎而成。

鸡蛋面饼 面粉拌和鸡蛋糊摊成一张薄饼,然后加葱、榨菜末和甜面酱,包裹油条或脆饼,做早点。

塌饼 takbin。面粉做的一种扁的较硬的饼。"小格辰光别个点心勿会做,但～会做额。"

萝卜丝饼 用萝卜丝和面粉做成的饼。"萝卜切丝,拌入面粉,舀入镲子,就做成了～。"

芝麻饼 'zymobin。两面都有芝麻的厚饼。

香酥饼 内含酥油的烘饼。

大饼 烧饼。

松饼 一种有馅松软适口的糕点,上海以高桥松饼著名。

羌饼 'qiangbin。一种圆形烙饼,厚实,较大。

土家烧饼 加上肉末、葱末的薄形大圆烧饼。

茶水 ①放茶叶的开水。②放决明子、焦大麦等东西的开水。③白开水。④茶叶茶。

茶头 初泡的茶水,水很少,作为泡茶的基础。

茶脚 shojik。喝剩的茶水。

原泡茶 第一次冲水后泡出的茶。

盖碗茶 geoesho。放在盖碗中的茶。常作招待客人用。

生水 未经加热的水。也指未煮开的水。

熟水 煮开后的水。

温吞水 'wentensy。①不冷不热的水。②比喻缺少热情、行动迟缓的脾气、性格和习惯。"伊做事木笃,就像一镲～。"

浦东特产

本帮菜 浦东本地菜肴特色菜以三林最为有名。也叫"浦东老八样"。

浦东老八样 浦东各地的八样名称稍有区别,大致相同。

走油肉 "老八样"之一。选用猪五花条肉中段,肥瘦相间,俗称三坒头肉,经过一煮、二炸、三烧、四蒸,油而不腻,浓郁朴实。

扣鸡 "老八样"之一。选用浦东名鸡九斤黄,将鸡胸、腿、背脊等切成小指般的条块,上笼蒸透,配以胶菜(山东大白菜)。

扣鸭 kouak。"老八样"之一。烧法同"扣鸡"。

红烧鲫鱼 "老八样"之一。选用一斤左右大鲫鱼,用红酱油底色,加白酱油压腥味,滋味鲜美。

咸肉水笋 hhenioksysen。"老八样"之一。精选有浓香味的咸肉,配以水发毛笋辅佐。

扣蛋卷 "老八样"之一。摊成蛋皮,卷入新鲜肉馅成蛋卷,蒸熟倒扣碗中即成。

三鲜肉皮 "老八样"之一。采用"汤炒"技法,肉皮油炸,切成骨牌块,投入肉丸、爆鱼、鲜菇等配料,旺火烧透。

扣三丝 "老八样"之一。鸡肉、火腿、冬笋,切成棉纱线状,蒸熟后扣在盖碗中,上扣一香菇。汤清澈,质鲜嫩。普通的茭白、鲜肉、鸡丝也能做成此菜。

什锦拼盆 sakjinpinben。爆鱼、猪肝、糖醋排骨、白切肚子等,成双数装在大平盆或大腰子盆里。同义词:冷盆。

高桥松饼 浦东高桥出产的甜饼,形似苏式月饼,馅有百果、枣泥、豆沙等。金黄小饼外皮层层酥脆,内里充满猪油香味。

凌桥茭白 高桥镇凌桥地区特产。果实肥大,肉质细嫩,口感软糯。

钱万隆酱油 浦东张江镇特产。工艺复杂精良,日晒夜露,木榨床出油,质地醇厚优良。

三阳泰糕点 sanyangtagaodi。浦东周浦镇特产,至今有140多年历史。考究的选料,手制工艺,各式糕点成馈赠嘉礼。

羊肉烧酒 浦东周浦镇特产。精选羊肉,精心制作。一口羊肉,一口烧酒,冬天也温暖。

下沙烧卖 hhoso'saoma。浦东航头镇下沙特产。皮薄半透明,内包糯米、鲜笋加鲜肉蒸成,鲜美爽口。

张江红菱 张江特产,色泽玫红,壳薄易剥,肉嫩味甜。老菱香糯可口,味同栗子。

泥城扁豆 泥城彭镇青扁豆,全国农产品地理标志。豆荚肥大,吃口软、糯、嫩。

水晶年糕 syjinnigao。浦东盐仓特产。精选糯米,白亮晶莹,软糯可口,且不粘牙。

三林崩瓜 浦东三林特产,长圆形、有浅绿色网纹的薄皮西瓜,瓜瓤黄色,脆甜。

凤露蜜桃 南汇新场引进的外地水蜜桃,经南汇专家培育,成蜜桃精品。

脆冠梨 coegueli。浦东新场、大团出产的优质梨,果大,肉脆,味甜。

石门草莓 浦东康桥石门村特产,个大,味甜。曾两度获全国和市优质产品。

牛肚咸菜 niuduhhece。南汇老港牛肚村特产。用雪里蕻菜人工腌制,鲜美爽脆。

8424 西瓜 浦东南汇特产,1984 年从新疆引进。皮薄,肉嫩,鲜甜,享誉全市。

大团酒酿　浦东大团特产。用土灶、老缸制作。将粳米或糯米煮成饭,加酒酿酿制而成。

阿明瓜子　浦东合庆特产。精选瓜子,粒粒无瑕疵,香脆可口。

大桥瓜子　浦东川沙新镇特产。原味葵花瓜子,粒大饱满,精心炒制而成。

书院醉蟹　syyhuzuiha。浦东书院特产。选用螃蟹,入酒糟醉,蟹肉软糯,蟹黄橘红,一年四季皆可食用。

煤腰菱　shakyaolin。煮熟的棱角。"现在~勿大看见卖了,老早辰光,五分洋钿买一大把。"

圆子　是浦东人家逢年过节、亲友来往的必备食品。同义词:汤团。

酒酿圆子　jiuniangyhuzy。用甜酒酿煮汤团,又香又甜。

三角粽　本地最常见的米粽,下为三角,上呈圆锥状。

枕头粽　包成枕头形状的粽子。

芦粟　lusu。一种形似芦苇、高粱的作物,其茎甜如甘蔗。"两根甜~,可以吃个饱。"同义词:芦稷　luji。

高粱芦粟　形似高粱的芦粟,比一般芦粟稍粗,顶上的穗子可作高粱用。

厨艺餐具

厨艺

暴腌 bhaoyi。用盐短时间腌制。"～黄瓜生,吃起来又脆又鲜,好吃!"

起油镬 炒菜前先把生的食油煨热变熟。同义词:开油锅。

裹馄饨 包馄饨。

下面 hhomi。把面条放到开水锅里煮。

斩肉 'zoeniok。剁肉。"小额辰光,有点力气了,妈妈就教我学会用两把菜刀在砧墩上～,做馅用。"

斩肉末 'zeniokmak。用刀将去骨的精肉剁成肉末。

摇肉 在摇肉机里做肉糜。"过去剁肉末用菜刀,现在请卖肉格师傅用～机就能解决。"

出骨头 chakguakdhou。剔除肉中骨头。

出水 caksy。有些蔬菜和鲜肉等食材在烧之前放在烫水中氽一下,以消除异味,去除腥气。

盆菜 经过捡洗、搭配的荤素生菜,可以直接烧炒。

拼盆 将猪肝、肚条、白肉、油氽花生等加素菜拼装成冷盆。

戗 qiang。较短时间的腌制。"～老白虾一歇歇就好吃。"

烧 煮。

拉 食物放在油里煎。"小黄鱼放勒油锅里～一～,就嫩得很。"

煎 'ji。油炸。

摊 一种食品烧煮方法,先锅底抹油,再摊开煤煎:"～面饼""～蛋皮"。

炖 den。隔水蒸熟。"迭盆蛤蜊～蛋,～得真好!"

焖 'men。紧盖锅盖,用微火把食物煮熟或炖熟。"油~笋烧得又嫩又香。"

笃 dok。用文火熬煮。"多放点水,~蹄髈要用好几个钟头呢!"

汆 ten。①漂浮在油中炸。"油锅中~油条,火候老有讲究。""油~花生米勿要炈透。"②浮。"仰游时,人首先要~拉水面浪。"

汆 'coe。放在水中稍微煮一下,或用开水烫一下。"马兰头先要开水里~一下,再切得绝细。"

煸 'bi。把菜、肉等食物放在热油中略微炒一炒。"红烧鲫鱼,先要拿鲫鱼正反面~一~。"

炒 将食物放在锅中加热并随时翻动使熟。"老早糖炒荔枝用手翻~,现在也用机器哉!"

爆 bao。在滚油中微炸或用滚水稍煮。"迭盆油~虾烧得真好!"

烤 将食物靠近火势烤熟或烤干。"~羊肉串不是随随便便就能学会的。"

烩 whe。炒菜后加少量水和淀粉。"~三鲜就是好吃!"

熘 'liu。炒或炸后,加作料和淀粉。"~鱼片,用料要适量。"

煠 shak。焯,把食物放在沸油或沸水中稍煮。"菠菜先要放在热水中~一~,再炒就好吃。"

焐 'whu。用热的东西接触冰凉的东西使变暖,或是热的东西较长时间保持温度。"汤罐~酥豆。"

扣 kou。把肉块煮到半熟,油炸后切片,加入作料,用碗或其他器皿罩在上面蒸熟。"大碗~肉"。

炸 zo。将食物放在沸油中使熟。"先将大排敲扁,再撒上面包屑,~出的大排才又嫩又香。"

涮 sak。可把肉片等放在开水里烫后取出蘸作料吃。"一大盆~羊肉,三下五去二,一会儿就吃完了。"

烘 'hong。用火烤的方式使食物变熟变干。"灶肚里~山芋,迭个办法好啊!"

糢 hoe。用极少的油煎。"一只大镬子,底上抹一眼油,就可~塌饼。"

熝 lou。把菜炒着烧熟。"~咸菜""~韭菜"。

撩 liao。将菜放入滚水后马上捞起。"~起马兰头。"

转 在微波炉里加热食物。"勒拉微波炉里~个两分钟,饭就热了。"

串 'coe。同"转"。

爨 'coe。烧。"冷饭摆勒镬里~一~。"

糟 'zao。用糯米饭加酒药做成,可食用,也可糟腌食物。"~肉""~鸡"。

窝 'whu。往锅里放水。"镬子里~点水啦。"

蒸 利用水蒸气的热力使食物变熟、变热。"~馒头""~八宝饭"。

焗　jhiok。利用蒸汽使密闭容器中的食物变熟。"盐～鸡"。

文火　小火,主要用于炖熟东西。

拔丝　用熬瀜的糖包裹油炸的食品。

拷油　kaoyhou。打油。

拷酒　打酒。

拷酱油　打酱油。

吃口　qikkou。①滋味,味道。"五粮液～老好额。"②吃的量足。"伊额～老凶,一个人吃了两个人额饭量。"

厨具

洋盆　搪瓷盆、碗。"小额辰光吃饭用～,跌勒地上也不怕。"

尺盆　cakbhen。直径一尺的大盆子,多为婚丧喜事时用。

瓷盆　陶瓷做的摊边盆。

碗盏　碗、盆、筷子等炊具。

碗橱　厨房里放菜肴、碗、盆等器物的木橱,也有竹制,较少。同义词:庎橱gashy。

竹庎橱　全身用竹制的碗橱。"迭只～,老林家老代传下来,至少有百把年了,还在用。"

提桶　去河边打水的木桶。同义词:水桶。

塑料提桶　同"提桶",只是改用塑料制作。

吊桶　井中吊水用的小木桶。"小小一只～,要一记头吊着井水,也真勿容易。"

担桶　专门用于挑水的水桶,常为两只一对。

砧墩　zenden。用作切菜的树墩板。同义词:砧墩板。"肉庄浪迭块～,直径1米多,想来迭棵树有几好大呀!"

砧墩架　木制放砧墩的架子。

灶头　用砖头砌成,用来烧饭菜的设备。

灶面　灶头上围绕锅留出的空处。"后来额～,全部用雪白格瓷砖贴面,又白亮,又光滑。"

灶山　灶墙上方搁板以上的空处,可以放置油钵头之类的小物件。

灶墙　灶头上的墙壁,里面设烟囱,旁有灶山等。

灶脚甏　zaojikbhang。灶头下部安放的小甏,可使放在里面的东西保持干燥。同义词:灶毛洞、灶猫洞。

灶肚　灶膛。"勒拉～里煨山芋,迭个山芋又香又糯,好吃!"

灶肚门口　灶膛口。"～烘湿脱拉格鞋子,最灵!"

灶前头 灶肚后面的空处,人可以坐在那里烧火。"～个柴草要整理好,勿然容易起火。"同义词:灶前、灶园。

两眼灶 有两个锅的柴灶。

三眼灶 有三个锅的柴灶。

单眼灶 只有一个锅的柴灶。

省柴灶 sangshazao。20 世纪 70 年代本地兴起砌制的新式灶具,能省柴。

行灶 hhangzao。用小缸、柴油桶等制作的简便灶头,穷人家用,外出行船时可携带。也有陶制行灶。

汤罐 tanggoe。灶头上灶山下用于盛水的铁罐,橄榄形,上口可放广勺、铜勺。

大镬 dhuhho。农村柴灶上外面的铁锅,比里面的稍大。同义词:外镬。

里镬 与大镬相对,灶上按在里侧的锅。同义词:小镬。

小锅镬 放在里镬、外镬之间外边的小镬,可盛水,烧饭菜时使水暖。

铁镬子 用生铁浇制的锅。

砂锅 'sogu。陶制炊具,专用于炖烧食物。"迭只大～,炖眼黄豆咸肉,两个钟头解决问题。"

罐头 放在灶膛余灰里炖东西的陶罐。

镬盖 锅盖,有大、中、小之分。以前用木制,现常有铝皮制作。

笼格 longgak。竹子制成的圆形器具,多用于婚丧喜事。一屉可放六七只碗,可有七八屉,上有笼盖,蒸小菜用。"迭幢～是庄家的宿货,一共八格,浑身发黑,但仍旧板扎牢固。"

钢宗镬子 铝制,摊边状的锅,常用于炒菜。

钢宗锅子 gangzongguzy。铝制桶形锅,多用于做饭、烧水。

柴爿 shabhe。劈好的木柴。用来烧火的木板类柴火。"迭捆～,是俚奶奶一根一根积起来额。"

豆其柴 dhoujisha。豆类干柴。

菜其柴 cejisha。油菜秸秆。

硬柴 烧火用的花其柴、树枝等,相对于稻柴、麦柴等软柴烧火较旺。

软柴 nyusha。稻草、麦柴之类的柴草,烧火相对较软。

稻柴火 用稻草烧出的火,火头较软。

引火 生火,点火。"勿用眼软柴或者旧报纸,～有眼困难。"

火头 正在燃烧之火。"烧肉～要旺一眼。"

兜火 从别处借火。

退灰 将灶肚里的柴灰扒出。同义词:拉灰。

退灰扒 tehuebo。将柴灰从灶肚中扒出的工具,用铁制,或用一块小木板装上柄。

铫子 diaozy。烧水的水壶。也写作"吊子"。铫，读作"吊"。同义词：水铫子。

电吊子 用电烧开水的铫子。"现在～烧水多省心啊，电一通，烧开后自动跳脱，多方便。"

薄刀 bhokdao。菜刀的别称。"厨房师傅的～，磨勒锃亮，一看就是好货色。"

快口 kuakou。刀的刃口。也指各种容易割破人皮肤的部位，如玻璃裂口、锋利叶边等。

广勺 灶头上舀水用的勺子，由铜浇注而成，有柄。也叫"大铜勺"。

铜勺 dhongshok。舀水用的勺子，比广勺小，也有柄。也叫"小铜勺"。

铲刀 炒菜、盛饭的工具，旧时柴灶用的均为铜制，后改用铁、铝、竹、木、塑料等制作。

刨 刨去瓜果皮的用具，可用蚌壳自制。又称"卷刨"。

铜刨 dhongbhao。刨去瓜皮的工具，因铜制而得名。

升箩 原为量具，上大下小，均呈方形。也作舀米工具。

蛋架 竹制，井字形，做饭时放在锅上，可放置碗、盘等蒸菜。

劈勺 除去油沫、浮料的用具。

揩灶布 'kazaobu。灶上用的抹布，也可用来擦台子。歇后语有"药灶头上的～，揩来揩去俏是苦。"

揩台布 擦桌子的抹布。

洗帚 刷洗饭锅的用具，用竹丝扎成。

钵头 一种厨房用陶器，有大小多种规格，可套在一起。"乡下人买～，一套。"

油钵头 盛油的容器。

盐钵头 yhibakdhou。存放盐的容器。

擀面杖 goemishang。擀面的木棍。

笃糕板 一条木料上刻有两三个花纹形状，米面填入，就能笃出不同花纹的糕点。

汏菜篮 dhacele。洗菜用的竹篮，口圆底四方，编织较稀，便于洗菜漏水。

四角篮 sygokle。底呈四方形的买菜、洗菜的篮子。

杭州篮 多产于杭州，身圆，底呈六角形。

淘米篮 细篾编成的篮子，用于淘米，也可盛剩饭。

饭笋 可以盛饭、也可以淘米的小竹篮："～可以淘米，拉水里一摇，再朝水里一撅，一股白色就自然冒出，然后向四周散开，米就淘干净了。"

焐窠 'wuku。多用稻草编成，使饭菜保暖的用具。

草窠 用稻草编制，冬季使饭锅保暖的用具。

竹壳热水壶 旧时常用的竹丝为外壳的暖水瓶。

餐具

汤盏 'tangze。小的饭碗。同义词：汤盅。

汤碗 一种盛汤的大碗。

汤勺 'tangshok。舀汤勺子。又写作汤匙。

蛋抄 dhiaogang。调羹，舀汤带柄的小器具。"说报恩，真勿能忘记，妈妈一～一～拿侬喂大额呀！"

蓝花边碗 lehobioe。碗边有蓝花的粗碗。"老早额饭碗，叫～，盛一碗饭，随便有眼菜，就可以吃一顿了。"

粥碗 盛粥的碗。

饭碗 ①碗的通称。②盛饭的碗。

品碗 一种盛菜的大碗，饭量大的盛饭也用～。

野大碗 yhadhuoe。一种较大的粗碗，可以盛菜盛汤。

海碗 一种特大号的碗。"吃顿饭，有一～什锦汤，鱼肉菜蔬侪有，就邪好唻。"

宫碗 一种形制小巧的碗，有的还镶有金边，多用作饭碗。

盖碗 一种带盖的小瓷碗。

铅碗 kheoe。搪瓷碗。

洋碗 搪瓷碗，同义词："洋铅碗""铅碗"。

碗脚 吃剩的东西。"迭顿饭，有上一趟吃剩额～，烧烧暖，又可以当一顿了。"同义词：碗脚头。

碗底肚 碗底。上面一般有出品厂家的文字或印章。

毛竹筷 用毛竹制成的筷子。"一把～最最实用，我家用了好几年，还勿舍得掼脱。"

硬木筷 ngangmokkue。常用的木筷子。

筷笼 放筷子的筒形笼子，有竹制、木制，也有塑料制作。

筷箸笼 'kueshylong。筷子筒。"现在塑料做额～，有绿额，有蓝额，有黄额，有白额，真好。"

饭桶 装饭的桶。比喻无能的人，只会吃不会做事的人。"侬真是个～。"

饭盒 盛饭的铝盒，外出时带用。同义词：饭格。也有分几层，可分别放饭和菜。

酒盅 吃酒用的小杯。同义词：酒杯。

瓶酒 瓶装酒，如白酒、黄酒、红酒、啤酒等。

甏头酒 bhangdhoujiu。装在甏里的酒，如绍兴黄酒。

罐装酒 装在金属罐子里的酒，如青岛啤酒、百威啤酒等。

酒甏 jiubang。装酒的陶甏，多为口小、腹大。"迭只～是阿三拉爷留下来的宝贝。"

家 具 物 件

台桌椅

方台　方桌。

小方台　小方桌,可以做饭桌,也可供小孩做作业等用。

穿板台　cebedhe。较简陋的方桌。"屋里买勿起八仙桌,只好东拼西凑,做只～。"

圆台面　yhudhemi。坐 10 人以上的圆形大桌面。也指特制的圆形大桌面,需用时搁到小桌子上。

八仙桌　bakxizok。供八人用餐的大方桌,一般用红木、楝树等硬木制成,较考究。

梳妆台　'suzangdhe。梳妆打扮专用桌,前方装有一面大镜子。也叫镜台。

揩面台　揩面,'kami。洗脸洗手的盥洗桌。同义词:面汤台。

茶几　shoji。一种放在两把椅子间的小桌,可放茶杯等。一种较矮,置在沙发前放茶具等。

花桌　放置花盆用的小桌子,比茶几高而小。

玻璃台板　写字桌上的玻璃平板。

硬板凳　ngangbeden。较硬的板凳。

冷板凳　①无人坐的板凳。②比喻受冷遇。"伊坐惯～,最后终于上场了。"

矮凳　矮小的板凳。"迭只～虽然小,但用料考究,蛮扎作格!"

折叠凳　zakdhikden。可折叠的小凳,可以收拢放在拎包里。"有只～方便,排队也勿怕。"

骨牌凳　guakbhaden。面板为长方形的凳子。因表面长宽比如麻将牌,故称。

杌子凳　ngakzyden。没有靠背、做工考究的方凳,也有长方形的。

坐凳　区别于长凳的其他可坐之凳,如自行车、摩托车、汽车等的坐具。

汰脚凳　dhajikden。专用于洗脚的矮凳子。

浴凳　作洗澡用的放在浴缸或浴盆中的小矮凳。

烧火凳　放在灶后供烧火者坐的小矮凳。也有用废旧的牛车拨舵代替。

春凳　cenden。一种凳面较宽、做工考究的长凳,多在房间里使用。

靠背椅子　有靠背的椅子。

靠手椅　两边有搁手的椅子。

转椅　zoeyi。能旋转的椅子。"伊坐勒~上,转过来,转过去,适意唻!"

太师椅　tasyyi。有扶手有靠背的大椅子。

摇椅　底有弯条,能够前后摇晃的椅子。

卧具

大床　dhushang。老式木制双人床,前有雕花镜面、花板。

红木大床　红木制作的精致大床。"迭只~做勒介精巧,精雕细刻,买买伊,老价钿!"

木板床　木板制作的床。同义词:板铺。

床铺　有铺被的床。

铺板　板床上铺的木板。

木绷　mokbang。棕绳编制好的木制床垫。

芦编垫　lubeidhi。用芦苇杆编成的床垫。"20世纪40年代结婚,伲穷人家有只~做床铺已经蛮好了。"

竹榻　zoktak。①矮竹床;②无脚竹铺。

棕绷　用细棕绳穿成的床铺。"伲屋里额~坏脱了,要请一位老师傅修一修。"

棕绷床　'zongbangshang。用棕绷做床铺的床。同义词:棕榻。

沙发床　'sofakshang。既可作坐具又可做床用的家具。

藤绷　dhenbang。用藤做的床铺。

藤榻　dhentak。矮小的藤床。

叠铺　dhakpu。高低床。"读书时,我伲八个人睏四只~床,也蛮开心。"

床沿　床的边缘。

踏板　dhakbe。床前放置的一块木板或矮木几。用于起身踏脚或睡时放鞋子。

三门橱　一种大橱名,正面左右两边为门,中间为一长镜子,也有三门都装上镜子。

箱橱　垫在箱子底下的矮橱;成排的放置衣物的大橱。

抽头　'coydhou。抽屉。也叫"抽斗"。

樟木箱　'zangmokxiang。用樟树木板制成的箱子,有香味,可防虫蛀食。

被絮箱　bhixixiang。置放被褥、被絮的箱子。同义词:开门箱。

拎箱　用手提的箱子。

夜壶箱　yhawhuxiang。旧时放置盛尿的夜壶。现指床头柜。

被头　被子。

被絮　bhixi。被子用的棉胎。

被面子　被面。

被夹里　被里子。

被横头　为保持被里清洁,缝在被子一头的布,便于拆洗。

被套　套在被子外面的套子。

枕头套　枕心外的布套。

枕头毛巾　铺在枕头上的毛巾。

草席　用草编成的席子。

篾席　用竹篾编成的席子。同义词:竹席。

芦席　用芦苇篾编成的席子。

单被　被单。

垫被　棉褥作床垫子用。

家什用品

铜吊　铜制的烧开水的壶。"迭只紫～,颜色发暗了,还照样好用。"

面汤水　洗脸水。

揩面水　'kamisy。洗脸水。

面盆架　mibhenga。放置面盆的架子。同义词:面汤架。

脚桶　洗脚的盆。也用于洗衣。

脚盆　洗脚盆。

高脚盆　'gaojiakben。有三只脚或四只脚的木盆,多为洗下身或小孩洗澡用。

汏脚水　洗脚水。

浴盆　洗澡盆,可坐在里边洗澡。

浴桶　yhiokdhong。大澡盆,或木制的立桶,人可坐在里边洗澡。

提桶　水桶,常作提水用。"迭只～,用仔几十年,仍旧蛮好。"

弯板提桶　较高级的提桶,弯板,铜箍或铁箍,红漆。

水桶　盛水、提水用的木桶。

吊桶　吊水用的小木桶或小铁皮桶。"天大旱,井里～放勒深也吊勿起水来。"

担桶 用扁担挑的大水桶。

铅桶 'kedhong。镀锌铁皮制作的提水桶。

米桶 盛放粮食的木桶。"伊个辰光,一只～常常被刮勒干干净净。"

钱桶 店铺装钱用的木桶,上有全封闭的木盖,木盖上有投钱孔,到晚上才由老板打开结算。

马桶 modhong。①大小便用的、有盖的木桶。②泛指西式的抽水马桶。

弯板马桶 女子做嫁妆用的马桶,红漆,铜箍。"旧时人家嫁囡,三样物事,就是弯板提桶、弯板马桶、弯板脚桶,一样勿好少。"

小囡马桶 长圆形,20厘米高,前有筒盖。

抽水马桶 上架水箱、下通下水道可抽水冲洗的瓷质马桶。

子孙桶 ①充作嫁妆的红漆马桶,内常放枣子、花生、桂圆等讨好口彩的坚果及糖果。②五只脚的高脚桶,小孩出生时用,也可洗澡用。

头油 抹在头发上的油质化妆品。同义词:生发油 'senfakyhou。

蛤蜊油 geliyhou 装在蛤蜊壳内的一种廉价的润肤油。

篦箕 biji。比木梳齿细,可双面梳篦。

板刷 洗衣用的无柄毛刷。

擦板 cakbe。洗衣用的搓板。"老早汰衣裳,吭没汰衣裳机,用块～也蛮好。"同义词:汰衣裳板。

汰衣裳机 洗衣服用的电动机器。同义词:洗衣机。

晾竿 langgoe。晾衣裳的竹竿。同义词:晾衣裳竹。

晾衣裳架 晾晒衣裳的架子,以不锈钢的为多。

衣裳架 撑开衣裳使之挂起来的架子。"现在超市里～样式勿要忒多啊,塑料额,木头额,多头额,方格形额,值得拣一拣。"

轧头 夹子。

木轧头 木制的夹衣服晒干的夹子。

塞头 sakdhou。瓶口的塞子。

汤婆子 'tangbhuzy。内灌热水的扁圆形取暖器。一般铜制,现也有橡胶制作。"老早冷天,有只～烘脚已经邪气好了。"

脚炉 jiklu。旧时冬天搁脚取暖的小圆炉,内装文火,盖子上布满小孔。

痰盂罐 dheyhugoe。痰盂。

夜壶 yhawhu。小便壶。"过去额男人家夜里小便用～,早晨再去倒脱。"

掸帚 doezou。拂去灰尘的掸子。

鸡毛掸子 用鸡毛扎成的掸子。

高粱扫帚 用高粱穗秆扎成的扫帚,过去常用,现在多用塑料制的。

芦花扫帚 luhosaozou。用芦苇花穗做的软扫帚。

竹丝扫帚 用竹丝扎成的扫帚。同义词:竹枝扫帚。

硬枪篱扫帚 ngangqianglisaozou。用竹枝等较硬的东西扎成的扫帚,扫场地专用。

畚箕 'benji。畚去垃圾的簸箕,旧用竹编,现常用塑料制作。

拖畚 'tufen。拖把。同义词:拖粪。

马桶豁笕 modhonghuakxi。用细竹条扎成的洗刷马桶的用具。

桼脚刀 'qijiakdao。修脚皮、趾甲的专用刀。

指掐钳 zykakjhi。修剪指甲用的工具。

轧头刀 ghakdhoudao。理发剃刀,旧用手动,现用电动。同义词:剃头刀。

夹剪 理发剪。

皮夹子 钱包。"小卢成了老板,请人吃饭,～勿用,伊就会刷卡。"

洋夹 钱包,旧为洋人传入。

票夹 放钱或各种卡的钱包。

坐车 shuco。婴儿或儿童做的手推车,旧用藤、竹制成,现用铁、帆布制成。

立窠 likku。用稻柴制成的圆柱形用具,供婴儿站立用。

立桶 用木料制成的圆形或方形用具,上小下大,供婴儿站立用。

引线 yinxi。缝衣针。

小引线 小的缝衣针,常用于绣花。

引线头 针尖。

引线屁股 缝衣针的针眼。"眼睛老花了,穿根线,连得～寻勿着哉。"

绒线针 niongxizen。编织毛线用的长针,常用竹制,后也有铝制。

打包针 dangbaozen。缝麻袋用的大针。

钩针 钩线编织用的带小钩的针。

绷架 bangga。绣花时用来把布绷紧的箍架。

挟镊 jikni。镊子。

勿求人 抓手,用来为自己抓背止痒,可以不求他人。同义词:老头乐。竹制或塑料制的抓背挠痒的长棒。

鞋拔 拔鞋后跟使鞋穿上的工具。

裁缝尺 shefhongcak。裁衣用的软尺。"迭位师傅量衣,用～一量,就全部记勒心里,结棍!"

粉饼 裁衣时在布料上划线的扁平粉块。

划粉 whakfen。裁衣划线条用的三角形的粉饼。

啤酒瓶底 bhijiubhindi。比喻深度近视眼的眼镜镜片。

望远镜 mangyhujin。观看远距离物体的光学仪器。同义词:千里镜。

双铃马蹄钟 上有双铃如马蹄状的闹钟。"我家有座～,辰光邪气准。"

发条 钟表、留声机、八音盒等内安置的、可以拧紧钟摆或平衡轮以均匀产生推动力的弹簧圈。"迭只钟停脱了，侬去上上～，开一开。"

手电筒 soudhidhong。利用干电池做电源的小型筒状照明用具。也叫手电、电筒。（《现代汉语词典》）

煤油灯 燃烧煤油发亮的灯。同义词:汽油灯、洋油灯。

油盏火 yhouzehu。用豆油或煤油点燃的灯。"老百姓屋里厢格～，暗是暗来！"

手提灯 外出用的手提灯。"有仔～，外出就勿怕刮风落雨了。"

洋灯罩 yhangdenzao。用灯罩防风的煤油灯，国外引进。

电灯火 旧称电灯。"一只5支光格～，暗来像只蜡烛火。"

插头 把电线接插到插座上去的装置。同义词:插朴、朴落。

灯头线 手拉的电灯开关的拉线。

碰线 电线短路。

软铅 nyuke。电路上的保险丝。"喔哟，～爆脱，教室里一片漆黑。"

洋蜡烛 点火可照亮的蜡烛。"夜里突然断电，好得有根～照亮。"

火烛 灯火;烧的火。"家长一直叮嘱小囝:烧火烧饭，当心～。"

自来火 火柴。先由国外进口，后来国内自己制造，叫"自来火"。同义词:洋火。

洋伞 yhangse。雨伞，也可遮阳用。"天落雨了，我吭没带～，苦煞哉。"

伞面 伞上遮雨的布。

伞骨 伞的骨架。"迭顶伞额～做勒马虎，好几根已经断脱了。"

油衣 用油布制成的雨衣。

蓑衣 suyi。旧时用棕毛编成的雨衣。

水烟筒 syyidhong。旧时铜制的吸水烟用的器具。

纸煤头 zymedhou。抽水烟点火用的纸捻子。"看大人用～点上火，在水烟筒上抽烟，噗噗噗噗，倒蛮有意思。"

板烟筒 烟斗。

喷筒 'pendhong。能喷射出液体的筒状器皿。

喇叭头 有线广播喇叭。"1958年，公社办起广播站，从此～天天响个勿停。"

头纽 dhouniu。秤杆上称重物用的提秤绳。

二纽 niniu。秤杆上称轻物用的提秤绳。

秤梗 cengang。秤杆。

台秤 放在台上的秤具。

秤盘 cenbhoe。秤上的铜、铝或藤制成的盘，小件物体放入盘子才能称重。

药戥子 yhakdenzy。称中草药的小秤。"在益大本草园，我看到了称人参格～。"

戥盘　测定贵重物品或药品重量时放物体用的小盘子。

磨砂玻璃　mosobuli。半透明的玻璃。同义词:磨花玻璃。

铰链　'gaoli。用来连接器物两方面的零件,能使一部分绕轴转动。

扎钩　zakgo。使门窗固定的钩子。

搭钩　①使门窗固定的钩子。②固定两块板的钩子。

棒头　bhangdhou。棍子。"伊手里拿根～,守牢门口,一副凶巴巴的样子。"

撑头　cangdhou。支撑某物的东西。

把手　①门窗、抽屉等的拉手。②器物上手提的地方。同义词:拉手。

碗砂　oeso。瓷。"伊屋里两只鱼缸是～做额,非常漂亮。"

烫板　烫衣服用的一头方一头椭圆形的长木板。

饼干听　装饼干的马口铁盒子。

壳子　有固定形状的套在物体外面的盒子,有纸、塑料或马口铁等制成。

拎鋬　linphe。指袋子、盒子、箱子等的提手。

服 饰 穿 戴

衣裳

衣裳　yishang。衣服。

外冒　ngamao。穿在最外层的衣裳,如棉衣外的罩衫。同义词:外套。

衬里布衫　cenlibuse。贴肉的短衫。

短衫　doese。短上衣。

夹衫　gakse。夹衣。

开衫　前襟对开的衣衫。"中年妇女着件米黄色～,好雅致咯。"

罩衫　zaose。①穿在外面的衣服。②同套衫。

线衫　线织衣衫。

春秋衫　春天、秋天能穿的衣裳。

两用衫　liangyhongse。春秋两季都可穿的衣服,既可套在毛衣外,也可罩在衬衫外。

洋布衫　①机制上衣。②外国布料所制衣衫。

单层布衫　薄布衫。"伊只穿一件～。"

睏衣　专用于睡觉穿的衣裳。

睏裙　女子用于睡觉穿的裙子。

睏衫　用于睡觉穿的衬衫。

睏衣睏裤　专用于睡觉穿的衣裤。

夹里　凡双层料作衣服,里面一层即为～。

汗背心　hhoebexin。背心。

油衣　①油布做的衣裳。油布是老布涂桐油而成。②雨衣。

蓑衣　用棕或龙须草编织成的防雨用具,近似雨披。

派克大衣　'pakakdhayi。一种西式棉大衣,衣领多为海虎绒料子。

海虎绒大衣 用长立绒织品（即"海虎绒"）制作的大衣。

连体衣 衣裤相连的衣裳。

对襟 dejin。衣襟在胸前对开。同义词：对面襟。"小时候冬天，我看阿爸老穿～棉袄，出门把手笼在袖管里。"

对面襟 前身正中开襟的传统中式上装。

大襟衣裳 dhujinyishang。纽扣在胸前右侧的中式衣服。

小衣裳 xiaoyishang。小囡衣裳。

领衣 没有领子和袖子的上衣。

领头 lindhou。①泛指衣领。②带头。"辫趜参观，由老钟～，大家跟牢。"

假领头 galindhou。套在腋下的衬衫领子，领头是真的，衬衫是没有的。同义词：节约领。

圆领头 领口是圆的，实际是无领头。

袖子管 xhiuzygoe。袖子。"～绡绡高，做生活拖齷齪哉。"

袖筒 xhiudhong。衣袖里面。"西风冷飕飕，两手相在～里。"

袖套 xhiutao。防止袖口弄脏而套在袖外的笼式布套，布套两头均靠橡皮筋勒紧。

套袖 taoxhiu。袖，又读"又"。即袖套。

罩袖 zaoxhiu。①套袖。②中装袖子部分。

一口钟 婴儿用披风，也叫"斗篷"，样子像古乐器的钟，故名。又写作一扣总，披风头颈处有带子，只要缚住（即一扣）就好，故名。同义词：一口裙。

一裹裙 yikgujhun/yikgujhiong。①包裹婴儿的方形布裙，有夹的，或衬薄棉。婴儿包在中间如包蜡烛，俗称"蜡烛包"，即"襁褓"。②前后不开叉的裙子。

围馋 yhushoe。围在小孩胸前脖下的布襟，普通话"围嘴儿"。

垫尿 衬在婴儿屁股下的尿布，又指夹尿布中吸尿液的衬头。

污衲 抄在婴儿屁股下接纳屎尿的布条。又称尿布。

睏裙 kunjhun。睡觉时穿的连衣裙。

围裙 yhujhun　whejhun　yhujhiong　whejhiong。旧时男女农民劳作时围身布裙。

裕裙 日常干活时围在腰里的有裥布裙。

作裙 劳作时围系在身上的有裥布裙。又作灶裙。

饭单 fhede 防掉饭屑菜汤而系在脖下胸前的布襟。一般给小孩或不能自理的老人系，餐后摘去。

鞋帽

鞋口 鞋的上沿口子。"乡村姑娘要学会滚～。"

鞋根　鞋子套住脚后跟的部分。

钉鞋　dinhha。①田径运动员专用鞋,前掌有钉。②旧式雨鞋。

蒲鞋　bhuhha。用蒲草或黄草编制的保暖鞋,泛指笨重宽大的冬鞋。

芦花蒲鞋　用芦花制作的保暖鞋。

大头鞋　鞋头大而圆。"翻毛皮鞋(侪)叫～。""阿哥从大西北退伍回家时带了两双～,说给爷娘一人一双,寒场里着拉勿冷。"

尖头鞋　鞋头尖而长,皮鞋就叫尖头皮鞋。

松紧鞋　由松紧条带滚鞋沿的鞋子,适应脚板厚薄、脚脖粗细不同的人穿。

蚌壳棉鞋　bhangkokmihha。鞋面由两侧缝合、状如蚌壳的棉鞋。

老开皮鞋　laokebhihha。头大、厚重,很结实的皮鞋,20 世纪六七十年代很吃香,现因太重而不被青年人看好。又写作老 k 皮鞋。

象鼻袜　xhiangbhikmak。从东京涉谷流行开来的一种长至膝盖的袜套。(《上海话大词典》)。

卡普龙袜　kapulongmak。腈纶丝袜。

玻璃丝袜　bulisymak。①女性透明度很高的丝袜。②尼龙丝袜的统称。

松紧袜　songjinmak。①袜口缝有宽紧带,收张自如。②弹性较足的袜子,多为化工料制作。

五指袜　hhngzymak。五个脚趾可分别套进的袜子。

滴子帽　亦称小结子帽。瓜皮帽,顶部有一个小圆结。

铜盆帽　dhongbhenmao。大礼帽状如铜盆。

压发帽　akfakmao。睡觉时用以保护发型的网状发罩。

鸭舌头帽　akshakdhoumao。帽舌形状如鸭舌头的帽子。

妆饰

绢头　judhou　juedhou。手帕。

头绳　束发的绒线。

纽襻　扣住纽子的套子。

搭襻　能扣住另一端的搭扣,如鞋～。

网钗　mangco。成对结成网状的装饰钗片。

耳朵圈　niduqu。耳环。又称耳朵圈。同义词:耳朵环　nidughue。

铁马　过去称发夹,也叫"轧叉"。

横爱司　妇女发髻形式之一,似横写的"8",也像英文字母"s",故名。

头发团　旧时妇女发髻的通称。"嬢嬢做姑娘时就喜欢梳～,老了更不愿扎辫子了。"

发带　箍住头发的带子。小孩和年轻女子爱扎鲜艳的带子,更显漂亮。

奶罩　nazao。胸罩。"城里人开放来,窗口头吊仔好几只～,想想意思(羞)。"
同义词:文胸。

隐形带　yinyhinda。女子用此带佩戴文胸又使其"隐形"不露。

嘴唇膏　女子化妆用的唇膏,也有专用防干裂的润唇膏。

节揎油　jikkakyhou。指甲油。

做头发　zudhoufak。通过烫梳做发型。

农村

乡村、农民

露天工厂 喻农村。

修地球 xiudhijhiu。比喻种田的,干农活的,农民自嘲的幽默说法。

村落 cenlok。村庄。"迭格～只有十几家人家,三面环湖,前头一条大路。"

三干会 'segoewhe。三级干部会议的简称。公社一级参加者为公社、大队、生产队三级主要干部。县级三干会则干部职级递升一级。

生产资料商店 专门负责供应农具、化肥、农药等生产资料的商店,一般设在镇里。

下伸店 hhosendi。生产大队一级供应生产资料的分店,后来转变为小商店。

五荒六月 农历五月六月,夏熟作物未收,是每年缺粮季节。

五夏六月 hhmhholokyhok。夏天的时候,农忙的时候。

两熟制 一年种植麦和稻两熟粮食作物的耕作制度。

乡下 xianghho。乡村里。同义词:乡下头。"现在,城里人喜欢到～,看看乡下景色,吃吃乡下小菜,过另一种生活。"

乡风 'xianghong。乡间风气。"伊格辰光,农村里～纯朴,百姓老实巴结。"

乡气 ①乡间的风俗习惯。②土气。"侬着土衣土布,哪能勿拨人家讲～?"

仓库场 生产队仓库前的场地,既是堆放、清理稻麦的场地,也是队长开会、派工的地方。

记账 生产队会计对队内收入支出记好明细账,以便年终结算、分红。

留种 liuzong。稻、麦等庄稼挑选好的留作种子。

人工 所需工时或工作量。"做好迭眼生活,蛮伤～格。"

工分 社员在生产队劳动后得到报酬的记录,年终按工分多少予以分红的重要凭据。

记工分 由记工员对每位社员出工干活作记录,包括工种、时间及应得工分等。

寻工分 xhingongfen。挣工分。"～就是寻钞票,大家只好每天出去做生活,赚工分。"

大工分 干比较难、重的活,就可以得较高的工分。一般由最强劳动力去竞争。

评分 社员劳动后由集体评定工分。"～格辰光,总归有人勿满意。"

扣工分 社员因不服从派工、活干得不好等原因而被扣除工分。

亩脚 mjiak。土地面积。同义词:亩分。"迭块田～虽小,但一年也要出产不少粮食。"

预支 预先从生产队支取现金应付平时开销,年终分红时结账扣除。

实物预支 生产队平时分给社员的粮食等物,分时不收现金,年底结账分红时扣除。

分红 到年终,生产队给每户社员收入(工分)、支出结账后分配现金。

透支 'touzy。社员辛苦劳动,到年终扣除支出后反倒欠生产队的账。"一年做到头,年年～。"

责任田 20世纪80年代实行家庭联产承包责任制后,按劳力分配的土地,收成后要缴公粮等。

承包田 shenbaodhi。实行承包制以后,生产队分给承包户的土地。

自留田 生产队分给每户极少量的土地,可自由种植。

口粮田 20世纪80年代中期实行家庭联产承包责任制后,按各家口粮数分给的土地。

杂边田 宅边、田边、河沟边等的零星地。"～也是队里格,一定要种好。"

乡镇企业 乡村办厂,吸收了不少农民,生产结余增加了集体收益。

撤队 cakdhe。20世纪90年代,生产队的土地被征用完后,生产队撤销建制。

撤村 生产大队中的生产队全部撤销后,撤销生产大队建制。

社工站 村委会的社区工作站,由社工负责接待、处理居民事务。

种田人 务农种田的村民。

老爷叔 对老农民的尊称。

老脚色 laojiaksak。对农村各样事物精通的老年农民。

老把手　在干农活方面的一把好手。

老娘舅　指能调解纠纷或对某事有能力做出判断的人。"迭位～，精心调解，双方佩服。"

老门槛　laomenke。形容对某些事物、某些生活精明在行的人。

老鬼　laoju。很在行，有本领。"阿龙文化勿高，但修汽车确实～。"

生产队长　生产队的当家人，负责全队的生产管理、派工安排等。同义词：当家人。

耕田师傅　gendhisywhu。用中型拖拉机或手扶拖拉机耕田的老师傅。

看牛囡　'koeniunoe。停学在家每天为自家或生产队放牛的孩子。

透支户　小人多，长年生病而又没有强劳力，年终分红常常倒挂，成为透支户。

潮头囡　shaodhounoe。十四五岁长发头上（为青春期）的孩子，吃得多，但做得少。

拾狗污囡　xhikgouwunoe。为生产队拾取鸡狗粪积肥的小孩。

阿土根　老土的人："侬两个～，我带侬出去临临市面。"

净农户　全家都为农业人口。"迭家～吭没一个人拉外面工作，经济有困难，我伲要相帮。"

外来户　ngalewhu。外地来打工（种植水稻、西瓜、葡萄等）的农户。

承包户　在农村承包土地种植、鱼塘管养等的专业户。"迭位大学生有干劲，成了出色额～。"

农田、农具

田　田地。同义词：田头。"队长每日都要望～。"

田岸　田埂，田间的小道。同义词：町岸　町，dhin。

田坂　dhibhe。田。

田垟头　dhiyhangdhou。田地中。"侬要寻队长，要到～去寻。"

田横头　田边，田埂边。

生田　第一次耕种的田。"迭块～，第一趟种，要多撒一眼猪塥，望伊田脚壮点。"

白田　bhakdhi。未种作物的空田。

生板田　未翻耕的土地。

空地　尚未种庄稼或没有放置东西的地方。"迭块～拨老面皮当作垃圾场地了，真勿要脸！"

生荡田　'sangdangdhi。海滩芦苇荡变成的农田。"老一辈从江北迁到江南，拉海边种～活命。"

盐碱田　yhigedhi。由海滩盐碱田改造成的农田。"～种棉花，种勒辛苦，收勒少,苦煞!"

熟田　生长过庄稼的田。"生荡田刚刚种成～,地主又增加了租钿,呒没办法只好种下去。"

墒沟　'sanggou。两排田畦之间通水的沟道。"～堘要出出清爽,使流水畅通。"

腰沟　田畦过长,控排水不畅,再添中间加开的横沟。

秧板田　用来落谷种、排瓜菜秧苗的田块。"迭块～,种了几年,已经种熟了。"

杂边田　零头斜角不整齐的田。"～虽然勿整齐,但只要种勒到家,也会有一眼收成。"

横头　一块田边上的横畦。

脑头　畦的两头。

园头　畦。

园背　畦中间高起的部分。

堘头　lendhou。畦。"迭块田做好～,正好种山芋。"

缺口　田岸、渠道上水流进出的口子。

戗岸　qiangngoe。在水田临时加筑的小田岸。"两块田有高低,筑好迭条～,勿要让水流光。"

浜滩　bangte。小河滩,小河边。"几个～要多开出来种好杂边,争取多收一点。"

山畚　'sebhen。藤制,圆形,比栲栳略小,搬运粮食的工具。

栲栳　kaklaok。用柳条编成的搬运粮食的容器,也叫山畚、笆斗。

七石缸　装粮食用的大缸,能装七石而名之。谚语有"七石缸里撩芝麻",比喻希望渺茫,不大有可能。

叉袋　'codhe。口上有两角的口袋,用以装粮食等。本地没有两角的也叫叉袋。

麻袋　用麻制成的口袋。俗语有"廊檐上额～,一代(袋)压一代(袋)"。同义词:麻叉袋。

大匾　dhubi。竹篾编成的浅圆形容器,直径约1.5米至2米,用来晾晒谷、麦等用。

小匾　椭圆形或圆形竹篾容器,直径约1米,可放小孩,也可在里面揉粉做汤圆等。

木人　筑路、造房用的打夯工具,用树木段做成,似人,故名。

铁夯　tikhang。铁制的打夯工具,四根钢管下焊一方铁块,用以夯地。

木蟹　mokha。粉刷石灰、水泥时用来粘牢、平整粉刷面的工具。

水车　双人(也有三人)踏车戽水的装置。

链头板子 链头,lidhou。水车上的部件,"链头"将"板子"连接起来,靠～将河水戽上岸来。

车榔头 水车轮上装置的木脚踏,圆似木榔头,靠人脚踏车榔头才能车水。

牛车 大型的车水装置,用牛拉动转盘取水。

车盘 牛车上的大圆轮,直径约 3 米,轮边装有木齿轮,牛牵动～,通过拨舵带动水车。

牛车棚 niucobang。在牛车上方盖六角形稻草顶棚,可防雨,又可遮阳。

荷叶车 whuyhikco。顶上没有车棚的牛拖水车。

风打车 'fongdangco。风力作动力的灌溉设备,又叫风车。"～,勿用牛,勿用人,侪靠风力带动车水,风大就快,风小就慢。看看蛮有意思。"

水田耙 sydhibho 长方形木架,有两排铁齿,以牛拉动,平整水田用。

划盖 木扶手下有长木,2 米左右,上有木齿,平整水田用。

行搁凳 hanggokden。木制,如长凳,稍高,凳面有木齿,以便搁置毛竹摊放篾子。

丝网船 symangshoe。一种用丝网捉鱼的小船,故名。头尖,身窄,一、两人乘坐,划时不太稳,但速度很快。民谚有"划划船,摆摆渡,水上侪靠～。"

网船 20 世纪 50 年代前后在村庄周围小河里打渔的连家小船,比丝网船稍大。同义词:拉螺蛳船。

竹枷 zokge。长竹柄上安装并排的竹条,用以脱粒麦子、油菜等的工具。又叫"枷"。

扬筷 yhangdha。竹制,圆形,底有三角形空格,清扬粮食杂质的用具。

帆篙 竹根处装有铁刺加弯钩,可起落船帆,也可撑船。一般大船上使用。

橹绷绳 lubangshen。套在橹头使橹摇动时不脱手的绳。

纤板 纤绳上的木板,斜挂在胸前方便拉船,也可以做掼桥用的重物。

铧锹 whuoqiao。铁质,木柄,后也有铁柄。挖泥、开沟的工具。

旱田耙 木制,镶铁片,以耕牛拉动碎土,平整旱田用。

刮秧板 木制,约 1 米长,一头装柄,用作育秧时刮平秧板。

轭头 akdhou。木制,V 字形,耕牛拉犁是架在牛肩上的器具。

牛眼罩 niungezao。拉水车时套在牛双眼上的罩子,通常用乌龟壳制成。也称"眼罩"。

犁杏盘 li'angbhe。套在犁辕头上长方形的硬木制品。

栈条 栈,shoe。竹子编成,宽约 40 厘米,围在簸篮内储存粮食。

笤簏 lubhu。竹制,上圆下方,可加围栈条,以存放粮食。也可代簸篮。

捻泥夹 捻,nie。捞河泥积肥的工具。在两根铁条上张网,再装两根交叉的长竹柄做成。同义词:罱泥夹 罱,nie。

滑勺 whakshao。从船上将河泥舀起扬上岸的工具。同义词：滑抄。

河涂基 在河浜边掘成一长方形低塘，拷进河泥，拌和水草、杂草等堆高到一米左右，外面涂上河泥浆，封闭作肥料。

稻床 一人榻大小的竹垫，上有拱起的竹片，用于掼稻、掼麦等脱粒。

横刀 whangdao。即镰刀，割稻、麦或杂草用。

长横 收割海边沙滩上秧草的专用铁制工具，比镰刀大，有长柄，柄头为实心竹根，开孔，插入镰刀。

牛料铡刀 装在长凳上切稻柴、青草等牛饲料用。

斫刀 zokdao。用来砍竹子、木料等的刀，比菜刀长，厚而耐用。同义词：作刀。

农活

做夜作 开夜工。"三夏、三抢，我跟仔社员夜夜～。"

野鸡 yhaji。做生活技术、动作不熟练。"小伙子，要讲耖地、捻泥，侬还是～，做勿来呀！"

赶水 赶牛拉动牛车车水灌田。"牛也会偷懒，要有人～，倘若勿走、慢走，就要喝喝伊，才会规规矩矩拉车。"同义词：赶车。

踏水 在水车上踏车车水灌田，一般两人，也有一人，十分辛苦。

拷河泥 kao whuni。用滑勺将船中河泥拷入河涂基坑。"捻泥吃力，～还要吃力。"

撒猪塮 sa 'zyxhia。将挑入大田的猪塮用手均匀撒开，为棉苗、油菜苗等施肥。

垩塮 'o xhia。用手撒塮施肥。

耙地 用划盖在水田中将田划平整。

划地 同"耙地"。也指用跳板将耙好的水田划平整，以备插秧。

拉拔 在浅水田中用铁锗粉碎泥块。

莳秧 shy'yang。插秧。"后季稻～时，时间紧，天气热，再苦勿能停呀！"

掄稻 'o dhao。用手在稻田行间推拉，耘土拔草。

斫稻 zokdhao。用镰刀割稻。"侬要～快，关键是横刀要磨得快，斫起稻来轻松、省力。"

掼稻 ghuedhao。没有脱粒机时，将稻子分把在稻床上掼打脱粒。

轧稻 用脚踏或电动脱粒机为稻子脱粒。"电动脱粒机力道大，一个稻捆分几把塞进去，一歇歇就轧好了。"

搨花 tak'ho。用锄头为棉花松土除草。"～要细心，勿好急，一急会搨脱花秧。"也叫拓花。

捉花 摘棉花。"～就看啥人捉勒快,捉勒多,捉勒干净。"

捉落花 棉花采摘已经结束,但棉花其上还剩有残朵和僵棉,任人采摘。

斫麦 zok mak。用镰刀割麦。同义词:捉麦。

强盗机轧麦 用功力特大的轧麦机轧麦。"拿原个头麦捆塞进～都能轧干净,不会死机。"

扬麦 用三脚架张挂麦箕,在风中或电风扇下筛扬麦子。

斫柴浜 zok shabang用大镰刀砍割河浜边的芦柴。"小青年学斫柴浜,芦根砍到跟,乱柴斫清爽,难哪!"

斫秧草 用长柄镰刀(本地叫长横)到海滩上收割秧草,备作牛饲料。

做町岸 zu dhinnhoe。同"做田岸"。"～是一桩细致额生活,认真做,细细踏,还要做得挺。"

开塃沟 'ke sanggou。两排田畦之间挖一条通水的沟道。

推艄 摇船时,将橹使劲向外推,使船艄向右,船头向左。

扳艄 besao。摇船时,将船向里扳,使船艄向左,船头向右。

推扳 ①摇船的两个动作,船就靠推和扳前进。②比喻做人人品较差。"迭格人,～货色!"

搓绳 cu shen。用双手将整理好的稻柴搓成绳子,以备束稻束麦等用。本地有谚语"砻糠搓绳起头难",形容做事开头有困难。

绞茅捻 gao maoni。用稻草绞的捆稻、麦等的单股草绳。

撩蕰草 liao wencao。即卷水草。用两根细竹竿插入水草,卷断草根,放入船中以积肥。

挎浜 用绳子拴住提桶或粪桶,双人拉住绳子戽水,使河浜水干后捉鱼。

煠猪食 shakzyshak煮猪食。

落小猪猡 生小猪。"～,有额辰光要一夜守到天亮,眼睛倦也呒没办法。"

牵磨 'qi mo。推磨,将麦子磨成粉。

舂臼 'cen jhiu。在石臼内将高粱、大米碾成粉,或将稻谷去壳。同义词:舂粉。

轧米 ghak mi。用机器将稻谷碾去外壳成米。"秋收哉,分谷哉,大家一道～去哉!"

庄稼

稻田坂 dhaodhibe。已经插秧的稻田。"伊三日两头～里兜兜,看见稗草、三棱草拔脱点,稻田里弄勒清清爽爽。"

缺棵 少了秧苗,需要补种。"插秧三天了,太阳一晒,加上当时插勒勿好,田里有～,伊拔仔秧,脱伊补足补好。"

稻穗头 dhaosakdhou。稻子的穗。"秋天来了,～弯弯,谷粒饱满,又是一个丰收年啊!"

营养钵 yingyangbak。培育棉苗的泥胚,比煤饼稍高,用营养钵机打成。

鸡脚骨草 水蓼。

三棱草 一种稻田里的野草。"稻田里就两种野草,稗草和～,看见就要拔脱,勿让伊长。"

蕰草 wencao。水草。

芦头 芦苇。"到秋末,芦花飞扬,～枯黄,就好斫～哉。"

芦青头 芦苇青时的杆。"小时候学吹笛,笛子要有笛膜,就削～剥里面额膜,一样派用场。"

芦花头 芦花穗,可做扫帚,也可做蒲鞋。"做只方块鹞,鹞子底下缚两根～,照样好上天。"

芦粟子 芦粟穗,可制扫帚。

看棵 学名芒。一种像芦苇样的植物,但叶细长,且缘有锯齿,易划伤皮肤。

青泥苔 苔藓,青绿色,长生在暗湿处。"潮湿阴暗处格～,碧绿生青,生命力老强。"也叫青塌皮。

生青碧绿 形容非常青绿,也说"碧绿生青"。"迭些秧苗长得好,望上去～。"

瓜果

水蜜桃 symhikdhao。汁多味甜,原产于无锡,现浦东新区新场、大团玉露水蜜桃最有名。

伊丽莎白瓜 进口品种,经改良后品质较好的白瓜。

香瓜 南瓜的本地俗称。"小格辰光,吃惯了～粥、～饭。"同义词:饭瓜。

香瓜子 南瓜子,也叫白瓜子,晒干炒熟就成小吃食品。

网瓜 manggo。一种新品种甜瓜,皮网纹。

生瓜 本地菜瓜,长条形,腌制后又脆又嫩。

水生瓜 sysanggo。即生瓜。"～腌格咸瓜,又脆又嫩,吃粥正好派用场。"

野猫水生瓜 皮质黑绿色,有白色条纹,瓜肉脆嫩,可腌成咸瓜。

青皮绿肉瓜 'qinphilokniokgo。一种甜瓜,青皮绿肉,果肉香甜。

黄金瓜 本地优良甜瓜,瓜皮有 10 条黄白相间的条纹。

酥瓜 sugo。熟透后果肉变酥的甜瓜。

勃萄 bhakdhao。葡萄。"迭种～,是本地生产格,吃起来也勿酸。"

蒲桃 bhudhao。即核桃。

硬壳蒲桃 核桃。

小蒲萄 小核桃。"～好吃,但剥壳吃力。"

腰菱 各种菱角的统称。

乡镇企业

作台 工作台,作业台。"康师傅做裁剪生活格,故所以伊个～邪大(读'度')。"

杂打差 什么都干。杂,读"什"。

烧锅炉 锅炉工。

泡水 打开水。

坐办公室 行政和技术管理人员。一般不自称,避免自视清高,高人一等。

搭手 帮手。"老张喜欢'小眼晴'做伊～。"

生手 'sangsou。不会或不熟练。

粗工 没啥技术,干粗活者。

零工 lingong。不干正班头工作的人。

小工 xiaogong。临时需要做的活;干搭手活的人。

班头 'bhedhou。①上班时间。"勒拉～浪,咋跑得开买这买那呢。"②班上的领导。指班组的负责人,也可指学校班级的班长。

常日班 shangnikbhe。①白天正常班次。②一直白天上班。同义词:全日班。

加班 'gabhe。正常班之外的工作。

脱班 takbhe。①没有按时接班。②跟不上。"小东西来三额,生病住院还能跟上没～。"

更班 'gangbhe。①接班。②顶替。"三弟,我有急事,求你快来～。"

落班 lokbhe。下班。

更班落班 'gangbhe lokbhe。不断换班次。

睏失窝 kunsakhuak。睡过头。

更衣裳 'gangyishang。正规厂一般上班要求穿工作服,因而要换去平时自己的外套。

插卡 cakka。一种考勤办法,一人一卡片,插入卡片袋表示到班或下班。

拔卡 bhaka。一种考勤办法,一人一卡片,取出卡片袋表示到班或下班。

接班 各班次衔接过程,人歇机器不息。

倒班 非固定工作班次,轮流接班。如本来日班,现倒为夜班。

顶班 班次顶替。"放心去医院陪你娘,安排别人～了。"

顶替 岗位和人员替换。"阿军进厂～了年老体衰的阿爸。"

晏脱 etak。没有赶上规定时间,迟到。

晏下班 ehoek'bhe。晚一些下班。

长日班 shangnik'bhe。白天班次。

三班倒 'se'bhedao。24小时三班轮换,分早班、中班、夜班三班,工人按顺序轮流上不同时段的班。人歇机不停。

早夜班　若8～16点为日班,那么16～24点为早夜班,0～8点为深夜班。

深夜班　若8～16点为日班,那么16～24点为早夜班,0～8点为深夜班。

车螺丝　用车床磨制不同规格的螺丝。

冲眼　用冲床凿洞眼。

下手　hhosou。助手。"季师傅从不发火,教人十分耐心,好多小青年争当他的～。"同义词:手下。

下脚料　余下的边角零碎用料。

下脚生活　流水作业中后一步活儿或最后收尾工作。

用料做人家　节约用料。做人家:节约、节俭、节省。

扣夹扣　精打细算,勿多勿少。

磨洋工　moyhanggong。磨磨蹭蹭故意放慢速度,拖延时间,影响完成任务。

巴细　boxi。认真细致的工作态度。

板扎　bezak。做事认真完美而令人放心。

花头　huodhuo。①不诚实,作假。②不踏实,口头吹嘘。③点子。花花点子。

批假　有事向厂里请假,相关负责人视情况作出同不同意的决定。

改子　锯。

水门汀　symentin。石灰和黄沙、石子用水拌和,干了就是坚硬的水泥板。英语 cement 的音译。

洋灰　yhanghue。一种加水跟黄沙拌和制作水泥的粉末。

三和土　'sewhutu。用水泥、沙、石子和水按一定比例混合制成的建筑材料。俗称混凝土。

吃水　qiksy。①喝水。②比喻要价、贪婪程度。"迭只老活狲～深,勿想点办法这批货肯定拿不到手。"

茶水钿　shosydhi。送礼客气说法。

香烟钿　'xiangyidhi。交往送礼客气话。

脚步钿　jikbhudhi。来去辛苦给点补贴。

车马费　来去辛苦给点交通费。

辛苦费　①厂方给帮助联络协调出力者的回报。②交往中给点好处。

研头　'nidhou。钞票,即人民币。

扎绷　cakbang。给予特别关照、倾斜。"每每进料,严师傅蛮～额,总是拣最好的,拨足,拨些余(超过一些)。"

新户头　'xinwhudhou。新结识的合作对象。

脱脚　takjik。脱节,落空。

车脚　'co jiak。办糟了。"让侬早去早回买转来,荝摊等拉,结果买错型号,简单来些额事就～,往后谁还托侬办事?"

污脱　浪费。

省省　省一些,或算了。

收成

年成　nisheng。一年收成。

年成怵　nishenqiu。年成不好,歉收年。"旧年遇着灾害,～,农民呒没办法。"

荒年　hhangni。灾年。"20 世纪 30 年代,江北碰着～,就全家逃荒到江南,开垦海滩种田。"

青黄勿接　'qinwhangwhakjik。"旧时农历四五月,～,农民日脚难过。"同义词:五荒六月。

花好稻好　指棉花、水稻都获得好收成。"今年～,难得好收成,值得庆祝。"

出熟　出产。"我伲队里人多田少,旧年～勿好,大家额日脚难过。望伊今年～好一眼。"

动 物

哺乳类

水牯牛　水牛。

羊脚骨　yangjikguak。羊脚。借指人脚细，没力。"伊生拉一副～，哪能跑得动?"

羊骚气　yangsaoqi。羊身上或羊肉上发出的膻味。"老李最怕～，羊肉烧得再好伊也勿会得吃格。"

羊肠绳　羊肠制作的打被絮绷架上的细绳，又牢又韧。

猪猡　'zylu。猪。"老王看见伊胖，就骂伊'侬只～'。"

小猪猡　苗猪或没有长大的猪。

猪郎　专用于配种的公猪。

老姆猪　lao'mzy。老母猪。

槽头猪　shaodhouzy。半大的猪。

落脚猪　一窝苗猪中最小的，或被人挑剩下的小猪。

猪食　已调制煮熟的猪饲料。比喻饭菜差。"旧社会，伲穷人吃格就像煤～。"

猪猡棚　猪圈。

猪窠　zyku。猪窝。比喻室内凌乱。"侬从来勿肯收作，房间里乱来像～。"

疯狗　'fonggou。①狂犬。被疯狗咬过的人易得狂犬病。②骂胡乱栽赃的人。

邪狗　xiagou。狂犬。邪，音斜。"伊小时被～咬过，虽然治好了，但现在一见狗就吓(害怕)。"

狗咬狗　①陌生的狗相遇常要对咬。②喻小人之间互揭对方短处。

小白兔　兔的爱称。"小孙女从小喜欢～，养了一只，照顾来邪气好。"

剪毛兔　专供剪毛的兔子。"20 世纪 80 年代初，南汇地区差不多家家养～，卖兔毛来补贴家用。”

掼杀兔　ghuesaktu 供食用的兔子。

猫咪　猫的爱称。

叫性　牲畜发情时的叫唤。“养猪伯伯听到母猪～叫了两天，就叫人推着母猪去配种。”同义词：起性。

带胎　date。配种。“母猪一叫性，就要寻种公猪为伊～。”

野猫　yhamao。①野生的或失去主人的猫。②喻老野在外面的人。

猫食钵　maoshakbak。装猫食的盆钵器具。同义词：猫食盆。

猫吃鱼　极小的鱼，专用来喂猫而名。

猫三狗四　猫和狗的孕期分别为三个月和四个月。

老鼠　laosy。同义词：老虫。

田老虫　dhilaoshong。田鼠。“老早～多，堤岸、浜墟挖勒洞穿洞落。现在田里基本不见～。”

贴水老鼠　tiesylaosy。生活在水中的老鼠。

小白鼠　xiaobhaksy。洋老虫。因参与科学实验而出名。

洞里老虎　不出洞的老虎，比喻在家里发狠的人。“伊拉娘子就像一只～，凶咪！”

雌老虎　'cylaohu。雌虎。借指凶狠暴戾的女子。“石筱英扮演额～十分逼真、形象。”

狐狸精　whulijin。①性格狡猾的老狐狸。②指妖媚迷人的女子（骂人的话）。“迭个女人打扮妖娆，勾引男子，真额是只～。”

猢狲　whaksen。①本地对猴子的俗称。②有一种人，灵活精怪，惹人讨厌。“伊活头活颈，像只小～。”

猢狲精　骂好动不肯安静的人。“小囡家，稳作点，勿要去做～。”

众牲　'zongsang。①牲畜。②骂人如畜生。也写作“中牲”。“侬还有啥人气味，一只～！”

猫狗众牲　泛指家畜、家禽。

翘种　qiaozhong。动物、植物杂交之后代，又称“二夹种”。

鸟禽类

拆蛋鸡　cakdheji。正处于下蛋期的母鸡。

咯咯鸡　gokgokji。母鸡。

喔喔鸡　公鸡。“天还呒没亮，隔壁一只～就拔直喉咙叫起来哉！”

浦东三黄鸡　浦东产的良种鸡，脚黄嘴黄皮黄。“彭镇养额～，全上海有名。”同义词：浦东鸡。

白劳克鸡 bhaklaokeji。来克亨鸡,外国引进品种。

老婆鸡 生蛋多年的鸡。"迭只～,拆仔三年蛋,直到现在仍旧拆勿停。"

鸡笼 关鸡的笼子。

鸡窠 'jiku。鸡窝。同义词:鸡棚。

野鸡 yhaji。①雉的通称。②喻旧社会无执照的妓女、暗娼。③比喻无执照的,如～车,～班。

喜蛋 ①受孕的蛋。②也指妇女生孩子后分发的红蛋。

头窠蛋 dhoukudhe。母鸡第一次产下的蛋。据说有滋补作用。同义词:头朝蛋 dhouzaodhe。

孵小鸡 母鸡孵坐在鸡蛋上孵育后代。

孵退蛋 bhutedhe。已孵但不能成鸡的蛋。

头照蛋 孵化的鸡蛋第七天时需放在灯下检查是否是受精卵。

褪毛 toemao。浸水后除毛。"杀好鸡,开水一泡,～就容易多了。"也称煺毛。

鸡内金 鸡肫内的一层黄色的膜,可制药。"小辰光,杀了鸡,寻～,洗净,晒干,就好卖脱仔赚铜钿哉!"同义词:鸡黄。

踏孕 dhakyhong。鸡、鸭交配。同义词:打孕 dangyhong。

白乌龟 bhakwuju。鹅的别称。因忌讳"鹅"与"我"同音故称。

戆大 gangdu。鹅的别称。比喻呆头呆脑的人。"伊踱头踱脑,从小拨人家叫～。"

镦 den。阉割生殖器。"老早有一种职业叫～雄鸡。"

镦鸡 denji。去势的公鸡。

镦卵子 denloezy。为家禽家畜去势。

黄百老 即黄莺。

八哥 鹩哥。"伊养额一只～,学主人说话像得来!"

丫雀 'oxiak。喜鹊。

摸龙公 鸬鹚的俗称,也叫鱼鹰、墨鸦。

水族类

草鳑 caoqi。草鱼。

青鱼 外形像草鱼,但较细而圆,青黑色。是我国重要的淡水鱼之一。俗称乌鳑 whuqi。

鲫鱼 jihhng。体侧扁,头部尖,中部高,尾部较窄,是常见的淡水食用鱼。

老板鲫鱼 大的鲫鱼,可达一市斤左右。

鲤花 liho。鲤鱼的俗称。

老黑鱼 laohekhhng。乌鳢鱼,黑鱼。

塘鳢鱼　dhanglihhng。个较小,长不满半尺,头稍扁,全身灰黑,肉味美。也叫沙鳢。

好虎头　'haohudhou。塘鳢鱼的俗称。

川条鱼　一种身体细长的小鱼,常在水桥边活动。

阳游水　yangyhousy。川条鱼的一种,稍大。

硬头阳游水　属川条鱼一种,翘头。

金晶鱼　'jinjinhhng。金鱼。"伊就喜欢～,一只大鱼缸养了一群～,各种颜色,各样大小,真好看!"同义词:金睛鱼。

凤尾鱼　鲚的统称。

烤子鱼　'kaozyhhng。微火熏烤凤尾鱼,使成美味的鱼肉罐头。

叉鳊鱼　'copihhng。鲳鱼。同义词:车鳊鱼。

乌楞头　whulendhou。鲳鱼的一种,体大,味美。

非洲带鱼　一种体型很大的带鱼,但吃口比我国带鱼差。

板箸鱼　beniakhhng。比目鱼。又叫蝶鱼,卵圆形或长舌形,两眼均位于头的一侧,故名。同义词:箸鳎鱼　niaktakhhng。

赤鱼　cakhhng。赤魟,身体扁平,略呈方形或圆形,尾呈鞭状,有毒刺。

马鲛鱼　mogaohhng。鲅鱼

青占鱼　qinzoehhng。鲟鱼。

橡皮鱼　马面鱼。"老早～买来作肥料,而现在剥了皮,就可烧成不错的小菜。"同义词:剥皮鱼。

鳗鲡　moeli。河里的鳗鱼。

海鳗鲡　海里的鳗鱼。

鳗鲞　moexiang。剖开晾干的海鳗鱼。也叫海龙干。鲞,读"香"。

乌贼鱼　'wushakhhng。软体动物,身体椭圆形而扁平,苍白色,口的边缘有10只腕足,遇到危险时能放出黑色液体,以掩护自己逃跑。同义词:墨鱼。

老脚河虾　laojikwhu'ho。生大螯的河虾。

乌壮蟹　whuzangha。浦东横沔等地内河产的河蟹,背、脚乌黑肥壮,不亚于阳澄河蟹。

蟛蜞　bhangnge。蟛蜞的俗称。

黄钳　whangghe。青蟹的俗称。

蟹脚　①蟹足。②比喻手下小卒、爪牙。"'小老虎'下台,～全部敲脱。"

乌龟　'wuju。一种硬壳动物。骂其妻子与他人乱搞男女关系,被人叫乌龟。

十三块六角　乌龟的别称,因背上有 13 块板,加上脚、头和尾巴六样,故名之。另一说法是乌龟背上13块板都是六角的。

王八　乌龟的别称,常用于骂人。

王八蛋 ①乌龟下的蛋。②詈语,骂人没有腔调。

乌龟壳 龟甲,可制药。也有作牛拉车赶水的牛眼罩。

菜花甲鱼 春天油菜花开放时节的鳖,此时长得最肥。

桂花甲鱼 秋季桂花开放时的鳖,最宜食用。

田鸡 青蛙的俗称。

蛇盘田鸡 shoboediji。蛇将青蛙盘住,青蛙发出"咕咕咕"的叫声。

江北田鸡 生长于长江以北的青蛙,比本地的蛙要大,现在有人工养的。

癞蛤巴 lagakbo。学名蟾蜍。同义词:蛤蟆、癞蛤蟆 lahamo、癞团。

拿摩温 namowen。青蛙或蟾蜍的幼体,黑色,椭圆形,像小鱼,有腮和尾巴,生活在水中,逐渐生出后肢和前肢,最后变成青蛙和蟾蜍。同义词:蝌蚪 kudhou。

百脚 bakjik。蜈蚣。

香蛳 产于海滩芦苇根边的螺蛳,长一般半寸,身体细长。剪尾烧熟,吮吸螺肉有香味。

黄泥螺 海滩上的泥螺。同义词:吐铁。

吐疙皱 海滩芦丛中一种土色球状爬行软体动物,大不过鸭蛋,煮熟可食。

昆虫类

蚕宝宝 对蚕的爱称。

头眠 dhoumi。蚕在生长过程中要蜕三次皮,蜕皮时不吃不动,称为眠,第一次眠叫头眠。

上山 shangse。蚕爬上柴做的扎堆将要吐丝。

蛐蟮 quikshoe。蚯蚓的通称。同义词:地龙。

地龙干 蚯蚓破肚洗净晒干,可做药。

刀呱拉 daoguala。形似泥鳅,稍小,背部有黑褐色斑点。

知了 蝉。

药胡翅 yhakwhuzy。一种青色的蝉,疑似以叫声取名。同义词:药乌龟。

纺织娘 绿色,叫声似"轧织轧织"的飞虫。

叫哥哥 jiaogugu。蝈蝈儿。

油葫芦 蟋蟀。

蠮蝴 shejik。蟋蟀的俗称。同义词:赚绩、蟋蟀。

蛛蛛 juju。蜘蛛的俗称。

壁蟢 bikxi。蜘蛛的一种,身体细长,暗褐色,脚很长,多在室内墙壁间结网。民间以为是喜庆的预兆。同义词:蟢蛛 xizy xiju。

壁虱 同"臭虫"。

蚤虱 zaosak。跳蚤、虱子的通称。

虱子 灰白色、浅黄色或灰黑色,有短毛,头小,腹大。常寄生在人或动物身上,传染疾病。同义词:老白虱。

头虱 寄生在头发里的虱子,吸血,很痒。

稻虱 稻飞虱。

豆蠹 dhoudhuo。豆虫,像蚕,色绿而肥大。同义词:豆虫。

造桥虫 菜虫一种,爬行如拱形蠕动,故名之。

水蜒蚰 syyhiyhou。蛞蝓。蛞,音括。软体动物,身体圆而长,没有壳,表面多黏液,头上有长短触角各一对。昼伏夜出,吃植物的叶子。同义词:鼻涕虫 bhiktishong。

盆哥 anggu。蜗牛。

灯蛾 denngu。扑灯的飞蛾。

蛤蟆 gakmang。蚱蜢。

萤火虫 yhinhushong。身体黄褐色,腹部末端有发光的器官,发带绿色的光。白天伏在草里,夜晚飞出来。同义词:游火虫。

红头苍蝇 头部复眼红色,身体较一般苍蝇大,常在粪坑边活动。

苍蝇子 苍蝇卵。

牡蝇 mangyin。牛虻。

蚊虫 menshong。蚊子的俗称。

打球蛆 dangqiuqi。孑孓,蚊子幼虫,常生活在水中。

地鳖虫 didieshong。土鳖。身体扁,棕黑色,雄的有翅,雌的无翅。常在墙根的土内活动。可入药。

建 筑

房屋

宅基地　shakjidhi。私房地基。"老早～无定规,后来管理越来越严格,勿好随便造房子了。"

住宅　shyshak。住房。"迭幢～已有 100 多年了。"

住船　xhushoe。房子。旧时浦东人以船上居住为多,逐步过渡到陆地上。

柱头　shydhou。柱子。

柱脚　柱子。"迭间老房子近近乎一百年哉,～下头侪烂脱哉。"

石鼓墩　shakguden。柱子底下形如石鼓的圆形基石。也叫"石库墩"、"礤子"。

礤子　sangzy。柱子底下的石墩,圆形,起防水作用。

礤皮　礤子下的石板,方形。

穿板　建筑构件,位于柱子上方,柱子和～组成"贴"。另,桌、椅上的横档也叫"穿板"。

梁木　也叫桁条、房檩,房屋、桥梁等的架空的骨架式承重结构。

壁头梁　bikdhouliang。架在墙壁上的梁木,一般较小。

墙头　房屋两侧的墙,一般为实心墙,也有空心墙。

山头　sandhou。房屋两侧墙头的上方,因呈"山"字而得名。有防火作用。

踱砖　lokzoe。①砖。②比喻难弄的脚色。"伊勒拉单位里就是一块摆勿平格三角～。"也写作"碌砖"。

房板　mangbe。铺在椽子上瓦片下的平面瓦板,承托瓦片。也写作"盲板"。

瓦片　ngopi。一般称本瓦,泥土烧制,盖屋顶用。

本瓦 土窑烧制的小而稍弯曲的瓦,原来就叫瓦,后来有了洋瓦(即平瓦),为区别而称~。

小瓦 即本瓦,相比洋瓦要小,故名。"伊格辰光苦哇,屋顶草盖,要用花萁柴到浙江去调~。5吨头格水泥船,来去一埠要一个礼拜。吃足苦头啊!"

洋瓦 国外传来的机制瓦,较大。后来本地也能烧制,又称平瓦。

门樘子 mendhangzy。门四周的木框。"伊格辰光木材紧张,~用杂木制作,勿大挺括。"

水泥门樘子 因木料紧张,用水泥制作的门框。"迭档~,浇勒结实,粉刷也好,用得起。"

窗樘子 窗四周的木框。

户枢 whucy。门框中间一根可以装卸的方木,用于一门一窗闼。

门槛 menke。①门口。②做人的诀窍。"伊迭种人,玲珑滑蜕,做人勿要~忒精啊!"同义词:门坎。

门闩 mensoe。门关上后,插在背面使门推不开的横木。"迭格仪门头派头十足,~囥勒墙头里,又方又大。"同义词:门刹。刹,sak。

门臼 臼,jhiu。门框一侧可放置摇梗的臼状物。

排门板 每天可以拆卸的店铺门板,狭而长。"一个门面一般由若干块~组成。"

椽子 shoezy。钉在梁木之间的木条,上面承受盲板(薄房砖)和瓦片的重量。

空心椽子 竹椽,一般为草屋用,承重较轻。

出檐椽子 cakyhishoezy。房顶上最下面、最长的、跨过墙头的一档椽子。俗语"出檐椽子头先烂",比喻冒尖的人物容易遭人打击。

出头椽子 ①出檐椽子。②喻敢于出头的人。

贴 tik。由柱子、穿板组成的建筑构件,又写作"帖"。

合贴 gaktik。左右两家合用的贴。

看枋 koefang。大户人家客堂间梁木下方的枋子,常见各种雕花。

垫脚石 dhijiksak。门槛外面的石头。

地搁 dhigok。地板。

地搁板 同"地搁"。"迭间房间额~又厚又板扎,侪是七八十年前额宿货。"

进深 房间、厅堂的深度。"迭格房子朝里一望,~邪气大。"

庭心 dhinxin。天井。

十九箍 shakjiufak。房屋的阔狭以椽子多少(即箍数)而论,十九箍即一间有19根椽子,也有二十一、二十三箍的。箍数越多,房子越大。

上梁 为房子架梁。旧有上梁仪式,唱上梁歌,分发糕点、糖果等。

十楞窗 shaklengcang。带窗栅的旧式窗户。也写作"直楞窗"。

绞圈房子 gaoquhangzy。本地农村一种传统四合院式住房。

一绞圈 一绞圈即为四面封闭的一幢绞圈房子,往往表示房主房子又多又大。还有两绞圈、三绞圈等更大更多的房屋。

十埭九庭心 shakdhajiudhinxin。即前后共有十埭正屋、中间有九个天井的绞圈房子,指大富人家。

单埭房子 dandafhangzy。单独一排房子。

前埭房子 前面一排房子。

后场头 两埭房子的后边一埭及场地。

客堂 绞圈房子的公用厅堂,两进的在后埭中间。

仪门 nimen。仪门门楼下开设的门,一般有两扇。

仪门头 绞圈房子天井前方与墙门间连接处的门楼,飞檐翘角,雕饰华丽。

墙门间 xhangmenge。绞圈房子前面一埭最中间一间。考究的有门当户对,也写作"象门间"。

家堂 'gadhang。存放祖宗神主牌用,类似神龛,一般装在客堂后二梁上。

一窗一闼 yikcangyikdhak。门框内,除大门外,一侧上有窗,下有门闼。

一门一闼 门框内有一扇大门,外装朝外开的门闼。"迭种~,开了大门,拉上门闼,既通风透光,又能防小孩随意出门。"

一正两厢房 一家有三间房,中间是客堂或厅堂,两边是厢房,做房间或灶间。

一正一发戗 yikzengyikfakqiang。一正间房旁边建倾斜屋顶的侧房,屋面一端有上翘的"拖戗"。也有一正两发戗。

披 'pi。斜傍在正间墙上,无屋脊,作灶间或杂用间。"正间旁边搭个~,做灶间正好。"

七路头 屋面七根梁木的房子。按进深大小,也有五路头、九路头等式样。

半房半灶 房屋后半间作卧室,前半间作灶间。"我伲结婚,就住勒一间房,~。"

厢房 绞圈房子中连接前后埭落叶(梢间)的房子。

拦脚屋 拦,lak。正房旁边或后边的辅助房,多用作堆柴草、养家禽等。

夹弄 gaklong。墙壁之间的长条形空处,比一般弄堂狭。

落檐 lokyhik。次间两边的房子,也称梢间。同义词:落叶、梢间。

柴间 堆放柴草的房子。"我伲娘两个勿管厨房、~,俦好睏额。"

灶间 厨房间。"~里光线暗陀陀,奶奶正拉烧夜饭,忙勒臭要死。"同义词:灶披间。

灶头 灶。

地灶 简便的大灶,可放大锅。"伊格辰光队里出去挑河,集体盘一顶~,烧饭炒菜。"

镬灶　hhozao。放大锅的灶。

灶花　民间艺人在灶上画花鸟鱼虾，写福禄寿禧，是非遗文化项目。"赵师傅画额～，色彩鲜艳，生动有趣，三代传下来，伊被评为市级非遗传人。"

灶边井　挖在室内灶边的井，方便用水。"屋里挖口～，烧饭、洗菜用水勿要忒方便喔！"

滚地龙　用芦席稻草环棚而建的简陋住房。

环洞舍　guedongso。用芦苇夹稻草做成的芦苇环棚搭建的房舍。苇，读"壁"。

草棚棚　棚，bhang。草房，草棚屋。"穷人家住间～，屋顶漏雨，芦苇洞穿洞落，实在苦恼。"

芦席棚　用芦席盖顶的简陋房屋。'

篷帐　bhongzang。用毛竹篷布搭的临时房子，农村多用于婚丧喜事。"陆家死仔老奶奶，帮忙人七手八脚搭起～，用大竹竿扎起稻柴扎个标志，准备迎接八方亲眷来吊丧吃白饭。"同义词：搭厂。

廊棚　搭在房子边上的棚，一般较简陋。

过街廊棚　在街头房子边上搭建的廊棚，遮雨遮阳，便于通行。"迭家铁店，三间房子外头有～，外头人走过歇歇脚，碰着落雨躲躲雨，蛮方便额。"

清水墙　外墙砌好后不粉刷，故意留出砖缝，砌砖要求较高。

清水壁　参见"清水墙"。"迭眼房子额～砌得漂亮，白石灰砌缝，青砖清爽，一手好生活。"

滚筒脊　一种高耸而考究的屋脊，有的里面还放有长木头。

腰门　备弄后墙上除中门外别的门。

扯门　camen。能左右移动的拉门，可节省空间。"汰浴间装扇～，随手扯动，邪气方便。"

窗栅　'cangsak。窗口上的木栅。

窗盘　窗台。

窗槛　窗框，特指窗口下框。

窗囵　'cangdhak。大门一侧的活动窗门，由上下两块，上方的可吊起，成窗口；下方的可开关，可拆卸。

摇梗　yhaogang。即"户枢"，门窗依靠摇梗装入门臼方能转动。参见"门臼"条。

跨海　跨度较大的屋面用建筑构件，三角形，跨海上架梁。

孵鸡头　bujidhou。屋脊两端的装饰物。

底脚　地脚、基础。

壁脚　砖头单列向上砌成的墙，又称单壁，以区别于墙头。

斜沟 横向和竖向房屋相交处的瓦沟,下铺较大的斜沟瓦。

阶沿 屋檐下用砖或石头铺成,一般以滴水为界,有无台阶均可。也可统指房子外的台阶。

阶沿石 'gayishak。铺阶沿用的石条。"迭眼～,滴雨格地方留下一个个小圆坑,至少有一百多年的历史了。"

屋角头 房子拐弯的地方。"～种仔一棵桂花,年年开花,香得咪。"

水桥头 水桥边。"小格辰光也学大人样,坐勒～,拿根竹头钓鱼,钓勿着,也蛮开心。"

屋里水桥 排在屋里的水桥,可淘米洗菜,不用湿脚,还可用作迎来送往的船码头。

船舫 shoefang。河边专门停船的棚子。"迭种～,像格廊棚,只有林家造得起。"

水落管 落水管,有铁皮制作,也有竹制。"迭根～,用半根毛竹制成,七翘八裂,勿大好用了。"

灰沙 砌墙等用的灰浆,一般用纯泥巴,地道的加入石灰,也有纯粹用水泥、黄沙拌制。

纸筋 加在石灰中的草料,以增加石灰的粘性和韧性。

纸筋灰 加纸筋拌好的石灰。

刮糙 guak'cao。墙壁粉刷使得第一道工序,即先粉刷一层沙浆,然后再用石灰或水泥粉刷平整。

糙场 把房子的壳落造好,不包括粉刷在内。

壳落 指房子的外壳。同义词:壳落子。

破壳落 破旧房子。"伊格辰光,倪一家门七个人,就住勒迭间～里过日脚。"

屋壳落 房子,也可指空房子。

壳子板 浇注水泥柱、屋顶时所用的模板。"小林从建筑公司买了一套旧壳子板,敲敲弄弄,租拨人家,赚了一笔钞票。"

枪篱 qiangli。竹篱笆。"迭家宅院大咪,一幢房子高大,前头三面围格～笆,真有气派。"同义词:竹篱笆。

竹墙 用竹篱笆覆盖在外墙砖上,以保护砖墙。

枝杨圈 'zyyhangqu。传统住宅周围种植一圈枝杨,以护卫住宅。

独家村 只有一户人家的村庄。"迭家就是王家,四周呒没房子,成了～。"

独门独户 只有一户人家。

结顶 为柴堆、草屋等做最上部的工作。喻完工。

捉漏 因漏水而整修屋面。"房子老了,瓦片松动了,趁落雨前,要～哉。"同义词:筑漏。

脚手　jiksou。造房时用来搭架子用的毛竹、木板等物。

脚手架　造房时用毛竹、木板等物搭成的架子。同义词:鹰架。

坑棚间　kangbhangge。放有粪缸的厕所间。

城镇

钉子户　在需要动迁的住户中,因动迁补助分歧或其他矛盾而坚持不搬、抵制动迁的住户。

街面房子　gamifhangzy。面街的房子,往往开设店铺。同义词:门面房。

套间　①小公寓提供整套的房子。②两三间相连的屋子中的一间,没有直通外面的门。

阁楼　goklou。房间内房顶下加出的一层,可以放东西或住人。

老虎天窗　阁楼上开的窗。

汏浴间　dhayhioge。同义词:洗澡间。

汏手间　盥洗室。

马桶间　modhongge。同义词:卫生间。

现浇　建造房屋结构,搭好架子和木质模块后直接浇铸水泥,一次成型。

包阳台　在阳台外侧装上窗子,使阳台成为房间的一部分。

花砖地板　'hozoedhiban。用彩色砖铺成图案花样的地板。

打蜡地板　上蜡后的地板。

踏步　台阶,用石条或砖头铺成。

过梁　悬空架在窗框、门框上方的方梁,有木头或水泥方子做成。

胡梯　whuti。楼梯,梯子。同义词:扶梯。

胡梯档　楼梯的栏杆、扶手。

销子　门窗上的金属闩。

插销　cakxiao。同义词:销子。

开间　房屋的宽度,三～、五～即为三间、五间房子并列。

气窗　为通风和采光在屋顶上开启的窗口。同义词:老虎天窗。

开天窗　①开在屋顶上的窗。②也指报纸不正常的留白。

扯窗　cakcang。可左右移动的窗。同义词:移窗、活动窗。

路、桥

街路　街道,街市。

街心　街道的中央部分。"现在马路的～地带,种满绿化,花草树木,多姿多彩。"

烂泥路　lenilu。用烂泥筑成的路,雨雪天很难行走。"从前出门只有～,泥泞路滑,真苦恼。"

石板路 街上用石板铺成的路。"老街～,平整好走,外加路下还有通水阴沟,好厉害!"

弹街路 dhegalu。铺上石块的街路,略显高低不平,车行上面会有弹跳。同义词:弹硌路。

青砖路 用青砖铺就的路,常用侧砖交互斜插而成。

煤屑路 mexielu。在烂泥路上铺煤屑筑成路。

机耕路 农村供拖拉机行驶而修筑的道路。

柏油路 bakyoulu。用柏油石子浇筑的路。"老早～被太阳一晒,脚底都是柏油,现在修得邪气挺括。"

水泥路 synilu。用混凝土浇筑的路。

岔路 calu。分开或交叉的路:"出选条街,有好几条～。"

三岔路口 三条路交叉之处。"走到街路口,在～处往右面走,就走对了。"

环龙路 围绕街区或社区周围的路,似一条环龙。

沿马路 yimolu。靠街、临街的路。

断头路 dhoedhoulu。走到尽头,没有路了。

临时竹桥 河上用毛竹搭成的临时桥,建石桥或木桥时用,桥建成后拆掉。

三拖 santu。桥面三截的石桥、木桥。还有一拖、两拖的桥。

钥匙桥 yakshyjhiao。两桥桥面一横一竖,桥洞一方一圆,很像古时钥匙。周浦曾经有过钥匙桥,现已拆。

水桥 syjhiao。河浜边搭建的小桥,淘米、洗菜用。

石水桥 用石头砌成的水桥。

木水桥 两根木桩做成梯子状插入河中,伸出木板搭成水桥。

商 贸 邮 电

商务

盘货 bhoe hu。盘查或盘点货物。

定金 定钱。

定洋 定钱。

一张分 一张 10 元面值的钞票,当时属大票面。

大团结 dhadhoejik。1965 年版的 10 元纸币。

一张大分 一张 100 元面值的钞票。

一笼分 100 元。

一条龙 100 元。

一听分 1000 元。

一粒米 10000 元。

分头 最小的货币单位。

角头 gokdhou。面值带"角"的钞票。

角子 ①通指硬币,也可说成"铅角子"。②一角,"一只~",即是一角钱。

铅陀螺 kedulu。硬币。"现在一角、两角~额用场越来越少了。"

块 币值"元","3~""100~"。

一块洋钿 1 元钱。

一块头 面值 1 元的纸币或硬币。

块头 面值带"元"的钞票。"侬~钞票有哇?"

板板 钱。"买迭部脚踏车,侬带几好(多少)~?"

花纸头 比喻纸币,钱。

捻头 nhidhou。钱。"伊边捻手指边说:'买迭眼肉皮,我~勿够。'"

铜板 无孔的铜元。

铜钿 dongdhi。①钱、收入。"迭眼邮票,勿值几个～。"②有方孔的古铜钱。

洋钿　钱。"纱手套,三角～买一副。"

银洋钿　银元。

小金库　行政机关和事业单位在账外留用的供自由支配的钱,属违法。

私房铜钿　syfhangdhongdhi。个人私自储存的钱。"老张偷偷存格～,拨伊老婆寻着哉,乃末要倒霉哉!"

出本　已赚回本钱。

出档　①货物已卖出。②已赚回本钱。

用脱点　yongtakdi。用掉些。

进账　收入。

拆账　cakzang。将收入分到各人名下。

用账　日常开销或领用的钱。

赊账　sozang。欠账。

上账　登入账簿。

落账　记了账。

写账　记在账上,以后结账。类似于现在的签单。

管账　①管理账目。"伊是伲单位～额。"②管,理会。"依样样事体俪要～,哪能忙得过来?"

结账　清算账目。

细账　具体的账目,详细的情况。

轧账　ghakzang。核算账目。

对账　核对账目。

拦账　lakzang。账目截止。

查账　shozang。检查账目。

宕账　dhangzang。①欠账,暂不付账。②拖延而没有结清的账目。

赖账　lazang。不承认、不归还欠账。

宿账　sokzang。①过去的账。"迭眼～老早好解决脱伊了,哪能好拖到现在?"②比喻以前的矛盾、纠纷。"几年隔宿的事体,依还翻啥～?"

隔手账　gaksouzang。不是原经手的账。"迭桩生意是伊做额,我是～,勿大清爽。"

套扳账　taobezang。因买了次货、价钱不公道的货,而向商贩讨还已付的钱。"伊以次充好,我去～。"

存银行　将余钱存进银行。"现在～利息比10年前低多了。"

空债　欠债。

拔债　还债。"伊要结婚买了房子,现在只好每个号头用工资～。"

轧勿平 ghakfhakphin。账目收支有出入。

外快 ngakua。①意外所得,额外的收入。"迭笔~好寻,俚两家头一道去做好哦?"②占到便宜。

调头寸 ①向人借钱。②周转资金。

跳水 tiao sy。大幅度减价。也泛指大幅度跌落。

折本 shak ben。亏本。

折煞老本 ①亏完了本钱。"迭眼菜卖光,真是~"。②损失太大。"迭桩事体做勿得,要~。"

亏本 同"折本"。

用空 超支。

出血 破费,破财。也指大把花钱和挥霍。

放血 ①花掉大钱。"今朝请人办事体,勿要怕~。"②低价出售。③特指请客人吃饭。

跳楼价 跌得极低的价。"煞根价,~,大家侪来买!"

煞根价 sakgenga。降到最低的价。

白头发票 bakdhoufakpiao。不正规或无印章、无台头的发票。"伊到饭店吃饭,一直写~。"

交易

回头客 whedhoukak。消费过又来消费的顾客。

老户头 常来的购货者。

兑 dhe。购买某种物品。"去镇浪~只镬子。"

兑开 将整钱换用零碎的。"哪能卖?侬去拿张 100 块头~来。"

扯 ca 平均算。

摛 'coe。趸买卖给对方,价格一般比零售要低。"我从芦潮港~过来,车钿要几钿?"

趸 den,读"吨"。整批地买进货物,准备出售。

摛来 趸买来的货。"我~两块,现在卖两块两,价钿大哦?"

嗢 价格便宜。

嗢卖 jiangma。用便宜的价钱去卖掉。"迭眼沼虾~哉,5 块 1 斤!"

嗢货 价钱便宜的东西。

红包扎 hhongbaozak。小礼包。店家将桂圆、枣子等物品用粗纸扎成包,上面覆盖红纸出售,20 世纪五六十年代时多做礼物。民谣"明朝娘娘来,娘娘买个包扎来。"

门面 ①开间。"㑇㑇小店只有一间~。"②商店房屋沿街的部分。③比喻外表。

开销 kexiao。①支出。"迭个号头（月）俚个～省到不能再省了。"②发作。"厂长刚提到质量，伊就当场现～，反驳厂长。"

算规 soegue。计算的本事。"伊书读来勿多，但～倒好来。"

几钿 多少钱，多少价格。"侬勿要讲～一斤，就讲总共～。"

价钿 gadhio。①价格。"迭条鱼要 6 块 1 斤，～忒大哉！"②价钱。"迭眼物事总共几好～？念只洋？忒大了哇！"

价钿大 gadhidhu。价钱贵。大，读"杜"。

正宗货 正品。

时鲜货 shyxihu。最新上市的货物，多指正当时节的新鲜蔬菜水果。同义词：时路货。

来路货 进口货。同义词：舶来品。

清水货 qinsyhu。货物纯粹无杂质。

大路货 dhaluhu。①低档、常见、价廉、无特色、易普及，适合大众消费水准的货品。②指没有特色的精神产品。"侬写个诗歌属于～，吸引不了人。"

大兴货 dhaxinhu。冒牌货、劣质品、假东西。

搭浆货 dakjianghu。次货，草草制成的质量差的货品。

等外品 denngapin。等级品外的次品、处理品。

处理品 cylipin。①减价或变价出售的物品。"～，嗰卖了！"②比喻条件、地位等不如别人者。"伊迭种条件，至多算个～。"

陈货 积存已久的货物。

落市货 已过时或将过时的菜果或货物。

落脚货 蹩脚货，剩下的较差的货物。

瓦脱货 doktakhu。无用的该扔的东西。"迭种老式罩衫已经是～了。"

瓦底货 dokdihu。剩下的货，比喻差的，不好的。同义词：搭底货。

死货色 卖不出去的滞销货。

推扳货 ①质量差的货品。"侬迭眼货色真格是～。"②比喻品质差或胆小、能力差的人。

蹩脚货 bhikjikhu。①质量差的货物。②比喻品质差或胆小、能力差的人。

半卖半送 boemaboesong。一半卖给你，一半送给你，比喻价钱特别便宜。"迭打袜子，老板～，乐得买。"

讨价还价 买卖双方争议价钱。"我迭个商品俫可以～。""侬如果还要～，我就勿卖拨侬了。"

找头 zaodhou。购物后找给买家的余钱。"小囡吵着要吃雪糕，我就拨伊一眼～零碎，让伊自家去买。"

杀价 sakga。买者将价格往下降。

识货 sak hu。能看得准货物的真假、好坏。"侬真是个～朋友,一眼就望准捉迭只锅子。"

断档 缺货。"迭种大尺码的洋袜已经～了。"

现钿 yhidi。现钱,可资当场付清。"我可以卖拨侬,不过要付～。"

零拷 linkao。酒、酱油等自带容器去零买,由店员用竹吊子拷入。

老秤 1 斤为 16 两制的杆秤。

新秤 1 斤为 10 两制的杆秤。

会馆秤 一种较大的旧式杆秤。旧社会会馆里帮人的秤。如还人 100 斤粮,秤上为 103 斤。

藤盘秤 dhenbhoecen。一种用藤盘装货物的杆秤。

跑秤 缺斤短两的秤。

压秤棒 akcenbang。买东西缺斤短两。同义词:缺秤棒。

称勿着 cenfhakzhak。复秤时斤量比原来的少。

讨饶头 购物时要求卖主另外多给的一点。

打翻桩 因购买交易等有错(有卖方故意的),买方重新返回要求纠正。

鲜 木杆秤称东西时秤梢往上翘,表示卖家客气。"我脱侬秤来～一眼,迭个也是应该格。"

老洋 钱。"迭场重病,用脱 5000 只～,总算拾着一条命。"

铜钿 ①钱,收入。②有方孔的古铜钱。也叫"孔方兄"。

铜钿银子 dhongdhininzy。钱。"造辩眼厂房,我掼脱多少～,要我拆,我真有眼想勿通。"

零头 ①特指零钱。"侬有～哦?"②不够一定单位的零星数量。③不够制成一件成品的零碎材料。"迭张椅子座垫套俦是用～拼起来额,勿实用。"

兜生意 找买家。

寻 赚钱。"迭个小囡年纪介轻,已经会得～钞票哉。"

寻头 工资,收入。

寻头大 xhindhoudu。收入高,工资高。

寻生意 找工作。"侬初中毕业,高中考勿着,只好自家出去～。"

寻铜钿 参加工作有收入了。同义词:寻钞票。

赚头 shedhou。利润,盈利。"迭眼兔毛卖脱,有眼～格。"

扒分 bhofen。赚钱。尤指额外搞钱。

搬分 借钱;把钱从一处搬到另一处。"迭两天紧张,我想问侬搬眼分,侬看哪能?"

挺分 付钱。"辩顿饭,算我请客,我来～。"

背米 赚钱。"爷娘辛辛苦苦～,子女应该省省叫用钞票。"

断米 没钱了。"迭两天,哪能侬又～了?"

赚钞票 赚钱,挣钱。同义词:赚铜钿 shedhongdhi。

赚足输赢 赚了很多。

值铜钿 shakdongdi。值价。"现在,农村户口开始～哉,真是此一时彼一时呀!"

加工钿 ①加工资。②加工物件得到的报酬。

削工钿 xiakdhongdhi。减工资。

减工钿 减工资。"现在私人小企业生意难做,工人又勿好～。"

奙着一票 bhenshakyikpiao。赚到一笔,多指数量较大的钱。"迭趟外出,拨伊～哉!"

赤膊工资 cakbokgongzy。指基本工资,不加奖金的纯工资。"伊个辰光,每个月 31.5 元～,日脚也蛮好过。"

老逼钿 laobidhi。钞票,含轻蔑、无奈、不在乎的口气。"分红? 一年做到头,分得着几个～?"

香烟钿 赏钱。

摆摊头 ba tedhou。设摊做生意。"伊呒没生活做,只好～做个小生意。"

老价三 价钱贵。"迭部助动车买伊要～啦。"

老价钿 原来的价钱。"迭只打火机还是～,一块洋钿。"

老爷货 质量很差的东西。"迭部玩具车,真个～,碰都不好碰额。"

合做生意 gekzu'sangyi。几个人合伙做买卖。"迭批木材,俚几家头～,肯定有赚头。"

零拆孴买 lincakdenma。分买和整买。

回头生意 ①第一次的生意令人满意后再来的生意。"侬价格公道,态度又好,肯定有～。"②回绝的生意或事情;应该回绝的事。"我勿会得做艻种～格。"

挺张 付钞票。也可写作"挺账"。"今朝艻顿饭,我来～。"同义词:会钞 餐饮等消费后买单、付款。

买单 made。餐饮等消费后付钱。同义词:埋单。

脚钿 亲友馈赠时,用以犒赏其仆役的钱。

一出一进 付出与进账。

落市 集市散去时。

面市 商品在市场上与顾客见面。"迭种老人棉皮鞋一～,就被抢购一空。"

撬边 qiaobi。商店雇佣的托儿,从旁帮腔助阵,怂恿顾客购物。"店一开门,～者就边买边推销。"

搭卖 dakma。把坏的与好的东西一齐卖给人家。

歇业　停止营业。

打烊　dangyang。①上门板。②停止营业。

照会　牌照。

撬照会　①去除牌照。②比喻撤销原来的命名。

店铺

门面　menmi。临街用于商业的房子。"李家有三间～,出借拨人家倒有一笔收入。"

下伸店　hhosendi。乡镇供销社下属的村级小店。

小三店　xiaosedi。同"下伸店"。也指门面很小的农村小店。

夫妻老婆店　夫妻两人经营的小店。泛指各种小店。"迭家～,生意勿大,赚头还算好。"

什货店　shakhudi。经营小零小碎货物的店铺。同义词:杂货店。

轧米厂　gakmicang。碾米的厂家。"一个镇只有一家～,生意好唻。"

杀猪作　sakzyzo。屠宰场,主要指杀猪的地方。

肉庄　卖肉的铺子。

油酱店　供应食油、酱油的店铺。同义词:酱油店。

南货店　noehudi。供应笋干、火腿等的商店。

拷酒店　零拷白酒、黄酒等酒的小店。

茶食店　shoshakdi。供应糕饼、蜜饯等食品的店。

烟纸店　'yizydi。卖香烟、纸张等的小杂货店。"新中国成立前额～,现在侪叫杂货店了。"

丝线店　专卖绣花丝线、绣花针的店铺。

纽扣店　供应纽扣、针线的小店。

铜匠铺　dhongxhiangpu。修理铜铁锁具、电筒等物品的店铺。

铜匠担　挑担修理各种铜铁物品的担子。"听到仓琅仓琅一响,就晓得老铜匠额～来了。"

银匠店　制造金银饰物、器具的店铺。

洋铁铺　旧时修理、制作畚箕、茶桶等铝、铁皮工具的店铺。

车行　cohhang。出售自行车的专卖店。

修车铺　xiucopu。修理自行车的店铺。

踏踏帮　dhakdhakbang。旧时私人载送客人的自行车,后车架多可载两人,行走于村镇之间。

旧货商店　jhiuhusangdi。从事旧货生意的店。

煤炭店　供应煤球、煤饼的店。同义词:煤球行。

打铁铺　dangtikpu。打铁兼卖铁器的店铺。

染坊　nifang。染纱、布作坊。

木行　专售木料的地方。

木匠间　mokhhang。木工工作的地方。

圆作铺　专做圆形木器、箍桶等的店铺。

轧头店　ghakdhou。理发店。同义词:剃头店。

剃头担　理发师挑担外出理发。

汰衣裳铺　dhayishangpu。洗、烫成衣的店铺。同义词:洗衣店。

老虎灶　laohuzao。专卖开水的店铺。"侬要开水,拎只热水瓶到～,一分洋钿泡一瓶。"

汰浴池　供男子一起洗澡的热水池。

混堂　whendhang。浴室。"一日忙到夜,到～里泡一泡,擦擦背,多适意!"

碗盏店　oezedi。卖各种碗、碟、盆等瓷器的店。

缸甏店　gangbhangdi。卖缸、甏、钵等陶器的店。

孵坊　bhufang。专门孵育、出售苗鸡、苗鸭的作坊。

银楼　旧式银行。同义词:钱庄。

客栈　旅社。"潘家婆婆经营一家小～,床铺整洁,住格客人勿少。"

栈房　shefhang。①旅社。②货栈。

寿器店　shouqidi。供应棺材等用具的店。

锡箔店　xikbokdi。出售锡箔、冥币等丧葬用品的店家。

流通

手推车　souteco。依靠手推的独轮木车。多用于运送麦捆、稻捆等物。

牛头车　一种较大型的手推车,大轮,两边可坐人,也可装东西。

羊角车　yanggokco。独轮小车。

东洋车　人力车,是黄包车的前身。

黄包车　人力拖拉的双轮载人车。因车外壳黄色,故名。

三轮车　人力脚踏三个轮子的载人车。

黄鱼车　whanghhngco。用脚踏的三轮车。

榻车　takco。装载器物的人力车,可推可拉。

老虎榻车　双轮平板人力拉货车。

劳动车　钢架双轮人力拉车。"农村里装稻、装麦,还是～扎作。"

平板车　同"劳动车"。

旱木船　hhoemokshoe。牛拉小型木船,多用于海滩或泥路拉秧草、芦苇等。

脚踏车　jikdakco。自行车。"一部～,又轻又快,骑格12里路,勿拉心浪。"

小毛驴　xiaomaolyu。助动车的别称。"迭部～,用仔10年多,仍旧好用用。"

残的　shedik。残疾人驾驶的简易载客车。"老早～载人,现在勿允许了。"

机器脚踏车　摩托车。

助动车　用油或电启动的小型摩托。同义词:助力车。

自备车　shybeco。私人拥有的轿车。

打的　乘坐出租汽车。的,即出租汽车,"的士"的简称。"伊现在派头大了,出门就～。"

差头　'cadhou。出租的小轿车。

拦差头　拦住空的士,即打的。

癫蛤巴车　lagakboco。微型机动三轮载客车。已淘汰。

野鸡车　yhajico。黑车,没有营运资格的私人拉客车。

老爷车　laoyaco。质量差、等级低的车子。"侬迭部脱零败落格～勿要再开出来了,太破了!"

轧票　ghapiao。用票钳在车票上打洞。

塞车　sakco。交通堵塞车不能前行。

吊车　乘公交车因人多拥挤在后的人挤不上又不肯下车,使车门关不上,车子不能开。

救命车　jiuminco。医院的救护车。"老沈有一天夜里突然发病,好得～过来救了伊一条命。"同义词:救护车。

六轮卡　有六个轮子的重型卡车。还有四轮、八轮、十轮等卡车。

大转弯　马路车道口的左转弯。

小转弯　马路车道口的右转弯。

兜远路　douyhuelu。因交通阻塞绕行远路到达。同义词:绕远路。

兜风　坐在交通工具中游逛。"伊拉两家头开部新车沿公园～去哉。"

11路车　比喻两条腿步行。"侬问我哪能过来?我是乘～过来,也蛮快额。"

两脚车　指步行。

舢板船　'sebeshoe。只能坐五六人的小木船。

扯篷船　cabhongshoe。帆船。"只看见一只～顺风前进,速度快咪。"同义词:帆船。

收篷　船到目的地把帆降下来。"进港了,～了,烧夜饭了。"

收港　前进中的船从某一河道进入另一河道。"应该到闸港要～,结果勿认得路,走错了。"

沙船　soshoe。海上方头平底的木船,不怕沙滩淤停。"抗战时期,浦东游击队员都乘～去浙江。"

钢板船　用钢板烧制的船,有较强的耐撞力。

铁壳子船　同"钢板船"。

蛞蜢船　gakmangshoe。形状像蚱蜢的小船,如"丝网船"之类。

划桨船　用桨划动前行的小船,即"丝网船"。

赤膊船　没有船篷的船。

拉螺蛳船　外地来本地拉螺蛳的专用船,一家都住在船上。

脚划船　用脚划桨的小船,浙江引进。

电捉鱼船　集体用自发电捕鱼的专用船,能捉大鱼,但小鱼也电死不少。

邮政

邮差　邮递员的旧称。

龙票　清朝发行的有龙的图案的邮票,很少,很珍贵。

品相　①邮票的外观完美程度。②泛指书籍、艺术品等物品的外观。

信壳　信封。"现在写信的少了,～上不能漏了邮政编码。"同义词:信封。

呒头信　hhmdhouxin。不留姓名不知来由的信件。"小刘当邮递员,最近连续解决了好几封～。"

电报　dhibao。通过无线电发送的简短信息。

交 际

对象

大好佬 dhuhaolao。地方上有影响的人，现在也指有权势的人。

大老倌 dhulaogoe。客气、戏谑地称呼男人。"～，迭腔勒拉啥地方发财？"

平头百姓 ①普通百姓。②凡人。同义词：小老百姓。

本地人 本乡本土者。同义词：当地人。

近四遭 jinsyzao。不太远的四面八方。

客邦人 外地人。同义词：客边人、客帮人。

远来头 从遥远地方来的。

来头 ①来历（多指人的资历和背景）。"迭个人～勿小。"②来由。"伊迭句闲话有～。"③来势。"对方～勿善，大家要小心。"④做某种活动的兴趣。"棋子吭啥～，勿如去打球。"

来路 lelu。来的地方和路径。"侬晓得伊啥个～？"

来三 lese。能干，有办法。

来事 leshy。同来三。

头面 dhoumi。声望高、影响大的人物。"伊真个是个～人物。"

台面 档次，身份。"侬勿要做迭种勿上～额事体。"

实底 实际的底细。

老底 过去的底子。

老底子 老底。"侬勿要看老罗现在丢三落四，伊～是处级干部。"

力把 likbo。权柄、权力、势力。也指实力。

有力把 yhoulikbo。①实力雄厚，有本事。"迭个老板～，勒拉长三侪有伊额经营点。"②有势力，有背景。

"伊拉是有～额,侬哪能碰得过。"同义词:有力作、有立升。

空心汤团 kongxintangdhoe。无馅的汤团。比喻不能实现的诺言。

空心萝卜 熟透的萝卜内心已空。比喻徒有其表,或徒有其名。

出性 本性或习惯。

有道 yhoudhao。有伴,常在一起、互相亲热的同伴。同义词:有淘。

有得 表示这样的情况以后还会多次发生。"见面以后,～同侬缠。"

有腔调 yhouqiangdiao。①人的行为举止时髦潇洒、有个性。"跟一个～的人勒拉一道,真是一种享受。"②事情做得有章法,样子好。"侬迭格事体做勒～。"

脚色 ①指人(多含贬义)。"书中所写,几乎不过是投机的和盲动的～。"(《鲁迅书信集》)②指能干、厉害的人。"伊是个厉害的～。"③角色。"迭出戏里伊起啥个～?"

脚碰脚 jikpangjik。①比喻技能、本事、水平差不多。"伊拉两家头是～。"②常在一起,关系密切。

像腔 像样。"迭个人忒勿～,会讲出迭种闲话。"

像煞 xiangsak。好像,似乎。"～有人敲门。"

像煞有介事 装模作样,好像有这么回事似的。"巫婆～似的玩弄着把戏。"

上路 说话、办事合情理:"侬放心,伊做事～,勿会拨侬吃亏。"

礼节

请问 qinmen。恭敬地问人家。

尊姓 'zenxin。问人家姓什么,表尊敬。

慢请 请慢慢来吧。

请慢用 请客人慢慢吃。常重叠使用。

有便 yhoubi。方便时,有空时。

请上座 请您坐上位。

请吃茶 请喝茶。同义词:请用茶。

用饭 吃饭。

慢用 请别人慢慢吃。常重叠使用。

侬好拉哦 nonghaolawak。你好吗?

蛮好 很好,还算好。

还算好 'esoehao。还不错。

邪气好 xiaqihao。很好,非常好。邪气,俗指诧异事物过甚之词也。也称"斜气"。

慢走 请客人慢慢走。常重叠使用。

走好 请人慢走,常重叠使用。

勿送　fhaksong。恕我不远送了。常重叠使用。

明朝会　minzaowhe。明天见。

隔日会　gaknikwhe。过两天再见。

改日会　geknikwhe。过两天再见。同义词：间日会。

晏歇会　exikwhe。待会儿见；再见。

衰惰煞侬了　'sadhusaknonglak。叫你受累了，劳驾你了。

惊吵侬了　打扰你了。

让侬费心　niangnongfixin。让你费心。

罪过　shegu。对送礼者、帮忙者表示感谢。

罪过罪过　真不好意思，难为你了。

罪过煞侬　shegusaknong。难为你了。

意勿过　不好意思。

过意勿去　不好意思。

交关抱歉　jiaoguebaoqi。很抱歉。"让大家白跑一趟，～！"

勿好意思　不好意思。

请侬原谅　请你原谅。

呒没关系　ngmmakguexi。没关系。

忒客气　tak kakqi。太客气。"侬介大年纪还亲自来，～了！"

勿要紧　没关系，没事儿。

勿碍事　没事儿。

勿碍啥　fhakngesha。没有关系。

勿搭界　fhakdakga。①没有关系。②没关系，没事儿。

勿要忙　别为我而忙碌了。

怠慢　dhame。招待不周。常重叠使用。"对勿起！招待勿周，～～！"

拜托侬　拜托你。"迭桩事体～，请侬多关照！"

烦劳侬　fhelaonong。烦劳你。同义词：有劳侬。

对勿住　defhakshy。对不起。同义词：对勿起。

交往

来去　liqi。"那几家常总～哦？"同义词：来往。

门头　mendhou。沾亲带故的来往户头。"伊～太大，三天两头赶场子，勿是吃喜酒，就是吃白饭，开销紧额。"

送人情　song ninxhin。送礼。

薄礼　①送礼者对礼的谦语。②礼本身不重，的确仅表心意。

小意思　表达心意的薄礼。谦辞。

挜酒 'o jiu。硬要人喝酒。"酒驾处罚后,就很少有人～了。"

碰头 bhangdhou。碰巧相见或相约见面。

派头 padhou。排场,气派。"侬很少着西装,今朝一着,看上去～十足。"

浪头 lang dhou。①潮流,声势,时髦。②不能兑现的许诺;吹牛的谎言。

噱头 引人发笑的话或举动。引申为花招。"迭个人老～额。"

噱头势 滑稽的模样。"迭个人～常总蒙勿少人。"

背后 不公开,悄悄行事。同义词:背后头、背地里。

偷不仔 偷偷的。"怕大娘子作,伊常总～塞钞票拨老娘。"

偷幽避匿 不公开,避人耳目。同义词:偷幽避疑。

着急 sakjik。心里焦急。

猴急 形容心急,急不可耐的样子。"又勿讲侬,侬～点啥?"同义词:急出无赖、急吼吼 jikhouhou。

苗头 ①办法,本领。"伊力把粗,看～侬就别想啦。"②情况,奥妙。"见机行事,头一要学会拔～。"③开头,刚露头。

拔苗头 猜度现场的形势。

格苗头 gakmiaodhou。吃得准形势,见机而行。

轧苗头 ghak miaodhou。①揣测略微显露的事情的发展趋势或情况。"伊一～勿对,别转屁股就溜。"②碰好运。"侬跟人家进城淘货,想～?"

轧朋友 ①交朋友。"我顶喜欢搭青年～。"②指交异性朋友。"伊近30岁,还呒没～。"③同"轧姘头"。

轧闹猛 凑热闹。"我俚正拉热烈讨论,伊也来～。"

有勿有搞错 头脑不要胡涂,责问或警告对方。"我从来勿赌博,侬～!"

落场 ①下场,结局。"伊迭能搞,～一定不好。"②下台阶。"寻着一个人,自己好～哉。"

落场势 收场的台阶或机会。"弄得大家～也呒没。"

落槛 lokke。处理事情得当,合乎人情。"伊个闲话讲得倒蛮～。"

乐耳 lokni。顺耳,悦耳。"辫句闲话听起来蛮～。"

乐胃 舒适,安逸。"小生活过得蛮～。"也指享受。"先～几天再讲。"

乐惠 同"乐胃"。"一个人有铜钿,吃吃用用白相相,那才～,何必去花迭种冤枉铜钿呢。"

发毛 发脾气。"侬勿要惹伊～。"

发火 发脾气。"侬迭能讲,伊当然要～。"

发极 着急,发急。"伊迭能讲,勿要叫人～格?"

发痴 fakchy。①发疯。"迭个人～了。"②作出不合常理的事(多指做法不合算)。"伊愿出30元叫人跑一趟买只引线,迭个不是～吗?"

发昏 头脑发热做傻事。"伊～了,拿针管拔脱,坐起来跑了。"

发戆劲 fakgangjin。发傻,做傻事。"迭个男小囡突然～,就是不吃饭。"

头子活络 dhouzy whaklok。头脑灵活,善于与人交际得到好处。

花功 hogong。迎合讨好别人的本领(含贬义)。"伊迭个人～邪气好。"

花头 ①花招儿。"侬看迭个广告,里厢一定有～。"②指男女不正当的关系。"迭对一男一女,肯定有～。"③新奇的主意或办法:"小伙子～实在多,还有个建议,听听看。"④奥妙的地方。"迭样物事看看简单,里厢～倒不少。"⑤花纹。"迭条被面绣的是大～。"

花样经 'hoyhangjin。①花样。"勿晓得葫芦里面装啥～。"②花招。"刁德一搞的什么～。"

名堂 ①名目、花样。"联欢会上～真多,独唱、朗诵、小品、变戏法,样样俱全。"②成就,成果。"依靠大家,就一定会搞出～。"③道理,内容。"迭桩事体里厢还有勿少～呢。"

名堂经 mindhangjin。名堂,其中的奥妙。

回汤豆腐干 whetangdhouwhugoe。①煮熟后搁一段时间再放回卤里去煮的豆腐干。②比喻重回原处或重操旧业的人(含贬义)。"我还是勿想唱,～,难为情。"(电影剧本《舞台姐妹》),也说"还汤豆腐干"。

有数 ①全了解。②内中意思不必明说。"人家是～额,有来有往啊。"③知底细,有底限。

有份 yhouwhen。参与,其中有一份。"迭桩事体,伊也～额。"

有数目 有数,心中有底。"侬勿要讲,我心里～。"

有讲头 ①谈得来。"迭桩事体两家头蛮～。"②说话不停。

有介事 有这么一回事。"伊讲拿卫生间拆脱,阿～?"介,也作"价"。

有花头 yhouhhodhou。有问题,有花招。"伊讲迭句闲话～哦?"

刮皮 guakbhi。由刮地皮引申而来。比喻吝啬和专想占便宜的人。

极形 惊恐或发疯的样子。"伲勿要抢侬个汇票,侬为啥做出格副～。"同义词:极相。

极出胡拉 jhikcakwula。不沉着、发急的样子。"有闲话好好讲,勿要～。"

极形极状 形容慌张的样子。"迭个人看上去～,一定不是好路道。"

自相信 只相信自己,十分自负。

蜡兮兮 处事出格,不近人情。

蜡烛兮兮 lakzokxixi。不懂人情。俗语"蜡烛勿点勿亮"。

牵丝攀藤 qisybedhen。原指植物攀附缠绕它物生长。比喻说话由此引彼,无由牵连。

疙瘩 gakdak。①皮肤或肌肉上结成的硬块。②比喻麻烦,别扭,不容易解决的问题。"队里最～个事体就是人心不齐。"

笃定　dokdin。十分肯定,有把握,没问题。"迭桩事体侬去做,～额。"

吃素碰着月大　比喻事情不凑巧。"～,侬来得勿巧啊!"

阴刀　yindiao。表面和善,暗地使坏。"迭个人有眼～。"

阴损　暗地使坏或捉弄人。"做啥? 侬又在～伊哦?"

挖里挖掐　wakliwakkak。形容挖空心思,想出的办法不合道义。"侬害人结棍,竟然想出迭种～的办法?"

买账　mazang。甘拜下风;佩服;顺从(多用于否定式)。"我不买侬账。"

买面子　给人情面。"我买侬面子,总可以了吧。"

被人卖脱　上当。同义词:拨人卖脱。

象牙筷上扳趫丝　趫,qiak。比喻挑刺儿。"做得跌能巴结,还讲不称心,真是～。"

着杠　sakgang。得到,取得。"一条鱼跳上来,今朝荤菜～哉!"同义词:着港。《川沙县志》:"物已到手谓之'着港'。"

着湿布衫　着,zak。比喻惹上摆脱不了的麻烦事或受到诬陷:"碰着迭种人,伊只好～。"

硬气　①刚强,有骨气。"做人要～。"②钱财上不占人便宜。"迭个人～个,一钿也勿多拿。"

硬劲　ngangjin。表示非要做某件事的劲头:"侬～要去,我有啥办法呢?"

硬碰硬　ngangpangngang。①真家伙,来不得假。"考试是～,来不得半点虚假。"②明摆着,确实。"我年纪～比侬大。"

硬声硬气　形容说话粗硬。"迭个人说起话来～。"

梗声拉气　gangsanglaqi。形容讲话粗糙、不买账。

硬装斧头柄　硬把没有关系或关系不大的事联系在一起(含贬义)。"侬讲迭种闲话是～。"

凶过头　xionggudhou。比对方更凶、更厉害。"伊比伊阿嫂总归要～。"

凶去凶来　十分凶恶。"阿必大拉格婆阿妈～,像只雌老虎。"

上复　shangfok。告秉,报告。"侬再捣蛋,我～俉爷娘。"

上腔　sangqiang。①比喻发作。"我格老毛病腰痛又要～哉。"②寻衅闹事:"伊再拨我难堪,我就到伊屋里厢去～。"③对人施加压力。"侬再跑东跑西,不肯做事,总有人要搭侬～。"

搭架子　dakgazy。①办事之前先讲条件。"做人勿要～。"②居高临下,爱理不理人。"我最看勿起～额人。"

搭勿拢　dakfhaklong。合不拢。

轧勿来　融洽不起来。

老法 ①老办法,旧式方法。"一个人中暑,～是要刮痧额。"②也指旧风俗。"年初一,照～是不好扫地额。"

老套头 老一套的办法。"我勿喜欢～,我要看看新办法到底好啦啥许。"

老面皮 laomibhi。不怕难为情,脸皮厚。"迭只老八怪真额是个～。"

老老面皮 鼓起勇气,不怕难为情。"浦东有句俗话,叫～,饱仔肚皮。"

识货 sak hu。①懂事。"迭个小囡 14 岁了,还是一眼也勿～额。"②能辨别事物的质量和优劣。"侬真是个～朋友。"

识相 知趣,会看别人的眼色行事。"伊一眼也勿～。"

轧一脚 插一手。"伊样样事体要～。"

打棚 dangbhang。开玩笑。"谢谢侬,勿要～好哇!"

打回票 退回来;被拒绝。"如果侬在场,恐怕不会被～。"

打圆场 调解纠纷,缓和僵持的局面。"拼着我迭张老脸,脱俉两个人打～。"

寻吼势 寻衅,找茬儿。"有话好好交讲,为啥回来～呢?"同义词:寻轧头 xhingakdhou。

推头 'tedhou。借口。"伊总归要寻个～报复。"

铆牢 maolao。盯住。"伊老是～我,也勿晓得是啥意思。"

横对 whangde。对着干,蛮不讲理。"勿要脱我～了。"

尖钻 形容做事有算计、精明。"迭个人邪气～。"

摆平 babhin。①东西放平。②协调各方,平息事端使各方无意见。"两个单位的纠葛～了。"③使对方屈从。"伊敢出声,就～伊!"④躺下,睡觉。"吃了饭就仰面朝天～。"⑤把人杀掉。

白送 ①送礼,而没有作用。②没有用、无能。"侬又勿懂,去也～。"

白相人 ①耍弄人。"侬一日到夜～,啥意思?"②游手好闲、不务正业者。

勿局 fhakjhiok。不好,不行,情况不对。"我一看～,快点跑路。"

勿对 ①错了。"侬迭句闲话讲得～。"②指互相有矛盾。"伊拉两家头本来就～额。"

勿关 无关联。"迭桩事体搭我～。"

勿来 ①没有出场。"伊今朝为啥～?"②不肯罢休。"俉几家头打我一个人,～,我要告诉俉爷娘。"

勿适 感到窝囊、不舒服、不畅快。"迭桩事体想想～。"

勿消 不需要,不用。"～一歇歇功夫,迭个消息就传开了。"

勿碍 fhaknge。没关系。"姆妈,我去去也～啥额。"同义词:勿碍啥。

勿碍额 没有关系,不要紧。

勿响 ①没有发出声音。"侬介会讲,为啥～了?"②也指没有回答。"问伊半天,伊就是～。"

勿理着　不理睬,指双方关系不好。

勿来事　做事不恰当,办不成事。"侬迭能做,肯定～。"

勿来训　①办事不着调,不敢承担:"做了再讲,勿要先讲～。"②无能力,无办法。

勿正经　做人不正派。"侬六七十岁了,还老～啊。"

勿入调　fhakshakdiao。不正派,不规矩。"迭个小鬼介～,又要犯出来。"

勿勿少　很多,很不少。"小纸条,屋里贴了～。"

勿色头　倒霉,晦气。"今朝是个好日脚,做啥～格事体?"也作"勿识头"、"勿失头"。

勿作数　fhakzuosu。不好算数,不当回事。"侬十二三岁,讲话～。"

勿好看　①难堪:"伊介勿识相,㑚要拨伊～。"②指不美、不漂亮。"迭个小姑娘生得一眼～。"

勿出趟　形容怕生,不善交际。"侬迭个小囡真是～,看见陌生人一声不响。"

勿中听　说的话让人听着不舒服、不服帖。

勿睬侬　fhakcenong。不理你。"侬去双脚跳好了,我就～。"

勿清爽　说话不文明。"闲话勿要～,放干净眼。"

勿买账　fhakmazang。不服气,不满意。"侬勿要～,我就勿要侬管!"

勿搭班　互相不合作或合作得不好。

勿搭界　互相没有关系。"我这样走,脱侬～。"

勿轧道　独行。

勿觉着　没有感觉到。"侬迭个人木知木觉,人家拉话侬,侬哪能一眼也～。"同义词:勿觉知。

勿得知　没有感觉。"迭个人木来,人家骂伊,伊哪能一眼～。"

勿认账　不承认。"侬拿不出证据,伊是～额。"

勿连牵　fhakliqi。①靠不住,没办法。"自己吃饱都～。"②不像样。"伊做生活都～。"③说不清楚,不对头:"侬讲讲末就讲～。"

勿囵囵　fhakwhaklen。不像样,不能干。"迭个姑娘真～,汰衣裳也汰勿来。"

勿上台面　言行见不得人。

勿着勿落　fhakshakfhaklok。形容说话没有分寸。"侬勿要～瞎说。"

勿二勿三　言语、行为流里流气,不正派。"侬格闲话侪是～,勿晓得啥个路道。"

勿三勿四　说话、做事不正经。"侬讲迭能～额闲话,有用吗?"

勿是生意经　不妙、不妥。"吃死饭(靠不饿死度日),总～。"

讨吼趣　招来责怪、批评。"敲脱迭张照片,侬勿是～吗?"

吼场面　没面子或下不了台。

呒青头 ①胡涂，头脑不清楚。"伊多吃点酒，就会得～。"②也指言行越轨，不正经。"走近身边头，挤挤轧轧～。"

呒弄头 ngmnongdhou。①难相处，不好对付。"迭个人搭伊～。"②也指不值得做，没法做。"迭样生活～。"

呒搭头 无可搭理。因对方不讲理等原因或不愿意理睬而称对方为呒搭头。"伊实在是～。"

呒去路 没有出路，没有用场了。

呒介事 没有这么回事；没关系。"迭桩事体我当～，侬勿要轧进来。"

呒卵用 没有本事，没有用。"介简单个事体也做勿来，真是～。"同义词：呒没用、呒没卵用。

呒数脉 ngmsumak。心中无数，不知道："侬问迭种事体，我～。"

呒头脑 没有头脑，有不动脑子、随意的意思。"侬迭个小囡，实在～。"

呒没话头 没话可说，含讽刺。"迭桩事体办坏脱，我～。"

呒没闲话 hhmmakhhehho。到顶了，没话说。"只有伊来做迭个生活，～来！"

呒没戏唱 办不成事，无计可施。"讲到迭一步，侬还勿肯帮忙，看来～了。"

呒没辫个故事格 不可能，没有这回事。"侬勿要拉外头瞎七搭八，完全是～。"

弯转仔舌头根 挖空心思诬蔑、乱说别人。

捧大卵 拍马屁，不择手段趋奉。"侬就是迭种～额人。"

昏过去 ①因受刺激而晕过去，带夸张意味。"碰着迭种学生我也真额要～了。"②被对方说的好玩的话吓倒，夸张语。"侬讲侬介欢喜我，我要～了。"同义词：我昏过去。

碰得着个 怎么会碰到你这样的人，真是少见。"侬踏了我一脚还怪我挡牢侬，～。"

碰着点啥 bhangshakdisha。倒了霉了；遇到不适意或不幸运的事，心里烦闷。"今天倒了大霉，真～。"

我辫辈子认得侬 怒言，表示对某人极为不满。"我算拨侬白相了一趟，～。"

死争 xizang。没有理却和人硬争。"明明是侬错，还要～。"

死腔 形容看不入眼的样子。"迭个人真～，讲闲话吞吞吐吐，一眼勿爽气。"

死货色 詈语，抬不起的人。"侬迭个好吃懒做的～！"

死样活气 无精打采，像死的一样，只有一点儿活气。"不料一批新学徒，也一样散漫，～。"

死样怪气 形容有气无力、不死不活的样子。"说话哪里能像侬迭能～额。"

中刀 受刺激，遭遇不好的事。"伊～忒深，劝勿好伊啊！"

弄送 'longsong。捉弄；戏弄；算计。"伊恶形恶状来～我，可恶！"又写作弄松、弄忿、弄耸。

弄脱　①干掉，杀死。"伊晓得特多，干脆～伊！"②设法去掉。"拿鞋子上的烂污泥～点。"③做完。"侬脱我～迭眼生活再回家。"④丢失。

弄勿落　没办法；没法收场。"去寻队长，吭没伊迭桩事体～额。"

弄穿绷　nongcebang。揭穿；露馅儿。"作弊的事总有一天会～。"

喇叭腔　①说歪了话，做错了事。②过头，难以收拾。"要不是兄弟出面，辯桩事体～了。"

现开销　①指日常开销。比喻人际关系中对他人的过失当场指出，不留情面。"对侬格错误，我只有～，才能惊醒侬。"②当场发作或抵抗。"闲话吭没讲几句，队长当场～。"

偿还　shangwhe。对别人的帮助作出补偿。

放一码　宽恕一次，放过一次。"无论如何请侬～，让我有条活路。"同义词：放只码头。

手脚　①暗中采取的行动（多含贬义）。"迭个人喜欢弄～，侬要当心。"②工夫。"办法是有个，不过要多费些～。"

辣手辣脚　①做事霸道凶狠。②指有担当办事利落。"伊做事～，爽气！"

交情

搭道　dakdao。合伙，结交朋友。

搭子　一起打牌的人。引申为合伙者。

搭班　合伙。也指合得来。

老交　交往很深，关系好。"我脱伊是10多年额～，关系好！"

老搭头　laodakdhou。①长期合伙的人。②长期私通的男女。

老相好　长期私通的男女搭档。

老面孔　熟悉的脸面。同义词：旧模样、旧面貌。

有面子　有体面，有情面。"伊今朝出场，大家觉着很～。"

轧得和　ghakdhewhu。交往合拍，合得来。

轧勿和　合不来，交往久了仍不合拍。

寻搭子　①找打牌的人。②找合作伙伴。

面情　情面。"看见丈夫参与赌博，伊勿讲～，骂了一顿。"

招势　面子。如，丢面子称"塌招势"。

卖面情　mamixhin。给面子。

要好　感情融洽，亲近。

要场面　yaoshangmi。要排场。

要面子　怕损害自己的体面，怕别人看不起。"伊忒～，招待邪气周到。"

留客　把客人留下来。

吃客　①经常去饭店吃饭的人。②美食家,吃东西很精的人。

发帖子　发请帖。"老汤儿子要结婚了,伊忙来到处～。"

进门法　去亲戚朋友家送的礼品。

见面钿　jimidhi。初次见面时长辈给晚辈的钱。

叫钿　新过门或新婚时长辈给小辈的叫应钱。

做人客　做客。

感 觉

视觉

好看　haokoe。①看着舒服，美观。②脸上有光彩。③使人难堪。"叫我上台，不是要我～吗?"

登样　denyang。像样；入眼；合适。"伊做个兔子灯，老～格。"

标致　biaozhy。漂亮。"伊拉额囡，生勒又高又漂亮，真是～。"

花描　'homiao。好看，漂亮。

花色　多指布料上的花样。

眼热　ngenik。①眼红，带妒意。②羡慕。"老张老年学钢琴，已考过七级，看看叫人～。"

触眼　①不顺眼，不入眼。"伊装模作样，看看～。"②惹人注目，显眼。

弹眼落睛　dhengelokjin。①好东西吸引眼球。②夸耀好东西令人睁大眼睛。

挺括　tinguak。①较硬或平整。"今朝伊着仔一身～额西装，人漂亮仔交关。"②质量优良。

经看　耐看。

结棍　厉害、着力。

结作　结实，牢靠。"迭块地基要排勒～点，打好百年基础。"同义词：扎作。

涕拖　'titu。不干净，邋遢相。

涕拖汰拖　很邋遢，很不干净。"迭格吭娘额小囡，身浪～，看看作孽!"

鼻涕汰拖　满脸鼻涕龌龊，很肮脏。一般指小孩。

着亮　zakliang。很亮。"迭个人头路三七开，油塔(涂)勒～。"

雪雪白 xikxikbhak。非常白。民谣:"东天日出亮光光,照见我须牙～。"

白塌塌 有点白的样子。

白洋洋 形容因失望而眼神发呆的样子。

白寥寥 bhakliaoliao。形容脸色苍白而无血色。"迭个人面孔～,大概身体有病。"

煞白 sakbhak。由于恐惧、愤怒或生病等原因,面色极白,没有血色。"伊面孔吓来～。"

白历历 形容牙齿很白(多用于描绘猛兽牙齿的光泽)。

光六秃 'guangloktok。光秃秃。

墨墨黑 很黑。"迭个演员演包公,面孔涂得～。"

墨彻黑 makcakhak。非常黑。"房间里～,啥也看勿见。"同义词:墨腾彻黑 makdhenchakhak。

栗壳色 likkhoksak。像栗子壳的颜色,常为咖啡色。"伊上身着一件～灯芯绒拉链上装。"

苍 青色中带蓝或绿的颜色。

看风头 koefongdhou。看风向。比喻观望情势。

看绕样 模仿、学习,多贬义。

花里花绿 颜色鲜艳多彩。"侬个衣裳颜色要素一眼,勿要～。"

妖淫 yaoyin。人打扮得妖艳。"伊个打扮,实在～得很。"

妖形怪状 言语或行为奇特而不正派。"伊身浪着一件～额衣裳。"

卖相 maxiang。相貌,外貌。"迭个老板邪气势利,～好额殷勤招待,～差一点,理都勿理。"

扁塌塌 bitaktak。扁的样子。"伊迭只面孔～,蛮好白相额。"

壮墩墩 zangdenden。面孔壮实又圆的样子。

圆墩墩 面孔或身材圆而结实的样子。

胖乎乎 人肥胖。"小王人矮,又生得～的,惹人笑。"

胖墩墩 pangdenden。人矮胖而结实。

麻麻亮 momoliang。天刚有些亮。"天刚～,伊就起床了。"

听觉

毕静 bikxhin。很安静。

毕毕静 非常安静。"上课铃响了,教室里～,大家在等老师进教室。"

破壳响 敲击有裂纹器皿发出的声音。

听壁脚 偷听别人说话。

睏话 kunhho。梦话。"勿晓得是否讲～,听听看。"

刮辣香脆　guaklakxiangcoe。①声音清脆。"迭个小姑娘额声音～。"②说话干脆,不拖泥带水。"伊讲闲话～,开门见山。"③食物松而脆。"迭眼黄豆爆得邪气好,吃起来～。"

响　出声;声张。"那女人晓得理亏,只好打落牙齿望肚里咽,再也勿敢～。"

骂山门　mosemen。骂街;当众漫骂。"有宝讲话没分寸,高低大小都不分。当着阿哥阿嫂面,竟敢开口～。"山门即庙门。同义词:骂三门。

花妙　hhomiao。甜言蜜语,巧妙(常含贬义)。"迭趟发言,伊讲勒～唻。"

赞　ze。高度称赞好。"侬迭幅书法,写得～。"

硬争　ngangzang。无理装有理,与人死争。"明明伊错了,但是伊还要～。"

贼腔　①怪话不堪入耳。②怪样子不堪入目。③不三不四。"侬迭个人真～。"

猴极　hhoujhik。大声说话,语无伦次。"侬输脱几副牌,讲闲话～点啥?"

瞎讲讲　随便说说。"我是～,侬勿要当真。"

瞎三话四　haksanhhosy。胡说八道。"侬勿要～,搞出事体来。"

瞎话三千　胡说,乱说。"讲闲话要负责任,侬勿要～。"同义词:乱话三千。

噜苏　言语繁复;说起来没完。"迭个人讲闲话邪气～。"同义词:罗苏、啰嗦。

豁令子　huak linzy。暗示,用含蓄的语言或眼色等使对方领会。"队长～拨我,我就把意见说了出来。"

亮话　明白而毫不掩饰的话。"打开天窗说～。"

誏声　'langsen。说含有讥讽意思的冷冰冰的话。"侬有闲话当面讲,勿要勒拉背后～。"

扯乱谈　caloedhe。谈天说地,开玩笑,有时也指胡扯。

谈山海经　谈天或讲故事。"人们聚拉一道,有人正拉～。"

谈也勿要谈　不行的,办不到的。"侬想冤枉好人,那是～!"

搓人　cuonin。嘲笑别人,说怪话来出别人的洋相。"我脱侬一本正经讲闲话,侬勿要～好哦。"

嘲弄　嘲笑戏弄。

味觉

甜头　dhidhou。①微甜的味道,泛指好吃的味道。②好处,利益。"伊终于尝到了读书的～。"

甜咪咪　dhimimi。有点甜的味道。"苏州菜～,蛮好吃。"

甜津津　dhijinjin。甜味滋润口舌。

臭嚛嚛　发臭的味道。

酸辣　'soelak。又酸又辣的味道。

酸溜溜 ①形容酸的味道或气味。②形容轻微酸痛的感觉。"斫(割)了一天麦子,腰里～的。"③形容轻微嫉妒或心里难过的感觉。"听到被表扬的不是自己,他心里有点～的。"

酸叽叽 形容气味或味道有点酸。"迭只咸菜少许有眼～,蛮好吃。"同义词:酸嗒嗒 soedakdak。

酸咪咪 有点酸的味道。

苦叽叽 有点儿苦。

苦吟吟 kuyinyin。有点儿苦。"苦瓜烧菜,刚吃起来有点～,等一歇就清爽了。"同义词:苦嗒嗒。

忒辣 taklak。太辣,很辣。"迭袋榨菜辣茄放多了,～,吃勿消。"

辣兮兮 做事不入调,惹人怨恨。"伊一直勿大识货,总是～额。"

辣乎乎 lakhuhu辣的味道。

辣蓬蓬 辣味浓。

咸酸 hhesoe。又咸又酸的味道。

咸塔塔 略微带点儿咸。"嘴里吃勒～,到茶馆店里呷两口去。"

咸叽叽 略微带点儿咸。"迭只小菜～,味道好极了。"

咸咪咪 略微带点儿咸。"迭样物事～,蛮好吃。"

咸滋滋 有点儿咸。"梳打饼干有点儿～,交关好吃。"

淡叽叽 味道勿咸,淡淡的。"～个暴腌落苏直往肚里咽。"

淡呱呱 味道不浓,淡味。

淡滋呱啦 dhanzyguala。淡而无味。

鲜嗒嗒 有点儿鲜的味道。

喇嘴 lakzy。涩嘴。

嗅觉

臭来 ①气味很臭。②窝囊。"迭桩生意白做还勿算数,还蚀脱仔几钿,想想～。"

甏臭 食物腐败变质的臭味。

甏胴气 ongdhongqi。食物发馊变质的气味。

走味 zoumi。①失去原来的味道②变质,偏离原来的方向。"迭趟画展展品乱七八糟,～了!"

腥臊 xinsao。又腥又臊。"走近懒汉破屋,一股～气直钻鼻孔。"

腥臭 又腥又臭。

腥气彭亨 十分腥臊。

馊气 souqi。①饭菜等变馊。②食物因变质而发出的气味。

生油气　食用油没有熬透,炒菜后带有生油的气味。

焦毛气　jiaomaoqi。烧焦的物体发出的气味。"'蓬'的一声,火烧到伊头上,发出一股～。"

草青气　新鲜青草的气味。

草腥气　青草发出的腥味。

血腥气　xuikxinqi。鲜血散发的腥味。"刑警打开房门,一股～飘出,实习生禁不住捂鼻。"

生腥气　未烧熟的鱼肉荤腥类食品发出的气味。

肉夹气　轻微腐败的肉类发出的气味

酸胖气　soepangqi。已馊的食物发出的酸气味。

鱼腥气　生鱼的腥味。

油锅气　植物油沾在锅内熬煎后散发出来的气味。

气子　很难闻的气味。

汗骚臭　汗臭的味道。

尿骚臭　sysaocou。尿臭的腥骚味。

焦毛臭　毛皮燃烧或食物煮焦散发的气味。同义词:乌茅臭。

龌宿气　潮湿发霉的味道。"迭个房间有眼～。"

搁宿气　gaksokqi。①陈的食物发出的带霉的气味。②因为不消化而从胃里泛出的气味。

隔宿气　①东西或食物因放的时间长而发出的怪味。②因不消化而打嗝发出的气味。

糯　nu。软。"辦块糕咬上去真～。"

宿　sok。食物不新鲜。"迭碗粥～脱了。"

宿里宿隔　放的时间很长了,变质了。"～个物事勿要去吃伊,要生病额。"

得夹夹　dakgakgak。微黏。"身浪出了汗,有眼～。"

回黏　whenin。食物受潮而不脆。黏,读"韧"。"迭眼饼干辰光放勒长了,有眼～。"同义词:还软。

回潮　变潮。"迭些蛋卷～了,勿好吃了。"

臭气冲天　couqicongthi。臭气很浓直熏人。"垃圾桶三天吭没人来清理,已经～。"

触觉

热蓬蓬　nikbhongbhong。热气蒸发样。"暖水龙头一开,一股～的水倒勒伊头浪,适意啊!"

热火火　有点儿热。"红日当头～。"

热同同 nikdhongdhong。有点儿热。"大冷天一碗～的饭吃得开心啊!"

热腾腾 热气蒸发的样子。"太阳下山了,地上还是～的。"

热烘烘 形容很热。"大家讨论得很热闹。屋里～的。"

暖热 温暖,暖和。

暖烘烘 暖气融融的感觉。"炭火驱走了寒气,整个房间～额。"

温吞 wenten。①不冷不热。②不爽气,不着边际。"伊勿肯联系实际,只作～之谈。"

温暾 wendhen。暖和,温暖。

温吞水 ①不冷不热的水。②性子慢,脾气不爽利。③脾气态度不冷不热,模棱两可。

冷阴冻 langyindong。很冷的天气。"迭格几日是～,邪气冷。"

冷稀稀 有些儿冷。"少着件衣裳,有眼～。"

冷飕飕 langsousou。形容很冷。

冷丝丝 形容有点冷。

冰冰阴 binbinyin。极冷。"五姑娘茶饭不思,镬灶～。"

阴落落 有点儿凉。"开仔窗有眼～。"

风凉 凉快。

毛 ①触摸硬纤维的感觉。"侬个皮肤太粗糙了,摸上去真～。"②发火、发怒。"侬勿要触～伊,惹伊发脾气。"③约,近。"迭个小囡只有～七八岁,倒蛮懂事额。"

嗼 bu。用手指接触一下或轻轻抚摸。"老奶奶～～伊个头,开心格笑了。"

湿搭搭 sakdakdak。有点潮湿的样子。同义词:湿哒哒。

湿漉漉 sakloklok。形容物体潮湿的样子。"已来不及躲雨,身上淋得～额。"

湿淋淋 形容物体湿得往下滴水。

薄萧萧 ghokxiaoxiao。又轻又薄的样子。

硬气硬翘 形容很硬的样子。"伊身体勿大锻炼,早操辰光手脚～,不大像样。"

软脆 nyucoe。柔软,柔和。"迭格杂技演员身材～,头可以伸到脚裆里去。"

软熟 柔软。"丝绵衣裳邪气～,着了身浪益加暖热、适意。"

软冬冬 柔软。"老人70多岁了,伊瞓起来总是棕绷垫,～。"

软铺铺 很软。"迭个花生吤没炒熟,～额。""迭条路新修好,踏上去～额。"

软笃笃 nyudokdok。软绵绵。"今朝两只脚有眼～,身浪没力气。""丝绵被头～,瞓上去邪气舒服。"

软洋洋 形容软弱无力的样子。

滑汏 滑;打滑。"伊脚还没移动,竟一个～,滚到路边排水沟里去了。"同义词:滑塌。

滑脱　whaktak。光滑、滑溜。"迭双丝袜摸上去好～。"

滑哒哒　形容有点儿滑。"红鞋子,绿鞋拔,新做堤岸～。"同义词:滑塔塔。

滑腻腻　whaknini。形容有点儿滑。

滑溜溜　形容很滑。

光生　光滑。"胡子刮清爽,下巴摸上去～唻。"同义词:光滑。

毛糙　maocao。粗糙,不细致。"侬迭格生活做得忒～了。"

的滑　非常光滑。"伊额皮肤～。"

细洁　xijik。细腻光洁。"斛个姑娘皮肤～,嫩唻!"

着肉　贴身。

贴肉　tikniok。十分亲热。

言行品德

言语、心理活动及其他

话 hho。口头表述。①名词，"听侬阿爸额～。"②动词，"侬～买下来，我就买下来，呒没犹豫。"

好话 ①名词，正面话。"我对侬爸讲的俪是～，那天爷叔勒拉(在场)可证明。"②动词，好商量。"迭个事体小事一桩，～。"

惆话 'qiuhho。惆，《广韵》平声尤韵去秋切："惆，戾也。"不好的话，反面话。"伊拉娘面前尽讲侬～。"同义词：坏话。

闲话 hhehho。①话。②诋毁人的话。"对于迭个小姑娘，厂里～多来。人家性格开朗、快活有啥勿好？"③多余的话，不必重要的话。"我也啰嗦几句，符合实际的供参加，不符合实际的权作～。"

瞎话 hakhho。①胡说，乱编。②不看对象。

瞎扯 hakca。无目的闲聊。同义词：瞎扯扯。

屁话 'pihho。无用之话。

传话 ①转告。"我来勿及对伊当面讲，只好请人～拨伊。"②散播是非。"到处～，目的何在？"

极话 jhikhho。①求救。②告饶。

极喊 jhikhe。急迫叫喊，或拼命呼喊，或颤音嘶叫。

虚话 不切实际的话；夸大的话。

反话 不从正面理解，要领会相反的含意。如，嫌礼少，话却说"送介重额礼伲受勿起"。

白话 bhakhho。①大实话。不转弯抹角，不掩饰。②坦白隐秘甚至不顾羞耻。

老白 毫无顾忌大谈羞事。"大嘴巴是出名额～人，拿伊年轻辰光睏人家女人常总当故事讲，一眼眼拉勿怕意思

（羞耻）。"同义词：老白的搭。

套话 taohho。①客套。"勿讲～，直奔主题。"②设法从其嘴里把实情套出来。"侬叫人去～，看看伊实际到底哪能想。"

讨话 taohho。讨句回应的话。

讨骂 taomo。找骂，自讨没趣，自讨训斥。

讨便宜 话上获赢。"姑娘家惹男小囝～，勿怕意思（羞）？"

死话 xihho。①死人话，无法对证。②不可变动之话。

硬话 nganghho。①冤枉。"明明我只用眼睛看，没伸手，～我用手故意弄坏额。"②不得不这样说。③与"软话"对应。

揻话 aohho。扣不实的帽子。"东西不是我打翻的，侬勿要～我碰额。"

弯话 'wehho。①强加于人。②转弯抹角的话。

授矩 警告，下规矩。"侬勿要以为耳朵边上没人～，就浑身骨头轻，做啥事体脱根落襻。"

扳闲话 ①反驳。"单位讲过迟到要扣钞票，领导自家迟到咋勿扣？还说我～！"②抓住失口不放。攻其一点，不及其余。

搬说话 'boesakhho。不怀善意把话传来传去。

扳说话 besakhho。捉对方话柄，争辩对错。

好白话 haobhakhho。好商量；容易接受采纳。

背后头话 背后议论。"～少讲少听少传为好。"

活络话 whaklokhho。话未说定或未说明白。

煞枯 sakku。①用语言无情打击人。②对他人要求过于严格。"侬迭些闲话介～，伊毕竟是侬亲弟弟。"

煞枯话 sakkuhho。说到刹根的话，没有余地。

断命话 ①不吉利的话。"倪子勿声勿响出门三日没音信，就是为爷那句'有本事脱我出去'～。"②不该说的绝话。③最后的话。

热昏话 离谱的话，犹如发烧时昏头昏脑说的话。

更转话 劝转。"侬勿好顶刹，～，伊容易接受。"

趁淘话 趁别人的话说。"我只是～，不是我开的头，怪我做啥？"同义词：趁道话。

放充话 随意说不负责任的话。"投投看，讲勿定赚着一票。迭种～少讲讲。"

捣说话 ①搬来搬去传话。②反反复复说那些话。"阿婆在所有人面前～，烦哇啦。"

驳闲话 bokhhehho。用话反驳。

牵头皮 'qidhoubhi。①揪住几句话不放。②报复性地背后说对方不是。"迭个人勿好搭讪，喜好～。"

话话 hhohho。说说。

话起 hhoqi。说起。"～当中晓得侬住院半个号头哉。"

话头 hhodhou。①说法。"迭桩事体上头有啥～。"②话。"吭啥～,听老大咯。"

话脱 ①无意中失口。②有意断交。

话着 ①无意中获得。②去说了才成功。"迭次应聘,听侬老兄一句,事先烧了香,所以没兜只(周折),录取啦,真是拨侬～额。"

话一声 ①讲一下。②叮嘱。

话勿定 说不定。"侬讲迭桩婚事保证顺利,我看～。"

话勿刹 hhofhaksa。不一定。"口头浪答应,到辰光说变就变,～。"

话上去 话,读"喔"。①主动与其交往。"小叔晓得错了,就主动～人家会原谅额。"②讨好。"迭个女人自家～,伊个男人也勿搭理。"

话勿上 hhofhakshang。①不好交流。②不能吃一点亏,不让步。"面孔一日到夜板着,认死理,啥人也～。"

话白相 ①开玩笑。②随口一说,不要当真。同义词:话话白相、话开心、开玩笑。

话说话 hhosakhho。讲话。

话里有话 话中另有含义。

话脱伊 ①把话说出来。②批评。"等伊回家,我～一顿。"

话清爽 ①把话全部吐出来。②把事件说清楚。同义词:话话清爽。

大嘴 dhuzy。读"图纸"。①说大话。②做事不靠谱不负责。"侬只～,等侬回来下饺子水都烧干了。"

抢白 当面责备、讽刺或顶撞。"拨伊～一顿,犯勿着。"

抢嘴 qiangzy。抢白,抢着说。

争嘴 'zangzy。争论,争吵。

多嘴 'duzy。①人家在正常交流横插个人意见。②说了不该说的话。

多嘴多舌 'duzy'dushak。在别人交谈过程中随意插嘴,发表意见。

还嘴 whezy。顶嘴。

还嘴还舌 whezywheshak。因不同意而反驳顶嘴。

皮嘴皮能 顶嘴驳话,能说善辩,我行我素。同义词:皮嘴皮礼。

宕牙宕齿 dhangngadhangcy。不该插话,或不该说那话。

嘴硬 zyngang。话不软,分真硬和装硬两种,我们要的是真硬。"与奸商对阵,～不顶用,最后靠实力。"

嘴厉 能说会道,嘴不让人。"都说赵妮子～,哪个男人敢娶? 实际妮子是刀子嘴、豆腐心,蛮善良的一个姑娘。"

张 zhang。①争理,争论。"迭个人常总搭别人家～。"②说。"与我～没用,向侬顶头上司去讲。"同义词:争。

一张进 认死理,钻牛角,一意孤行。

开口 ①求助、解释之类。②口子。"那个规定据说准备～,解决迭个问题有了希望。"同义词:开口子。

难开口 ①没理由好说。②说话有困难。"伊很少与他交往,突然要他帮帮忙,～啊。"

嘴巴紧 zybojin。①不会泄露,不会张扬。②挖不到东西,听不到内部消息。

嘴巴牢 ①严守纪律和规定,保守秘密。用各种手段打听不到内部消息。②一贯如此。同义词:嘴巴严、挑勿开。

嘴巴硬 zybongang。①大言不惭。②不让人,不服输。

耳朵软 nidunyu。客易被说动、说服。"别看阿毛表态蛮好,经不住媳妇捣捣,难说变卦,阿毛从来～。"

吹风 ①造舆论。②不断反复说,使其改变主意。同义词:放空气。

咬耳朵 ngaonidu。凑近耳朵低声说话。

小说话 ①小声交谈。②开小差。"上课时勿准讲～。"

闲话里厢 话中之意。

勿起路 ①无用。"大人日讲夜讲,小人勿听,再讲也～。"②没有行动。"办法想仔交关,上当真,一个个缩拉后头,只讲勿做～。"

勿作数 所言不算数。

乌理蛮理 蛮不讲道理。《古今汉语字典》:"乌,何也。"

讲闲话 ganghhehho。①说话。②闲话,聊无关紧要的话。③说了不该说的惹是非的话。④议论或被议论。"迭桩事体是免勿了拨人家～。"

讲勿托碌 结巴,讲不利落。

讲勿上去 ①人家不理,说不上话。②反映不上去。

谈拢 通过交谈沟通,消除矛盾和隔阂,得以和解和好,开始或继续合作。

谈崩 dheben。没有谈拢,关系恶化。

嬲 niao。纠缠。①善意者戏缠,叫你不得不理。②恶意者死缠,让你受不了屈服。

绕轧 niaoghak。①话中纠结,勿解释清楚,会埋下矛盾。②办事不顺,碰到障碍。

搭讪 ①相互交谈。②理睬。"两人为一点点小矛盾好长辰光勿～了。"

搭腔 dakqiang。①接着话题说。②人际关系。"伊拉俩勿大热络,很少～。"

相骂 'xiangmo。与人对骂。

寻相骂 xhinxiangmo。找上门去理论、争吵,以至漫骂攻击。

寻吼势 寻衅、找茬。"迭群人过来,专门～,倘使闹大,立马报警,勿怕伊拉无法无天。"又写作寻吽势。《广韵》:"吼,牛鸣;吽,上同。"

吵相骂 cao'xiangmo。互相攻击漫骂。

骂爷娘 漫骂中把爷娘、老祖宗带上,攻击升级。

吵 cao。①声音嘈杂。②互相争吵。③无理取闹。"迭个百十元是伊三勿罢四勿休～得来咯。"

咒 zou。①骂的一种。希望对方遭挫遭难的话。②信某些宗教的人以为念咒语可以除灾或降灾。

咒影咒杀 用恶毒咒语骂人。

恶形恶状 过分恶心人,整人过头。"'北宅女妖'骂人～,怪勿得人家都称伊泼妇。"

响 'hou。呵斥、恶骂。"小三拨老头子～脱一顿老实了。"

嚱 xuik。鼓动,怂恿。"让人家自家拿主意,闲人勿要～。"

嚱人家 怂恿人家干。"侬勿去就是缩头乌龟。这是用激将法～去参加。"

被人嚱 被人家鼓动。"伊知错认错了就原谅伊吧,伊也是～而头脑发热做额傻事。"

惹气 招惹人生气。

钝 泄忿,反说。"自家做勿到,老讲人家没做好,我就～了一句:世上勿缺手电筒。"

钝乱 dhenloe。反其道而言。

叽哩哇啦 无序讲话,声音嘈杂。

五媳六汉 人多,热闹。"会议室里一日到夜～,灯光石亮。"

五幺六喝 酒水场中,喝五幺六,人多快活。同义词:五幺喝六。

嗯支 hhnzy。嘀咕,表示不满。"侬勿听见三嫂为上次亏待常总～。"

誏边咕 在边上或背后指责、怨恨别人。

誏声 'langsen。用冷言碎语嘲笑人家。"做事公正,心里无鬼,怕啥～。"《玉篇》卷第九言部,郎宕切:"誏,闲言也。"

誏里誏声 冷言碎语嘲笑数落人。

戳壁脚 私下里说话,或挑拨关系,或出点子整人。"迭个女人喜欢～,侬勿要上伊当。"

听勿进 ①不中听。"这个话说过头了,实在～。②没有听进去。"我额话～,独听狐朋狗友额,有侬苦头吃。"

听起来 从话语中分析理解出来的含义。"～没啥分歧,骨子里勿会赞成(赞同)。"

听出来 话中之义通过思考领悟。"伊额本意啥人没～?只有戆大才蒙拉鼓里。"

讲勿听 讲了听不进,等于白讲。"老头子讲过无数遍,侬就是～,懊佬来勿及。"

听额听 还是要好好听,好好想。"勿是跟侬过勿去,目的让侬少走弯路,所以啰嗦话今后还要～。"

支进去 听进耳朵里。"辩些闲话～了哦? 勿要当作耳边风吹过勿放拉心上。"

耳朵塞牢 nidusaklao。①拒绝倾听。②听不到。

耳朵俚起 niduqiakqi。竖起耳朵认真倾听或旁听。

耳朵尖 nidujhi。听力极好。"刚商咱额事体哪能拨伊晓得哉? 噢,伊勒拉隔壁听见,～咪。"

行功道 hhanggongdao。赌输赢。"奔七额人,动勿动与人家～,活像小囝。"

胡调 whudhiao。①不入调。②瞎胡闹。③调戏。同义词:十乱胡调。

胡淆 whuyhao。人来疯。"迭个小囡客人一多就～。"同义词:胡淆八淆。

打棚 朋友之间寻开心,玩白相。鲁迅先生在《"京派"和"海派"》一文中说:"我也可自白一句:我宁可向泼辣的妓女立正,却不愿和死样活气的文人～。"又写作打朋、打鬏、打棒。《嘉定县续志·方言》写作:打字,俗谓调弄人以自取乐也。字,俗读如鬏。

吹牛三 cyniuse。咖讪胡。天南海北,神妖鬼怪,从前故事,用不着当真。又写作吹牛山。

吹牛屄 cyniubi。吹牛。亦写作吹牛皮。

商酌 商量。"有桩事体要～,请坐下来先用茶。"

口老 koulao。①口气老咖,甚至老奸巨猾。②说话老道,滴水不漏。同义词:老口。

碍口 因为有前提不便说。

接口 ①接着说。"伊讲完辩桩事,我～讲另一桩事体。"②顺着前面的意思说。

勿回 ①问了不回答。②寄信不回,捎信过去没回应。

勿响 不回答。同义词:闷声不响。

勿吭一声 吭,ken。一点意见也不发表。"娘子怪我分家时～。"

勿声勿响 ①不发表意见,不表示态度。②不惊动,悄悄的。"小鬼做错啥事了,～回房里。"

回头 ①等一会儿再说。②报告有权人或机构来评理,讨公道,收拾你。

堪 'ke。动词,吵一场,断交。"迭种人勿讲道理,～脱算了。"

呱 ①老说。②厉声批评。"老娘好像特别看勿起老三,老三一回家,总被伊～。"同义词:刮。

撞腔 shangqiang/shang'qiang。用语言相对。"领导一次又一次点伊名,怪勿得人家～发火。"

有讲头 yhougangdhou。①有说不完的故事。②话多。"小姊妹淘碰到一块邪～,勿到深夜勿瞓觉。"

嘲人 用话讽刺人、挖苦人。"侬又要～哉,真吃勿消。"

拑 jhi。要挟,相互攻击。《广韵》平声盐韵巨淹切:"拑,胁持也。"又作"钳"。

拑人 jhinin。用话咬人欺人。

哆议 doni。不停地反复说一件事。同义词:哆议哆议。议又作"研"。

噢是 ①答应一声。②是的,知道。"外婆送小外甥一定要伊回一声～才让上车。"

噢声能 ①答应一句。②爽气回应。

粒粒落落 ①说话不连贯,很碎。②物品散落。

讲勿出口 ①羞于讲出来。"伊拉两个人额事体,我现世(羞愧)来～。"②不善表达。

讲出来现世 说出来羞人。

讲得人家面红 或夸奖,或批评,或揭隐私,把人家说得脸色变红。

劝 que。用语言开导。

求告 求饶。同义词:哀麻求告。

告人家 背后告状。

叫应 jiaoyin。打招呼。"我每次碰到城里远房姐姐总是～的,相互关系一直邪好。"

叫饶 jiaoniao。求饶。"格只'浮尸'实在太坏,迭趟非要伊～不可。"同义词:讨饶。

叫觉 jiaogao。早晨叫醒。

叫勿醒 ①睡得太死。"喊仔几趟～,只好推醒侬。"②一命呜乎。

叫勿应 jiaofhakyin。①太远听不见。"一个田东,一个田西,相隔半里路,～。"②叫了不应答。

勿叫应 fhakjiaoyin。关系不和,见面不打招呼,或叫了不理睬。"伊拉俩堪脱半年多哉,一直～。"

开心煞 'kexinsak。非常开心。同义词:邪开心。

乌心 心里满意,感到快乐。"小东西回来对娘讲,昨日拉店里要啥买啥,游乐时爱做啥就做啥,邪开心,邪～。"同义词:窝心。

邪乌心 十分满意、开心。

死相信 认死理,坚信不动摇。"阿爸～,大大讲了还勿听。"

想勿开 ①纠结。"处理有失公正轮到谁都～。"②钻牛角尖,走绝路。"听说高姑娘被男友白相了两年一脚蹬,一时～跳了黄浦江,真的吗?"同义词:想勿通。

心相里 心目中。

呒心思碌 闲着没事。"落雨勿出工,～炒了一盆寒豆,嘎嘣嘎嘣吃仔半日。"

千思百量 反复思考。同义词:思前想后、前思后量。

心火 火气。"大家看到这种情景,～直冒。"

心心念念 一直挂在心上。"再说俞伯牙点鼓开船,一路江山之胜,无心观览,～,只想着知音之人。"(《警世通言》第一卷)

心野 ①不安分。②不同常人的追求。"～有啥勿好? 小富即安勿是我额梦。"

心高 ①志大。②瞧人不起。同义词:眼高。

心焦吧拉 xinjiaogakla。同"心焦"。"看看庄稼枯杀,伊～。"

心焦火辣 焦虑,焦急。同义词:毛焦火辣。

懊毛 'aokmao。被无名由头导致懊恼。

懊佬 'aoklao。后悔。"上趟东北出差到了哈尔滨,没去太阳岛游览,想想～。"

舍得 sodak。愿意。"迭些蛮贵额物(读末)事～拨人家?"

舍勿得 sofhakdak。舍不得。同义词:勿舍得、勿肯。

火闸闸 生气,心中火星四溅。

气闷 'qimen。①苦闷,闷闷不乐。②感觉透不过气,胸闷。

急煞 急得如热锅上的蚂蚁。"急病碰着慢郎中,～呒用。"

勃勿转 bikfhakzoe。①念头转不过来。②别人帮助也转变不了。"伊自家～,啥人有本事帮伊勃转来。"同义词:别勿转。

当 dang。①以为。"我～侬来额,勒拉车站等仔半个多钟头。"②当作。"马兰头～菜邪好吃。"

当仔 dangzhy。以为。"着来咖漂亮,～侬与男朋友约会哩。"

吓 hak。①怕,害怕。"我从小看见蛇就～。"②恐吓,恫吓。"小人喜欢玩水,一定要～伊,勿要自说自话浜墙头去。"③惊动,故意使人吃惊。"三丫头蹑手蹑脚到老二背后突然尖叫,～得老二手里碗落脱打碎。"

吓势势 有点儿害怕。

吓乱势 恐吓,威胁。"一群小混混提棒追赶田里拾豆女孩,纯属～。"

怕生 posang。怕陌生人。

怕意思 害羞。"伲倪子邪～,姑娘与他说话常总脸红。"

怕坍宠 potecong。害臊。

呒场势 失礼而不好收场。"酒场上桌头数远超计划数,格能～从没见过。"

落场势 下台。

坍宠 tecong。出丑,出洋相,丢脸。"伊在人家田里斩芦粟,拨人家当场捉着,面孔血血红,实在～。"

费神思 fishensy。①操心。"人大哉介勿懂事,要俪爷娘～"。②花工夫。"迭眼棉花邪醒醒,要拣干净蛮～。"

拆神思 cakshensy。费神耗精力。同义词:伤神思。

瞒 moe。①隐惹。②保守秘密。

瞒囥 moekang。隐藏。

瞒精八怪 千方百计隐瞒。

熬勿得 嫉妒。"丫丫迭样头一,舴样头挑,奖状奖金最多,怪勿得一道额姑娘～。"

看样 效仿,看齐。多含贬义。"侬迭个样子,外头好看里厢空,别人会～额。"

看鸟样 效仿,看齐。多含贬义。

怪 gua。①斥责。"舴点生活做勿好,大人回来要～我额。"②埋怨。③奇妙。"事体勿大,但舴样处理～哦?"④神鬼。

怪尽怪煞 责怪不断。"明明小囡自家跌倒,硬怨我勿看好,一直～。"

怪影怪脑 太客气。"不就舴些东西,～,推来推去,就是勿收。"

毛估估 粗粗估计。同义词:毛略略、粗略合计。

料想 liaoxiang。意料之中。

硬气 ngangqi。①刚强,有骨气。"老二从来～来兮额,宁愿吃亏也勿占人家便宜。"②有正当理由,于心无愧。

吃硬 qikngang。①力大无比,再重担子也不弯腰。形容压力再大也不屈服。②对应吃软,经不住道歉认错,心就软了。"老爷在孙辈面前～不吃软,小的一认错,看见眼泪水,伊就原谅哉。"

吃价 qikga。了不起,看似平凡,实际非同常人。

有头脑 ①凡事考虑全面、缜密。②做事专心,有始有终。"别看人家不过10多岁,待人处事好～额。"

有头有脑 善始善终。

歇歇变 xiexiebi。多变且随意,随心所欲。"勿要相信伊个闲话,伊做事体常总～额。"

心头活 'xindhouwhak。主意多变,缺乏恒心和毅力。

心眼多 ①点子多,聪明能干。褒义。②不和盘托出,故意不说,留一手,留退路。贬义。

看准作 决断前全面了解。

想准作 慎重考虑后再决断。

学生意 hhoksangyi。学,读"镬"。拜师学手艺。

作派 做事做人的气派、风格。

作作交 规规矩矩,认认真真。

洋歪歪 做事离谱,不计后果。歪,hua,读"哗"。

正作 zenzok。正直、正规作派。

路道 ①路子。②门道,交际通道。"小鬼头～粗唻,人家辩张合格证再三再四弄勿出,伊半天就弄来了。"

好好叫 haohaojiao。①名词。规矩,认真。"做啥事体都要～"②形容词。"伊毛笔字～比侬个斩哩。"③副词。"把房门关好,～复习。"

学好 hhok hao。学,读"镬"。①向好的学习。"朋友道里要～,勿好流里流气学坏。"②完成学业。

肯钻 舍得花时间、精力去钻研。"只要～,啥事都能做好做出成绩来。"

把细 细心、细致、细腻。"母亲叮嘱倪子出门在外,样样事体～点啰。"

老尼 laoni。①懂事。"辩个小囡～,从来勿哭闹。"②高看自己。"人勿好死～,明明吃勿落个生活,偏要抢拉手里,结果呒没做好吃搁头。"

老嘎 laoga。①显摆自己,别人不行只有他行。②嘴上有功夫,手上呒本事。同义词:老嘎式气、老茄。

老鬼 laoju。鬼,读"居"。①久经历练的人。②老练。"小青年勿～,被人一拍台子统统倒了出来。"

老乱 laoloe。①过分神气,与老嘎同。②吹牛。"辩个人太～,牛皮哄哄,实际啥事件也办勿成。"同义词:乱老。

老门槛 喻处理能力和水平,技高于人。"阿大撑船是～,风大也不用怕。"

门槛精 ①会算计。贬义。"那个人～,跟伊做生意不亏才怪。"②有办法,有本事。褒义。"到海里捕捞,德明跟踪鱼群～,人家全(读"才")拜伊师傅。"

落坎 lokke。恰到好处。多指事物处理圆满,也可形容话说得很得体。"迭桩事体做来～,外头人侪称赞。""辩句闲话～,当事人无不点头。"同义词:落槛。

识相 察言观色。"一桌浪吃饭,一定要～些,勿要自顾自,专拣好菜朝自家碗里挟。"

邪斋 ①懂事懂礼,乖巧。"迭个小囡看见客人来,连忙搬凳子叫坐,真～。"②心灵手巧,什么都会做。"新娘子经纱织布结绒线样样出色,村里人侪(读"才")讲～额。"

亨 hang。处世观念和态度,给人大亨、了不得的感觉。"侬～欧,啥人都让侬三分。"

横 'wang。①做事大胆。②蛮横。"那个小鬼做事～来些,搞勿好要出大事体。"

狠 hen。①绝。②横。"此事一不做二不休,就得下决心,～(大胆)做,做～(绝)。"

断命囡 长辈责骂不争气孩子的话。

乖囡 长辈称呼小辈,含夸赞之意。

充得和 ①各方面不差,在众人面前不落后。②为人随和,能与大家共事和生活。

大好佬 ①名副其实的老大。②自称老大。阅历、德才平平,却硬要充当老大。

挑头 'tiaodho/qiaodhodhou。领头、出头。

头挑 dhoutiao。第一名。

头一 dhouyik。①第一名。②最要紧。"几个人合伙做生意,人家讲团结～,我讲守法～。"

头名 dhoumin。第一名。同义词:头一名,第一名。

肚皮头 喻气度和度量。"～深,说明会算计,看得远,看得深。"

精 'jin。①精明。"做人,戆大勿做,但小里小气忒～也勿要。"②技术过硬。"修理变压器依门槛勿要忒～。"

精刮 'jinguak。精明,爱讨便宜。

精怪 'jingua。精明透顶的人。

疙瘩 不大好交往者。"少与小眼睛来去(读'起'),小眼睛邪～,勿好弄额。"

会做人 ①为人处事恰当。②善于团结不同意见的人。③精于讨好讨巧,不做得罪人和无利可图之事的人。这种人被人瞧不起,含贬义。

举止行为

旦 de。拿、带。"交通图在盒子里～一～。""侬勿要忘记～(带)好身份证。"同义词:担。

拏 nhuo。用手拿。"皮皂放拉灶角浪,侬寻寻看～仔(肥皂放在灶角上,你找一下拿了)。"

捷 jhi。举起。"天天掼手榴弹臂膊酸来～勿起。"《广韵》:"捷,举也。"

擎 jhin。①掌往上推。"箱子重来,想摆高架子浪～勿起。"(箱子重想置高架上举不起来。)②举。"把小红旗～高点。"

佗 dhu。动词:背,趴在背上。"迭个小囡～背最开心。"同义词:驮、揹、背。

揹 bhe。放背上。"叫伊一上午～30麻袋饲料到山上,生活吃重。"

捐 肩上扛。"脚踏车坏脱,只好～拉肩胛浪进城修。"

缲 qiao。卷。读"翘"。"旦裤脚管～起来。"

帩 qiao。扎,系。读"翘"。"用绳子打十字绞把棉花包～～紧。"

搓 'cu。①磨擦。"介冷格天气两手～～会暖和些。"②洗。～衣裳。③挑逗、戏弄。此时读'co,同"错"。"侬想～～迭个妹仔吪没介容易。"

捩 lik。读"裂"。①绞、拧。"揩面手巾～～干。"②折。"蟛眼钩拨我～断脱了。"

擘 pake。①掰开,分开。②自行分开。"蚌在水里蚌壳～开了。"③又开。两脚～开。《广韵》:"擘,分擘。"

斫 zok。①用刀斩、切。"～半斤猪肉。"②割,砍。"～麦。"

坑 ken。坑,读"肯"。用工具挖。

掌 cang。①支撑。"柴堆有点斜(歪),用木棒～一～。"②张开。"把袋～开,我要倒米了。"③胀。"吃了介多肚皮好～。"又作撑。

揌 song。读"耸"。用拳击打,"伊辣猛生头(突然)～了我一拳。"

耸 song。用工具捅、搅。"春场浪黑鱼引仔幼仔迷拉沟梢下网一拦,用竹竿一～就投网。"

捎 'xiao。用工具捅、戳。"侬看见过～黄狼吗?"又写作"肖"。

挢 jhiao。①动词,挑、拨。"用竹竿把小篮～下来。"②形容词,不平。"迭摊地搁板～了。"《集韵》上声笑韵渠庙切:"挢,举也。"

挽 读"弯"。①抢。～救。②缠。手臂～手臂。③摘。"到河边～了好几扎芦箬。"

嗍 zok。吸。"乡下人邪会吃螺蛳,放嘴巴里舌头一～,螺蛳肉就出来啰。"

过 gu。读"谷"。①漱口。"刷好牙用水～一～。"②在水里过一下。

鼓 凸起,胀大。两腮～起来。

缩 读"索"。与涨对应。"人过40,个头只～勿长。"

撤 cak。抽去。"阿妈怕倪子鲠(读"gang",骨刺喉咙),擎鱼骨头一一～干沥(干净)。"

挺 ①笔直。"门卫姿势好,立勒笔～。"②推进。向原始森林～进。③推荐、推崇。"亏得姑娘们力～,帅哥名次前移。"

呷 hak。喝。呷茶,呷老酒。

泄 mi。品味,小口少量喝。"好酒天天～,山歌天天哼。"

打恶 dangok。①反胃。"吃不洁食物引起～。"②妊娠反应。"有些女人怀孕后反应蛮大,常总～。"

打辩愣 ①说话不流畅。②故意吞吞吐吐。"伊平常中间讲话像流水,今朝咋几趟～?"

打嗝哆 danggakdue。因吃了冷风噎气回逆发出声音。同义词:捉嗝哆、捉鸽端。

脗 min。①合拢。"侬～了嘴巴勿要响,让人家听听。"②合缝。《广韵》:"脗,胳合。”

弯拉 弯着。“老远望见有人过来,原来是侬,背脊骨～咋?球紧仔。”

曲拉 扭曲弯着。

佝 ghou。弯曲、佝偻状。

伛 'ou。头低着,背弯曲着。《广韵》:“伛,不伸也……荀卿子曰,周公伛背。”

候 hhou。①等。“迭只羊要落哉(生小羊),我～拉。”②迎。“侬爷到车站～侬去了,侬倒回来哉。”③盼。“侬讲年夜里过来一趟,我就～侬拉。”

睏一寣 kunyihuak。寣,读“惚”。睡一会儿。“勿要哗啦哗啦哉,让上夜班额大姐好好～。”

睏梦头里 睡梦中。

朝天睏 仰面睡。

合扑睏 胸贴床铺睡觉。同义词:扑盖睏。

瞇一歇 睡一会儿。同义词:打个盹。

觉转来 gaozoele。醒过来。

佮 ge。读“改”,依倚。

搿 kak。①卡住。“～牢喉咙口就叫勿出来。”②压。“百把斤石头～拉我腿浪哪能吃得消。”③刁难,排挤。“伊拉想拏迭个事故～我,达到话勿出口额目的。”

搿 ghak。①两手合抱。纸箱勿重我～拉好勒。②拥抱。“好久没见,碰头就～紧。”③腋下夹住。看见伊上街～着一把伞。④这。

摆 ba。①放置。把书～拉台子上。②摇动。摇～。③炫耀。～阔。

摝 'o。①用手抓东西。小囡～了一手粉。②手伸直去抓。“介高物事,小东西哪能～得着?③挽。“潮水邪大邪急,那个网是～勿转来。”

挜 'o。读“拗”。①善意强予。“我勿喜欢梗珠珠米(玉米),孃孃横～竖～拨仔一花袋。”②强要。“搿趟出差名额,我向领导～得来个,勿要醋脱(失去)。”

捉 ni。读“尼”。搓,来回擦。“老师规定:写错的字用橡皮～脱,重写。”《集韵》:“捉,研也。”

煺 toe。读“推”。宰杀家禽畜后,用开水去毛。“老朱是一位推猪高手,三下五除二,勿消半个时辰能把介大猪额毛～干净。”

缚 bhok。捆,束。“旦根粗一眼绳子来拏开裂的车把～～牢。”

收捉 souzok。①整理。“客人下半日到,侬上半日一定要把家里里里外外～好。”②整治。“长远勿～侬了,就吭头脑啦?”

趏 shak。读浦东话“石”。①乱窜,乱跑。“老虫(鼠)多来常见拉屋里～来～去。”②跺脚,形容着急。“伊急得～脚扳手”。

兆 shao。兆,读浦东话的“潮”。①托一下。②扶一把。“小青年升迁靠侬～一把。”

坌　bhen。读"笨"。用田刀等农具翻土。"～地。"

畚　ben。用簸箕装。"一场地黄豆用簸箕～到天黑也来不及。"

夯　hang。①名词,农具。②动词,用夯砸实。"筑堰桩必须～实。"③动词,像拿夯一样用力。"辩眼东西我实在～勿动了。"

捎地光　xiaodhiguang。耍赖之举,一般是小孩赖在地上打滚,要求大人满足其要求。

拨跤　bakgao。摔跤。多为小男孩比力气的游戏。

拨跤相打　由摔跤游戏发展到动手打人。

扚　dik。①敲。～背。②两指头捏住一小块皮肤往外拉。"～痧,～得我好疼。"

搔　'zao。挠。"背脊浪丁来脱吾～～(背上痒来帮我挠挠)。"

抄尿布　给婴儿系尿布。

端尿　手托小孩让其小便。也叫把尿。

端污　手托小孩让其大便。也叫把屎。

囥　kang。读"炕"。藏。"1万元钞票～拉里床角被头下头。"《集韵》:"囥,藏也。"

雅拉　yakla。躲藏。"弟弟～杂用间额门背后头。"

被拉　bhela。被,读"倍"。躲藏。"妹妹～灶院头。"同义词:藏拉。被也写作"迸"。

认生　怕生。

认陌生　怕生人。

惹　sha。①主动干扰、生事。②别人看着触气、生气。

惹厌　shayi。讨人生气。同义词:讨厌。

惹毛　shamao。因事发脾气。"伊个人～了,啥事都做得出。"

惹人笑　shaninxiao。①出洋相,被人嘲笑。②逗人笑。

相帮　①帮助。"伊一个人旦勿动,我～旦脱一眼。"②互相帮助。"张家有事,姊妹兄弟侪来～。"

板面孔　①绷着脸。领导总是～训人,拉单位里哜没劲。②翻脸。"辩个人勿好搭杠(交往),稍勿称心就～。"

扯耳朵　拉耳朵。①表示喜欢。"那个老爷爷看见我,总是拉我过去抱一抱,还要～。"②体罚小孩的一种。"看侬小耳朵红红的,是不是拨老爸～啦?"

碰拢来　panglongle。碰,读"乓"。①实物合到一起。②账目合计核对。

盖臀　gedhen。①擦屁股,把屁眼及周边污物、残屎擦净。②比喻收场。"闹出介大洋相,又得我去～。"

盖牢　geilao。依靠,靠住。"伊爷叔棚脚粗,总是～仔勿放。"

跟牢 genlao。跟紧,步步紧跟。

钳牢 jhilao。钳,读"骑"。咬住,盯住。"伊不服气,做啥都～我。"

煞牢 saklao。管住,压阵。

得牢住 daklaoshy。粘住,黏牢。

吃牢住 qiklaoshy。盯住,不让对方随心所欲,无所顾忌。

佮 gak。①合伙,合作。"几家～拢来买只机帆船出洋捉鱼。"②纠合一道。"吃仔夜饭～勒一道打篮球。"

搭桥 帮助牵联。"斛桩事体靠老大牵线～。"

搭道 dakdao。①一起。"到闸港俚俩～去。"②佮道,纠合一起。

搭界 dakga。①事有关联,牵连。"迭桩事体脱侬勿～。"②毗连处,交界处。"迭座山三省～,啥人晓得伊钻到哪里去了。"

搭死掼 dakxighue。工作懒散拖沓,也指工作不负责任。"伊工作老是～。"

搭七搭八 随便跟人拉扯。"伊就喜欢跟人家～。"

七搭八搭 随便跟人拉扯。"侬勿要到外头去～瞎讲。"

七缠八缠 反复纠缠。"伊常为迭种小事来我办公室～,真讨厌!"

七嘴八搭 胡言乱语。"侬勒拉～点啥?"

七翘八裂 qikqiaobaklik。①形容道路高低不平。"迭段路～,邪气难走。"②形容不团结,互相闹矛盾。"村里～,生产哪能搞得好?"③形容人惹是非,难相处。"迭个人～,吭没人相信伊。"

拉炸 laza。①不讲理。②没礼貌。"迭个囡从来听话勿～。"同义词:拉理拉炸。

讨惹厌 taosayi。令人厌烦、厌恶。同义词:惹讨厌。

绕 niao。读"鸟"。①纠缠。②缠起来。③兜过去。

绕轧 niaoghak。中间受阻,问题不大。

绕脚 niaojiak。①有点小麻烦。②不大顺利。

绕山头 niaosedhou。纠缠,不罢休。

绕勿清 niaofhakqin。①被纠缠而搞不清楚。②弄不清楚。

绕七绕八 niaoqikniaobak。①多绕。②瞎绕。"迭桩事体我勿要侬～。"

有绕头 youniaodhou。无休止纠缠下去。"迭桩事体双方大～。"

搅山门 gaosanmen。①瞎搞。"伊拉几个瞎胡来～,勿要睬。"②插一手或插一脚。

烂污调 lanwhudiao。不正经,不作数。又称乱胡调,十乱胡调。

出怂 走,走开。"赶伊早点～,勿要拉我眼门前头晃来晃去。"

咒人 背后骂人,祈望对方遇难遭罪,没有好结果。

碰着赤佬 bhangshakcaklao。碰,读沪语"彭"。遇到坏人。赤佬又写作出佬。

碰顶 pangdin。碰,读"乓"。①到顶。"辬只桶塞上去就～。"②最多,大不了。"此地到海边～10里地。"

欺白 qibha。欺负。"我大拉哉,再也勿许侬～哉。"

捉梢 zokshao。①掌舵。"我头次～,船头撞浜墙,坐拉棉花包浪个人滚到河里了。"②背后指挥。

翻梢 fanshao。反败为胜,恢复。

扳皱丝 beqiaksy。找茬,那怕小差错、小失误。"侬想想准作,勿要象牙筷浪～。"

扳差头 'be cadhou 找茬儿,挑刺儿。"嫂子拔长面孔赶过来,勿就是专门寻吼势～,想整小妹哦?"同义词:扳错头。

捉扳头 zokbedhou。找毛病,揪辫子。

铲名气 ceminqi。把好名誉毁掉了。"哪能光天化日顺手牵羊把店里金项链偷了,传出去～。"

坏名声 wamin'sen。名誉毁损。

坍台 出丑,丢脸。"我好像叫花子,实在～煞。"

坍宠 失面子,难为情。同义词:坍惫。

坍冲 'tecong。难为情;丢脸。"吃人家白食是交关～额。"

现世 羞。

现世保 不怕羞耻的人,实际是应该自愧。

现世拉保 不怕羞耻的人,一般指小孩、小青年。

勿要面孔 不要脸。

跑勿出 羞于出门,羞于见人。

名声坏脱 名誉被毁。

关系僵脱 正常或较好关系被破坏。

隚脱 ghetak。断绝关系。"侬邪度量(大度),左邻右舍会～哦?"

断脱 断绝关系,不再交往。

断命 ①从根本上伤害的自责。"～团闯额祸还有啥话好讲?"②极反感的事物。"～生活(活儿)绝对勿接。"

蹩脚 ①差。"勿要信伊拉吹牛,迭样东西～咪些。"②没本事。"人家侪有本事,吭没一个像侬～。"

叉脚 失败,完蛋。

出场 cakshang。①出面干涉某事。"如果伊再来惹侬,我来替你～。"②也指参加表演或竞赛时在台上露面。"一只节目刚完,就轮到伊～哉。"③被逐出场地(平台)。

出头 ①出面替人说话。"勿替我伲工人～,当啥工会主席?"②解脱。"穷人总算有了～日脚。"③突出部分。"～橡子先烂。"

出性 本性或习惯。"迭个人～慢,侬再催伊也快勿出格。"

出亮 公开。

出洋相 cakyhangxiang。闹笑话,出丑。"侬迭能做,勿是要我～吗?"

发疯 疯子行为。

发酒疯 酒后失态。

发神经 不能自控。

老虎脾气 脾气大如虎怒。

歪弄 乱来。

烂弄 不计后果去做。

瞎胡搞 又写作瞎乌搞、乱来。

霍势 huosy。声势,气势。"迭个队长一上台,讲闲话～大唻!"

竞价买卖 jingamama。极力张扬。

擎林共龙 起哄造声势。

兴灵轰隆 积极参与。

胡张拉张 不讲道理,不计后果做事。

乩家掼生 乩,读"笃",dok。扔摔家具。

相赢 占便宜。

犯条款 fhedhiaokoe。触犯规定守则。

犯勿着 fhefhakshak。没必要,不应该。

触霉头 cokme dhou。倒霉。

勿识头 vaksakdhou。被人当作泄忿对象。"一勿小心,拨人当作～收提。"

吃伤 伤元气。

吃药 中圈套。"侬介绍来额生意,亏本勿寻侬寻啥人? 伊只好吃进,吸取辩次～教训吧。"

吃牢 ①认定某人干某事(多指坏事)。"介大事体,侬勿调查,就～仔要我承认?"②钉住,缠住。"伊～仔我,要我讲故事。"

吃价 qikga。①有气派;坚强。"还没有口供,真～!"②行,能干。"迭个人做事体蛮～。"③形容一个人的地位高。"迭个人蛮～。"

吃进 ①买进货。"迭票货色先～再讲。"②接受而无异议。"侬迭两句闲话我只好～。"

吃慌 形容着慌。"杨老板一看苗头勿对,心里～哉。"

吃酸 qiksoe。比喻感到为难或讨厌。"迭桩事体办起来倒蛮～。"

吃瘪 qikbik。被人用武力或其他手段压服。"算算平常辰光我也蛮狠,今朝哪晓得拨伊弄来～。"

吃赔账 qikbhezang。承担本钱,资金亏损叫吃赔账。"洋老板眼看要~,急勒团团转。"

吃牌头 挨批评;受责备。"迭桩事体拨上面晓得了是要~额。"又写作吃排头。

吃生活 挨揍。"迭个人邪气勿识相,总有一天我要拨伊~。"

吃家生 挨打。"侬再勿乖,拨侬~。"

吃耳光 打在耳朵附近的部位叫打耳光,挨打耳光叫吃耳光:"侬阿要~?"

吃搁头 qikghokdhou。受闷棍,吃批评,受挫折。"伊上来只有一个礼拜,就~哉。"

吃夹裆 qikgakdang。隔在中间两头受到指责。"我是吃力勿讨好,两头~。"同义词:吃三夹板。

吃轧头 受指责;受气。"侬是存心拨伊~。"

吃戤饭 qikgefhe。旧时生活勿着,去投靠亲友,白吃人家饭,谓吃戤饭。"戤"也作"隑",读该。

吃豆腐 ①调戏妇女。"伊看见女人好看一眼就要想'~'。"②寻开心,拿人开玩笑。"侬勿要拿我'~'。"③旧俗办丧事,丧家饭菜中一定有豆腐,所以去丧家吃饭叫~饭。

折脱 shaktak。损失。同义词:蚀本。

脱空 takkong。①脱手,两手空空。②落空。③凭空。

端空 'doekong。两头脱空。

落空 lokkong。①失望,一无所得。②有时间,闲工夫,有空。

落脱 loktak。掉。

作倒 zokdao。弄坏,搅乱。"缚拉个绳子断脱,拨羊跑到菜田里~。"

闯穷祸 惹祸。

呒收场 没有办法结束、下台。

一包气 挨克受气。

懊唠 'aolao 懊恼,后悔。《集韵》:"懊唠,悔也。"

作死 zokxi。死,读"西"。自作自受。

度死 dhuxi。死,读"西"。消极。同义词:度死日。

变死 bixi。死,读"西"。做出意外的坏事。

服帖 ①佩服,真心认可。②唯命是从,绝无二心。

收心 回心转意。

休落 甘心不作为。

勤俭奋斗

闟燥 shak'sao。动作利索,说干就干。"领导交待个任务一定要~做,千万勿能拖踏。"

斜做 xhiazu。努力做,拼命做。

邪邪斋 xhiaxhiaza。特别能干,特别会办事。

吃勿落,睏勿起 发愁的程度、处境。"伊碰着事体,总是～。"

手勿停,脚勿停 形容忙碌,抓得很紧。同义词:手勤脚勤、手脚勿停。

心相 'xinxiang。做事有心思、有耐心。"我也说不清前头怎么会有迭能好个～,迭能好个神思。"(《〈金瓶梅〉中的上海方言研究・后记》)

有心有相 聚精会神,孜孜不倦。"侬晓得毛毛拉房间里做啥? 一个人～堆积木。"

生活 'sangwhak。①活儿,工作。②行当。"拉城里做啥～? 开车还是坐办公室?"③挨打。"今朝疯玩旦酱鬏敲碎,侪爷回来鸽顿～罢勿脱。"

做生活 zusangwhak。干活。

忙头 mangdhou。正在繁忙时刻。"夏收夏种～,天热人乏,病恹恹的侬还是蹲拉城里图拉领小团好。"同义词:忙头性。

忙头性里 mangdhouxinli。农忙时节(阶段)。

忙做忙 ①非常忙。②再忙。"～,姐弟俩不忘到床头与碌勿起个老爷讲两句,问问(读'门')要啥哦?"

忙田里 忙农活。

忙档 mangdang。农活、工作忙的阶段。"'大跃进'辰光,～里勿要说烧几只菜调调胃口,中饭夜饭有得酱瓜、落苏(茄子)蛮好嘞。"

闲档 hhedang。季节性的工作有时忙,有时相对清闲。清闲阶段即为闲档。"伲老爷子～里搓绳、修家生(农具),一直邪忙邪忙,人家侪讲伊是个勤快人。"

忙灶园头 忙家务。灶指煮饭的土灶,须用柴禾作燃料,人在灶园头拉风箱添柴禾,不能走开。忙于准备吃的,也比喻在屋里忙活。

忙得五昏六数 忙得团团转,有点不由自主。也写作"五荤六素"。

夹忙凑道里 很忙中又加出事体增加活儿。"小团拆仔一裤裆烂污,哇啦哇啦哭,真是～,添乱。"

懒扑 lepo。懒惰成习。"养仔小囡到倷,～惯啦,做生活吓个。"(生小孩以来,懒散惯了,害怕干活。)

撒度 sadhu。累,疲乏。"连着两日拉滩场浪斫秧草,～唻,回家脚勿汏爬勒床浪睏着啰。"

勿怕撒度 fhakposadhu。不怕累和苦。

头鸡啼 第一回雄鸡打鸣在三更。

开河泥 河泥经冰冻晒干后容易敲碎。山歌有记载:"二月里搿(锄)寒豆垒花地,三月里割大麦～。"

开夜车　车床活儿白天未完成晚上接着干。后指开夜工。学生复习迎考到深夜也叫～。

做煞　做得很苦。

做煞快　劳累至极，快要顶不住了。

累前三尺　loexhisecak。提前考虑和准备。"做桩大事体一定要～。"

日白夜里　白天晚上。

汗潝潝滴　汗水淋漓。"看到小爷叔冲到屋里～，灌了两品碗天落水，老太太心疼连连喷嘴，塞条毛巾揩揩汗，叫伊歇一歇。"同义词：汗潝滴答。

汗斩斩　hhoe'ze'ze。汗水往外支。"人虚来，来回里把路，身上就～。"

汗津津　hhoejinjin。微微出汗的样子。

汗支支　汗水往外冒。也写作汗滋滋。

汗丝丝　hhoesysy。微微已出或想出汗的样子。

透底盈　toudiyin。衣服湿透。"迭段路近，雨勿算大，到屋里已淋来～。"

一身水　yiksensy。浑身水淋淋。

极　jhik。①极致，顶级。②不大可能。"伊想半个号头收场，我看～额。"③勉强。"三只脚桶装仔一担米，～些些，眼眼交。"

出生活　做事效率高。"日头落山后凉爽许多，大家一口气做到天黑全部完成，真～。"

发早　fakzao。早晨早起。

早起里　zaoqili。早晨。亦称"卯时里"。"半夜想起迭桩事体，怕侬来勿及，所以～划口粥就过来拨信侬。"

早晨头　zaoshendhou。早晨。同义词：早五头。五，读 hhng。

日晒夜露　白天晒太阳晚上受露水。

劈风劈雨　风大雨大。"外甥打老远～送得来，吃拉嘴里，甜拉心头。"

省　sang。读浦东话的"甥"。俭字当头，能节约则节约。

省省　sangsang。别花费了。

肉麻　niokmo 又写作擘麻。①舍不得。"迭样伊样侪勿买，阿是～钞票（这样那样全不买，是不是舍不得钱）？"②可惜。"养了半年的两只生蛋鸡拨黄狼（黄鼠狼）拖脱，好～。"③吹棒。"担伊讲来比天浪仙女还要趣，听听～煞。"④不雅之举。"迭个姑娘坐拉小伙子腿浪，扭来扭去，骨头轻来，看看～。"

做人家　zuninga。①精打细算，不随意浪费。②小家子气。"过分～等于小气。"

长人家　zhangninga。长，读生长的长。为家里增添财富。"东家勿是死种田，家里养仔交关众牲（牲畜），女额牵纱织布，男额闲档就出去做小工，人家侪讲伊拉邪会～。"

揪紧 jhiujin。紧握在手里不能轻易放掉。

裘紧 jhiujin。裘,读"球"。因量少而十分不舍,倍加珍惜。

算额算 算算再决断,不可贸然。

蓝蓝能 lelenen。吃得不要撑,七成饱的意思。"夜饭吃勒～好,吃得肚膨气涨勿好。"

放充货 东西送给众人,充公,共享。"迭个几堆西瓜挑剩下来,再也卖勿脱,就当～处理。"

素气 ①穿著颜色不鲜艳。"迭个姑娘爱素气,所买料作(布)侪是淡额。"②不打扮或淡妆。

勿花 fhakho。①样式简朴、颜色不鲜艳。②为人老实,不花言巧语。

勿挑 fhak'tiao。不挑三挑四、挑肥拣瘦。

勿异支 不嫌弃。"阿哥着下来衣裳,有额已有补丁,弟弟从来～,有得着就开心。爷娘侪夸伊懂事体。"

扎鞋底 zakhhadi。用粗线穿布扎成鞋底。同义词:纳鞋底。

鞋底线 女红中比较粗和牢的棉线或丝麻,后也有用尼龙线的。

缝补浆洗 缝、补、泡、洗。

补丁搭补丁 形容补洞一个接一个。

筷头稀 'kuedhouxi。吃菜很少挟菜。

筷头粗 'kuedhoucu。挟菜多。"咋挟一眼眼?～点,勿然吃勿完哉。"

筷头虻 'kuedhoumang。虻,读忙,指不停地吃菜。同义词:筷头猛。

好亨 haohen。能凑合。"背心烂得洞眼像网眼还着拉身浪,男人～,让屋里人坍冲。"(汗背心碎得一个个洞,如同网眼还穿着,丈夫好凑合,却给家里妻子出丑)。

污脱 浪费。"大半镬子白米饭因为看见几粒老鼠污勿敢吃,～了。"

生心 sangxin。①留心。"我跑脱一歇,侬～一下小囡。"②留意,放心上。"侄子快要复员回来哉,伊以后工作侬～拉。"

熬拉 ngaola。不吭声,忍住。"好几顿饭没吃,啥人吃得消?伊就是～一直做到南。"他就是不吭声一直做到现在。

熬苦 ngaoku。再苦不吱声。"出门要～,娇气拨人看勿起。"

吃嘎 qikga。①厉害。"伊力大无比,水泥板塌下来被伊顶牢住,真～。"②能干。也写作吃价。

吃得住 qikdakshy。能行,扛得了。

吃勿落 qik fhakluo。①胃口不好,吃不下饭菜,表示身体不适。"格腔勿晓得啥原因,一眼～。"②拿不下来,承担不起。"迭幢大楼叫泥水木匠临时拼凑的施工队,是～格。"

吃得落　qikdakluo。①吃得下饭菜,表示身体好。②能胜任。

苦恼　kunnao。很艰苦,难以生存。"老早仔跟娘到太太屋里白相,茅草屋里只有一只长凳,一只用树条钉个台子,台子浪一碗咸萝卜干,现在想想伊个日脚有多～。"同义词:苦脑。

苦做苦　①很苦很苦。②再苦。"定心了,～,我勿会动摇。"又写作苦再苦。

升梢　sen sao。有出息。"现在考取研究生比大学生～。"

寻活路　找生存之路。

力气生活　①体力劳动。②靠力量力气来完成的重活。

笔头生活　①脑力劳动。②靠笔杆子写写算算完成任务。

手头生活　眼前活儿。

眼门前生活　①手中的活儿。②马上要做的事。

眼中有生活　①主动找活干。②干着手中活,想着下一步活。

考博　kaobo。做到极致。"每只铜球车得必必圆,砂皮磨得滑溜溜,啥人侪讲杨师傅做生活～。"这是赞许。也有批评之意,如,"一把薄刀磨仔轮则半日,太～。过分了好像磨洋工。"

到把　daobo。①精细到家。"阿军做事～,侬放心好嘞。"②达到某种程度。

把稳　bowen。稳当,可靠,有把握。

把细　boxi。仔细,细致。"做啥事体～点好。"

脚路　jiklu。①背后靠山。"别小看迭个小鬼,好几桩别人没办成个事体伊做成功,想必～蛮粗额。"②路子。同义词:路子、路道。

脚头勤　jiakdhoujhin。多走动,多往来。"拉省城学生意,姑妈家里常中去去,～点,好照应,让爷娘放心。"

撞　shang。读浦东话"床"。①干。"夜里到海浪下网侬～哇? 我～额!"②敢。"明明水深来抵勿影,天又介冷,跳下去摸(捞)只万元表,我勿～。"同义词:上。

数 量

约计概数

好几个 haojighakk。有若干，还有不少。

乘儿好 shenjihao。贪多。"啥人叫侬抢仔～，吃勿完剩半盆杨梅，肉麻煞！"

邪多 xiadu。很多很多。

穷多 非常多。

蛮多 比较多。

介多 'ga'du。这么多，"孲棵树年年要结～白胡枣。"又指琐碎，小零小碎。同义词：介许多。

介少 'gasao。这么少，少得有点意外。"勿是收仔几担长生果，拨我3斤，～?"

少许 一眼眼，少量。"介客气硬要拨我，～，心意有啦。"

行情行事 hhangxhin hhangshy。许许多多，不计其数。

交关 很多。"叔叔多拿几只吧，仓库里西瓜还有～，实在吃勿完。"

莫佬佬 moklaolao。好多，很多。"今年甜瓜邪兴（兴旺），暖棚里熟额～，我装仔一麻袋。"又写作"摸老老"。

小头 量的少数，零头。

大头 量的多数。"勿要吓势势，侬一眼眼算啥，我～勿怕打水漂。"

余头 量的最后零头。

多头 多出来的零头，剩余量。

搭头 ①零头。"侬迭眼工资只及伊额～。"②搭配的东西。"烧牛肉，放眼洋山芋做～。"

煞夹多 极其多。"垫子揭开来一看，百脚～。"

数勿清　xuvakqin。多至难以数清。

点勿清　多至难以点清。"铅角子园是一脚箱,两个人一时三刻～。"

担勿动　重得无法拿。

总账头　所有的账。"一眼便当(小数目)放拉～里摊脱算了。"

长出来　shangcakle。长,读"常"。多出来。

轧勿平　数字合起来对不上。

缺脱　数量短缺。

上落　出入;差别。"两爿店西瓜价钿～勿少。"

多半　duboe。①对数字的形容,总量的一半以上。"辫眼生活～是阿哥做咯。"②判断,极有可能的意思。"没碰头～是街浪人多错过哉。"

零碎　linse。零星小数目。"手头只有一眼～够哦?"同义词:小零小碎。

大约摸摘　大概数值。

只多勿少　超出。"辫堆萝卜勿用称,50 公斤～。"

亨彭冷打　hangbaklangdang。①总共。②一切,所有。

一小半　yikxiaoboe。不到一半。同义词:小一半。

一大半　一半多。"一笼鲫鱼拨侬～,还啥勿称心。"同义词:大一半。

一大段　yikdhudoe。距离,长度。"一歇歇工夫,莳秧落脱～,勿好与快手比额。"

一上抄　yikshangcao。全部的意思。"多少勿论,～旦去。"同义词:一道去、一撮刮子。

一簾子　yiklizy。簾子上放满。"今朝气象报告旺日头,告佬长生果、黄豆晒仔～。"

二三十　nissak。20 或 30,或 20 至 30。又写作廿三十、念三十。"迭袋山芋(红薯)有～斤。"

两三百　liangsebak。200 或 300,或 200 至 300。"辫只牌子洗衣裳机与伊只牌子差扳(相差)～元。"

四五趟　走动、活动次数。"前头两年开只证明,来来回回起码～。"

五六层　层数。"迭个垃圾场垃圾堆仔～楼房高。"

五十开外　年龄。外、开外,指以上、以外,又指出头。"那个人看上去～。"

啥五十　sanghhngsak。50 左右。"迭眼竹头细来些额,一梱～根有拉。"

念外担　nianngade。重量概数。20 多担。

许十五　xusongn。15,或 15 左右。"看上去,辫帮小团～岁。"

靠十念　kaosaknian。接近 10 至 20。"到博物馆参观一下来了～个青年。"同义词:十头念个。

论百　大约 100。"西瓜大来,10 只就要～斤。"

百啥五十　150 或 150 上下。

毛啥五千　5000 上下。"迭辆摩托～块(元)。"同义词：5000 上下。

六千快　lokqikua。不到 6000，接近 6000。"迭只手机新推出额，价钿～勿算巨(贵)。"

万把　fhebo。1 万或 1 万上下。

精确实数

一淘　yikdhao。全部。

一半　yikboe。二分之一。

一家门　全家。同义词：一门带将。

一家头　①一个人。②独自。

一干子　①一个人。②单个。"侬倒胆大额，天快黑哉还放伊～回乡下。"

一揢刮子　yiktakguakzy。总共、全部。"旧年、今年，我～借侬五百洋钿。"

一上一下　空间上下叠，时间上下连。"房子～指一间两层楼。""姐弟～指排行姐下来是弟。"

一手一脚　①一人完成，勿要倒手。②接连干完。"辫缸萝卜我～咖(渍)好腌好。"

一出一进　①从收支两方面核算。②空间变换。

一似一式　yikshyyiksak。全部相同。"炮头倪子额脾性习气与伊爷～。"

一帖药　比喻包治病、包办事。

一记头　yikjidhou。一下子，仅一次。"老娘眼睛真好，93 岁时穿引线～成功。"

一窠猪猡　yik'ku'zylu。一棚猪，一窝小猪。

一窠小鸡　一窝小鸡。窠，读"枯"。

一把细粉　把，读"补"。一把粉条。

一狄房子　狄，读"大"。一排房屋。同义词：一楝房子。

一虎口　母指与食指张开的最大距离。

一庹长短　yiktok。庹，读"托"。双手臂横着伸直的长度。"丝瓜棚搭仔六庹。"

一套家生　一组家具。

一绞绒线　一股毛线。

一泼青年　一代年轻人。同义词：一拨青年。

一折　年龄差 12 岁。"我同阿弟岁数相差～。"

一壳　一圈。"生仔一场病，人瘦仔一壳。"

一寤　一觉。"我～醒来，日头(太阳)老高了。"

一路 同路,一程路。

一排 一行。"队伍排仔～。"

一趟头 仅一次。"开只证明,～办成。"

半日天 boenikti。半天。嫌时间长往往加"轮昼"两字,如"侬拉坑棚头(厕所)做啥轮昼～勿出来?"

过两潽 gu' liang pu。潽,读"坡",即遍。"衣裳邪醒酲,想汰清爽不只～。"

代 词

人称代词

我 自己。

实我 我。

我㑚 我们。

㑚 我们。

阿拉 aklak。①我们。"～两家头侪是 30 岁。"②我。"侬勿讲道理,～勿睬侬。"

侬 你。

实侬 你。

侬搭 nongdak。你那里。

侬海头 nonghedh. 你这里。"我钞票拿得忒少,～能否扯一眼拨我?"

㑚 你们。

㑚搭 nadak。你们那里。

伊 他,她,它。

实伊 sakyi。他,她,它。

伊拉 他们,她们,它们。

伊拉个 yilagak。他们的,她们的,它们的。"～演出很有特色,吸引了一大批人。"同义词:"㗗拉"。

众人 大家。

别搭块 别地方,别处。"除了迭摊有房子,伊拉～还有一套房子。"

别搭户荡 bhikdakwhudhang。别个地方。

茄茄 gaga。大家。"出门在外,请～自家照顾好自家。"

我㑚个 ngunighak。我们的。

㑚个 你们的。"今朝下半天落雨,～被头我相帮收好哉,请侬抱转去。"

伊个 他的,她的,它的。

茄多 gadu。大家,各位。"招待勿周,请~原谅!"

指示代词

迭 这。

迭个 这个。

迭眼眼 这点,这一些。"~小事体,就用勿着侬来动手了。"

迭搭 这儿,这边。

迭腔 dhikqiang。这段时间。"我~忒忙,等有空我再来看侬。"

迭档梢 这个样子,这个标准。

斛桩 ghakzang。这一件。"~大事,要认真对待,马虎不得。"

伊能介 yinenga。那样。

伊腔 那段时间。也可指这段时间。

实能介 shaknenga。这样。

介许多 'gaxudu。这么多。"我有~玩具拨侬白相,好玩吗?"

合末 gakmak。那么。"侬嫌迭样勿好,斛样勿好,~哪能办呢?"

排家排户 bhagabhawhu。每户人家。"迭个小镇~侪拉做眼小生意。"

样样啥 各种各样。"~事体侪要听伊额。"

随便啥 suibisa。任意,随便什么。

趟趟 每一次,次次。"伊要么勿做,做起来~得第一名。"

疑问代词

啥个物事 saghak makshy。什么东西。

啥场化 sashangho。哪儿,什么地方。

啥辰光 sashenguang。什么时候;什么时间。"当勿当志愿者,侬~拨我一个回音?"

咋去 zaqi。做什么去、去做什么。"侬到陆家嘴~?"

几化 jiho。多少。"镇浪卖花(指棉花)要~人?"

拉哦 在不在。

啊搭 adak。哪里。"~有卖矿泉水的,干煞哉!"

副 词

范围

全个梭等　xhighaklenden。全部。

一塌刮子　yiktakguakzy。总共,统统。"迭只小河浜拷完,～只拷着六七斤鱼。"

亨八冷打　hangbaklangdang。拢共,总共。"编辑部～只有三个人。"

搁落三姆　ghokloksam。统统,全部。"屋里个旧家生,～侪卖光。"

只不过　zakbakgu。表示小的意思。"迭个小囡会游水,～五岁呀!"

单怕　就怕,只怕。

侪是　sheshy。全部是,都是。"讲起来,我伲～浦东人。""～伊拉两家头,把迭桩事体搞僵了。"

秃　tok。全,都。"迭排人～是怴料作。"

情态

的刮　dikguak。的确,确实。"迭眼银洋钿,～是上世纪 20 年代额老物事。"

铁定　tikdin。肯定。"三个礼拜一到,伊～要来还书。"

板定　bedhin。一定,总归。"双休日,我～要去看望爷娘。"

呆板数　必然,肯定。"迭桩事体,伊～会辩能做额。"

照样　仍旧,依原样。"时代变了,伊呒啥改变,～过伊额自由生活。"

恁介　正好,恰好。"人勒拉外地,～巧正好碰着一个同乡兄弟,多高兴啊!"

势必至于 势必,必定要。

好得 好在,幸亏:"迭桩事体～侬提醒,勿然要吃大亏哉!"

呆呆调 ngengedhiao。同"呆呆叫"。"考试考勒苦恼,～考着 60 分。"

扣搭扣 koukakkou。恰好。"迭粒弹子～拨我打进。"又写作扣夹扣。

乐得 顺其自然,正好可以。"侬勿要我管,我～省心。"

辣末生头 lakmaksangdhou。冷不防,突然。"伊～喊起来,吓勒我一跳。"

迪诚迪为 特意,怀着诚心。"听说儿子要回来,老头子～去镇浪斩了一刀肉。"

存心 shenxin。有意,故意。"侬迭能做,勿是～叫我吃亏吗?"

快燥 动作、速度快。

程度

忒煞 taksak。太,特别。"迭个杂技～好看了!"

定坚 坚决,一定。"我～要揭发伊额坏事体。"

臭要死 couyaoxi。不得了,极了。"我恨伊恨勒～。"

顶怵 dinqiu。最勿好,最坏。"迭种贪官台上好话说尽,背后实在～!"

算过 同"赛过"。

赛过 好比。"迭只狗,跑起来～小汽车。"

独怕 dhokpo。只怕。"伊夜里出去～勿认得路,寻不着人。"

一塌糊涂 yiktakwhudu。①不得了,极了。"儿子评着个高级职称,我高兴得～。"②不可收拾。"房间像猪窠,乱得～。"

碰顶 pangdin。到顶,最多。"迭块地年年种稻,～每亩 800 斤,今年要换换茬了。"

瞎酌乎 hakzakwhu。只差一点儿。"昨夜多吃了两杯酒,骑脚踏车～跌勒浜里。"同义词:瞎咱下。

索介 sogak。干脆,索性。"只要勿怕胡蜂刺,～把胡蜂窠捅下来。"

横竖横 干脆,索性。"大家侪讲伊勿好,伊索介～了。"

判断

勿曾 fhakshen。未曾,没有。"伊出去打工,三年了～回来过。"

勿然介 不然的话。

勿恰好 fhakhakhao。恐怕,不一定好。"要叫侬去做,～要吃赔账。"

早晏 zaoe。早晚,迟早。"侬随便啥人闲话听勿进,～要吃亏。"

话勿出 hhokwhakcak。讲不出。"迭种辰光再去讲斤头,我也～。"

特怕 ①唯恐。"伊一个人偷偷做事,～拨人家发现。"②也许。"伊想了许久,～人家勿相信伊迭个发明。"

倘盲 tangmang。也许,可能。"迭桩事体～预先没准备好,就可能吃瘪哉。"

作兴 zokxin。①可能,也许。"伊忒忙,～来勿及过来了。"②应该。"侬迭能勿～格。"

大约摸酌 dhayakmokzak。大约。"伊拿着驾照,～要三个月。"

介 词

比方 bifang。比如，用容易明白的事物来说明不容易明白的事物。"说共产党好，我伲常桩用温暖额太阳来～。"

勒拉 lakla。在。同"拉"。

勿然介 fhakshoega。不然的话。

脱仔 跟，和。"我今朝～小王一道勒拉操场浪跑步。"

连 词

哪怕　表示姑且承认。"～伊再出色,也需要一球一球地争取得分。"

格末　gakmak。那,那么。"已经出事了,～侬看哪能办?"

故所以　gusuyi。因此,所以。倒装因果关系。"～出事故,就是因为不重视安全。"

与其……宁可……　yhujhi……ninku……。选择关系,决定取舍。"～勿死勿活,～冒死一拼!"

有格……倒勿如……　yougak……daofhakshy。同"与其……宁可……"。

情愿……也勿要……　选择关系,宁可……也不要……。"我～饿死,～吃侬额一口饭!"

助 词

过歇 guxik。表示经历过、曾经有过的经验。"迪士尼乐园我去～格,老好白相额。"

嗃 nao。①表示威胁语气。"侬再勿听话,告诉俚老师去～!"②表示指明语气。"侬看看迭格小囡家介老格强调～!"③表示提示语气。"我脱侬开张介绍信～。"④表示批评语气。"侬看迭格是啥额态度～?"

格唠 ghaklao。①表示肯定的语气。"伊格脾气就是迭能～。"②表示当然的语气。"我老早就话过～。"

热昏 表示程度或惊讶。"迭格人表演额花露水多来～。"

头势 dhousy。语缀,表示"厉害的样子"。"侬迭能会话～,好去做律师哉。"

八辣 baklak。语缀,表示"很……的样子"。"伊排了一天队,仍旧抽勿上号,一副心焦～格样子。"

好仔 表示完成。"侬做～作业再看电视啊!"

叹 词

咦　yhi。①表示疑问。"～,伊哪能会得来额?"②表示惊讶。"～,迭格人竟然会杂技动作!"

哟　'yo。①表示惊讶。"～,小姑娘会得骑脚踏车了?"②表示赞赏。"～,侬书法写得介好!"③表示嘲讽。"～,侬写格草体吭没人看得懂,灵额!"

哼　'hen。①表示不满、反感。"～,迭桩事体侬勿要唱反调!"②表示鄙视、斥责。"～,侬有啥噱头?"③表示威胁、恐吓。"～,当心吃生活!"

嚯　ho。表示赞叹、惊讶。"～,侬笛子竟然吹得介好啊!"

啊呀　①表示兴奋、喜悦。"～,是侬啊,又见面了!"②表示着急。"～,我格手机勿见了!"③表示埋怨、厌恶、不耐烦。"～,侬哪能又要来捣蛋了!"

喔哟哟　①表示兴奋、惊叹。"～,又考了个 100 分啊!"②表示不能忍受。"～,肚皮痛来吃勿消哉!"

喔哟哇　呼痛声。"～,侬勿要打了,我全部讲出来哇!"

拟 声 词

平碰山响　发出的声音很大很响。

平令碰冷　bhinlinbhanglang。发出很大很响的声音。

乓冷　panglang。器物倒地时的声音。

啪浪打　palangdang。玻璃敲碎的声音。

滴答滴答　①时钟走时的声音。②屋檐漏水声。

滴哩哒啦　打算盘声。

共隆隆　打雷声。"天暗了,远方霍险亮了,一歇歇,～雷响到了。"

霍喇喇　huolala。霹雳雷声。

咩咩咩　miemiemie。羊叫声。

唧唧唧　螃蟹呼吸冒泡的声音。

药壶珠　yawhuzy　yawhuju。蝉的叫声。"天热啊,树浪～～叫个勿停。"

淅沥萨啦　xikliksaklak。下冰雹声;踩踏沙泥声;吃到沙子声。

喔眼　wonge。婴儿哭声。

角嘟　gokdu。喝水吞咽声。"伊满头大汗,捧起一碗水,～～吃下去。"

卜卜跳　心跳声。"突然叫一声,吓得我心里～。"

扑龙通　人或物体掉入水中的声音。"一听到外头河浜里～一声,就连忙扑出去救人。"

霎声能　shasangnen。动作很快的声响。

扑落拓　pholuotuo。物体落在地上的声音。"伊一勿小心,～,一只大碗跌勒地浪粉粉碎,可惜啊!"

叽哩呱啦　①大声说话声。②话多,话杂。

哇啦哇啦　大声说话。"座谈会浪,只有伊一个人～讲话,啥人要听?"

咪哩吗啦　吹唢呐、喇叭等乐器的声音。

擎令共隆 大型物体撞击或踩踏地板发出的声音。

杏咕哩咕 angguligu。①不服气的哆囔声。②听不懂外地人所说的话。

吱哗百叫 jhiwhabakjiao。大叫大嚷声。"老清早,隔壁头人家～又吵起来了。"同义词:叽哗百叫。

勃瞪勃瞪 'bakdenbakden。因紧张、惊慌而眼皮乱眨或眼睛一瞪一瞪的样子。

吼里吼里 患严重气管炎喉咙发出的声音。

苟利苟利 gouligouli。态度不好的争吵声。"夫妻两家头勿要为眼小事体～吵个勿停,犯勿着。"

哼哟呵嘿 挑担人的哼叫。"迭格收废品额,担子挑了重来,嘴里～哼个不停。"

轻空轻空 涉水声。"侬勿要～,从㼽头跑到伊头,鱼侪拨侬吓跑了。"

常 见 词 组

浦东方言组词结构有规律可循,最常见格式为 ABB、AAB、AABB、ABAB、ABAC,其次还有 ABA、ABCC、ABCB、AABC 等格式。下面海选些许略见一斑,按序排列。

ABB

一眼眼 yikngenge。很少。"～末事旦勿出手,挐回去骗骗小囡。"(一点点东西拿不出手,带回去哄哄孩子。)

一促促 yikcoco。时间短。"侬更衣裳真快,～就回来了。"

一爿爿 爿为量词,相当于块、家等。"～猪肉叠在一起,堆得老高。""～店铺开门迎客了。"

一样样 一件件或每一种。"勿要急,我～挐拨侬看,～讲拨侬听。"同义词:一件件。

干卜卜 'goebokbok。无水干旱。"溪边蟹洞～,脱手没本事摸进去。"

干吼吼 'goehouhou。本来有水现在干了。"稻田一个礼拜呒没灌水,块块～。"

干绷绷 'goebangbang。很干,纱干紧绷,泥干会裂。

干尖尖 'goejiji。一点水也挤不出来。

干火火 'goehuhu。很干,纱干紧绷,泥干会裂。同义词:干乎乎。

小着着 人瘦小。着,读"只",zak。"幺妹～,跑街兜售谁也比勿过伊。"

木毒毒 不灵敏。"迭个人喊喊伊～,做生活慢落落,像只骆驼。"

木惺惺 不敏捷。亦写作木兴兴、木血血。

毛产产 未深思熟虑,约摸估计。同义词:毛估估、毛略略。

长埋埋　shangmama。长形。"第一眼看见～额婶子,使我想起鲁迅笔下的祥林嫂。"

长腰腰　shangyaoyao。两头稍宽中间稍细的长形实物,如花生。

混浊浊　whenshokshok。水混浊。

浑淘淘　头脑子不清醒,昏昏沉沉。

火闸闸　hushakshak。火气欲喷未喷。"小囝拉外头打相打,屋里镬子里水开哉,～掌棍子把小囝打一顿。"

心带带　心里有事放不下。"灶灰好像没全灭,忘记畚到外头,出来一直～。"

心挂挂　心里牵挂。"囡五出差半个号头没电话,做娘个啥人勿～?"

水盈盈　水裹在里面未流出。

叮济济　dinjiji。有点痒。"过来替我看看,颈骨里～,是否拨啥小虫咬啦?"

生绷绷　'sangpangpang。①突然。②生硬。③不认识。又写作生碰碰。

白寮寮　bhakliaoliao。脸色白无血色。面孔～,好像大病一场。《集韵》:"寮,面白也。"

白霍霍　表面泛白。"海边滩涂日头一晒～一片,盐碱翻了出来。"同义词:白乎乎。

老渣渣　laozozo。老得难看,形如渣滓。

死板板　xibebe。死板得很。

死痒痒　xiyhangyhang。没有活力。"伊做生活～。看看触毒,"同义词:死痒活气。

尖车车　jicoco。尖尖的。

肉露露　衣衫不整或破烂致体肤外露。

血漓漓　血淋淋。"手绷拆口子～,在老汉看来无所谓。"

油腻腻　油污污发粘。

忙斗斗　maodoudou。十分忙碌。"那天看见侬在办公室一会打电话,一会与人谈话,～,就没打招呼,别见怪哟。"也写作"忙兜兜"。

寿搭搭　shoudakdak。有点傻。"明明不理你了,你还～坐拉屋里等吃饭。"

寿喥喥　不懂事理。

妗夹夹　'xigakgak。妗,又写作"鲜"。炫耀。轻浮。《集韵》:"妗,女轻薄貌。"同义词:妗搭搭。

剩夹夹　ningakgak。①韧而不脆。"糯面饼都是～格。"②脾气不爽,难缠。"迭个人～格,少理理。"

神淘淘　shendhaodhao。头脑不清醒,神情糊涂,说话做事不作数。

呆戳戳　像木柱一样没有思想。

呆憕憕　ngedenden。发呆,掉了灵魂似的。《集韵》:"憕憕,神不爽。"

重墩墩　份量重。"迭只凳子～，一定是好料作做个。"同义词：重顶顶。

轻悠悠　①重量轻。迭些东西伊拿～的。②做事手脚轻。

炀淘淘　yhangdhaodhao。无力。"日头旺里坐一两个钟头就～，做勿成生活。"

氤笃笃　yindokdok。微凉的感觉。氤，也写作瀴。

氤落落　yinloklok。有点凉快。"一碗绿豆汤下去，～好适意。"

氤飕飕　yinsousou。空气转冷的感觉。

没即即　不声不响办了事。"讲好望生病一道去，想勿到伊拉两家头～已经去过。"

茄搭搭　ghadakdak。冷淡，犹豫。"我问过伊南京白相去哦，伊讲想去又勿想去，兴趣勿高，～。"同义词：茄督督。

直通通　①空间笔直相通。②脾气直率爽快。③办事不讲方式方法。

松漏漏　'songloulou。松散的样子。"迭块地土质～，好种长生果。"

松搭搭　'songdakdak。宽松，松散。

软贡贡　nyugonggong。里边无硬的东西，都是软的。

面堵堵　板着脸。

笃姗姗　doksese。不急不慌。"乡下去城里毛三里路，还有两个钟头，脚踏车来回～。"

瘦节节　身体消瘦。同义词：瘦尖尖。

细秋秋　细长。

独刁刁　dhokdiaodiao。①孤独。②神气。"小鬼头半天没声音，到处寻不着，原来爬到树上～坐仔吃芦栗。"

极吼吼　jhikhouhou。①极致，最后，到底。②着急的样子，求助不到而绝望的样子。③迫不及待。

极细绷　勉强。"迭块料作搭牛棚用马钉铆牢，～解决问题。"

亮煞煞　liangsaksak。闪闪发光。"迭把铁鎈常总拉用，四个齿～，比新的还好看。"

莫佬佬　形容很多，源自杭州话。"迭趟广州跑一转，听说侬生意邪好，进账～？"

热吼吼　热得呼大气。

紧巴巴　绷得紧。"迭捆稻捆得～散不了。"

紧固固　jingugu。紧而坚固的样子。

紧挤挤　紧而有挤压感。

晏宕宕　晚。"迭个阿婆从来勿急，到活动中心白相，天天～。"

圆度度　圆形。

寒丝丝 hhoesysy。①天气冷的感觉。②有病时体寒的感觉。"浑身勿适意,风拉呒没却感觉～。"同义词:冷丝丝。

鬼利利 小气、吝啬。亦作据利利。"从前一人一粒糖邪大方,如今一人两粒也被人讲～。"

鬼触触 鬼鬼祟祟。

浮带带 whoudakdak。很不可靠。"帮人办事体,勿可～不放心上。"

黄哈哈 whanghaha。稍微有点黄颜色。

黄嫖嫖 whangbiaobiao。肤色发黄,表示肾虚肝胆不好。

青常常 'qinsahngsahng。带有青色。

蓝亨亨 lehanghang。带有蓝色。

绿猛猛 lokmangmang。有点发绿。"麦田里刚冒芽,～一片斜好看。"

野豁豁 yhahuankhuank。不正规。"做事体一是一,二是二,勿好没计划,勿好歪弄,～还得了?"

宽落落 较宽。"迭套西装着拉侬身浪～,有点大。"

随弄弄 无须花力气。"磨把剪刀算啥?半日～可磨几十把。"

睡梦梦 shoemangmang。刚刚入眠。"昨日夜头,我～听见有人穷喊,西街火着了。"

硬挢挢 ngangjhiaojhiao。①态度生硬。②东西硬而翘出的状态。

硬勒勒 不奉承,不自卑。

硬乱乱 ngangloeloe。不贪不沾。"迭个人做事体～,说到做到,一点也不含糊。"

暗促促 光线昏暗。

黑秃秃 乌黑。"那天到坟地,远看草丛里～一堆东西,走近不见了,想想后怕,那是条蛇盘拉呀。"

黑赤赤 阴黑无光。"伊只面孔～,好像身体勿正常。"

黑勠勠 hakyouyou。黑里泛光。"胖大爷热天性喜欢光膀子,浑身晒得～的。"

黑黪黪 hakcokcok。地方、场所黑暗。同义词:暗黪黪,暗触触。

湿儿儿 含水量大。

湿纽纽 无干燥的样子。"黄梅连落几天雨,屋里衣裳件件～,日头出来好好晒一晒。"

滑黏黏 whaknini。黏滑的样子。"刚落雨,堤岸上～,走路小心些。"

腻浆浆 ninjianjian。水或汤发粘。

辣西西 不懂人情。"人家不吭声了表示让侬,侬～还要扑上去闹,白吃一拳。"

辣孟孟 lakmangmang。辣味不重。

苦蘖蘖 kujiji。食物味苦。《广韵》:"蘖,狗毒草也。"《尔雅》樊光注:"蘖,俗语苦如蘖。"俗写作苦儿儿。

咸儿儿 味道较咸。"几根腌萝卜干,～蛮下饭额。"

淡刮刮 味道较淡。"迭只汤～,放点腐滷板好吃。"

酸济济 味儿带酸。"迭碗罗宋汤醋放多了,～。"

慢笃笃 medokdok。不慌不忙。"二妹做事～,急性三妹骂伊'慢骆驼'。"

瘪抽抽 有点瘦。"侬讲额大姑娘是勿是那个～额假小子?"

踱西西 傻。踱,也写作笃。

踱夹夹 傻。"侬昏头啦? 娘子得侬讲拉床头闲话喊出去,～!'疯子'被老前辈训得一愣一愣。"

AAB

扎扎能 结实,敦实。

中中叫 'zongzongjiao。①东西勿大勿小,中等。②正好安置到位。

毛毛雨 ①小雨。②引伸为小数目。"迭眼数目～,好比九牛一毛,勿要放心浪。"

石石老 shakshaklao。食物太老、太硬。

石石硬 shakshakngang。很硬,坚如石头。

绷绷硬 'bangbangngang。东西非常硬。"鳗鱼刚从冰柜里旦出来,冻在一起～,只好放水里泡拉。"

打打朋 dangdangbhang。开玩笑。"侬勿要当真,伊拉几个人的闲话有些是～。"

绝绝薄 xhikxhikbhok。非常薄,绝对薄。

弯弯能 'wewe nen。弯弯的;不是很弯曲。

毕毕静 bikbikxhin。非常安静。"迭只班级学生特别自觉,自习课总是～。"

雅雅能 yayanen。静悄悄,无声响。"人家侪困午觉,侬～过来呀。"

扣扣交 koukoujiao。正好。"那段麻绳系二桩～。"

眼眼交 正巧,差不得一点儿。又写作眼眼调。

囡囡头 ①女孩。①还小。③发型。

浲浲滴 dakdakdi。①物体如水里捞起来一样,水滴下落。②极穷。"戚家穷得～,床上没一条像样个被头(被子)。"

盯盯牢 盯住。"迭样东西勿要落脱,一路上～。"

浇浇氲 浇透。"干(旱)了好几天,水要～。"

白白里 bhakbhakli。白做,无用功;白送,一无收获。"一箱苹果忘记拉码头～送人了。"

拍拍满 pakpakmei/pakpakmoe。很满,装不下了。"网袋里衣裳、书本、水果装得～,且也勿好且。"

定定叫 dhindhinjiao。定心,笃定。

知知能 ①形容爱听。"考好了奖 1000 元,父亲的许诺兄妹俩都～听进去啦。"②料到,果然这样。"结果分数～落在录取线以下。"

轻轻能 轻轻的。"小囝眙拉,进房间～。"

博博跳 bokboktiao。①不停地跳。"桶里虾,水一动就～。"②一种游戏。③一种昆虫,平躺会蹦跳。

索索抖 soksokdou。慌张或寒冷导致发抖。同义词:缩缩抖。

笃笃定 dokdokdhin。①不愁不急。"政审、体检全部合格,有额度空间,侬迄趟参军～。"②定下来。

亮亮底 摊底数。"对内～,让每个职工心中有数。"

约约乌 yakyakwhu。不怎么好。"迄箱尼龙袜质量～。"

悠悠能 不紧不慢。

粉粉碎 fenfense。粉碎。"一跤跌下去,两只玻璃杯掼勒～。"

喷喷透 喷洒透点。

黑黑里 hakhakli。摸黑。"秋收格段辰光,队长忙得天天～出门,又～才回家。"

煞煞清 saksak'qin。①干净。"东西汰得～。"②条理清楚。"伊思路～。"

碧碧绿 绿,很绿。

蜡蜡黄 laklakwhang。黄,很黄。"肝浪毛病久治不愈,面色一直～。"

辣辣叫 laklakjiao。做事较狠。

慢慢能 慢慢的。"迄样生活勿急,侬就～做得考博(究)些。"

墨墨黑 makmakhak。墨一样黑。同义词:墨黮黑。

AABB

十十足足 shakshakzokzok。十足,只多不少。

高高爽爽 'gao'gao sangsang。高爽。

忙忙乎乎 mangmanghuhu。忙碌。

写写弄弄 从事文字工作。

光光火火 guangguang。发怒。

肉肉曲曲 勉强,不太愿意。"平均摊要伊摸出千余元,反复做工作才～且出来。"

拼拼拢拢 'pin'pinlonglong。拼拼拢。

的的刮刮 dikdikguakguak。确确实实。"迭些对联～是刚来蹲点的短发姑娘写额,我看伊写额。"

挨挨排排 一件一件办起来。

挨挨大大 'a'adada。勿慌勿忙的意思。"勿要急来些,迭样做完,伊样安排好,～办脱再过来。"

鬼鬼触触 jujucokcok。①背后做事。②小声议事防止他人听见。

粒粒屑屑 liklikxikxik。碎物粒屑。"老太太实在做人家,蛋糕盒里个～也要吃干净。"

粒粒落落 散落东西。

做做吃吃 zuzuqikqik。靠干活过日子。

做做停停 zuzudhindhin。不是一个劲地做,中间有歇。

停停歇歇 dhindhinxikxik。走一段,歇一歇。

脱脱空空 说无根据的话或办无把握的事。"外头拉传牛哥向家里汇了100万元,实际是要交房租向家里要3万元,实在无中生有,～。"

跌跌冲冲 行动不稳。"到底是毛90岁的人,看上去～,子女已经勿让伊出门了。"同义词:跌跌踵踵。

墨墨洞洞 不通风。

ABAB

白话白话 bhakhhobhakhho。交流,交谈。"有空过来坐坐～。"

白相白相 bhakxiangbhakxiang。休闲,玩。"勿要老孵拉屋里,出来～。"亦写作别相别相。

余发余发 tenfaktenfak。动作慢。"侬看伊走路～,到伊屋里厢板准(一定)天黑。"

张罗张罗 ①负责组织指挥。②做起来,完成它。

望发望发 不时张望。

昂发昂发 angfakangfak。用白眼表示不满或讨厌。

拍发拍发 行走蹒跚。"小囡学走开步都是～,勿要担心姿势勿好。"

拱发拱发 由里向外拱动。

勃瞪勃瞪 bhakdenbhakden。傻眼。"迭些材料拨伊一看,两眼～,赖不掉了。"同义词:勃棱勃棱。

绝嫩绝嫩 xhiknenxhiknen。容易,好办,难不到。"就这点任务一周完成? 对于他俩～。"又写作习嫩习嫩。

兴灵兴灵 心愿强烈急迫。"'长脚'一直跟拉船老大屁股后头,～要求上船出海捉鱼。"

灵光灵光　①称赞。②同意。同义词：灵额灵额。

商酌商酌　'sangzak'sangzak。商量。"迭种事体勿要一个人讲了算，还是一道～好。"

打切打切　dangqikdangqik。同"打听打听"。

查究查究　shojiushojiu。追查原因，弄清实际情况。"哪能可以落脱物（末）事勿～呢？"

收作收作　'souzok'souzok。拾掇、整理。

收捉收捉　'souzok'souzok。惩罚、整冶。

授举授举　shoujushouju。警告在前。"伊自觉性差，出远门依常总～，勿要闯祸哟！"

触碌触碌　小声说话。"做人坦然些好，勿要小圈子里～。"

触议触议　背后议论。

死殄死殄　xitenxiten。死气活样，木里木独。"伊个人心里疙瘩结仔长远，憋拉肚皮里勿讲，一日到夜～勿作声。"

吃佬吃佬　劝吃。

哇啦哇啦　①不看场合大声说话。②闲话多来讲个勿停。

ABAC

一似一式　yikshyyiksak。一模一样。同义词：一似一落式。

花头花脑　'hodhouhonao。出鬼主意。"每每向老爷讨零用钿，总是～讲出一大堆理由。"

发手发脚　faksuofakjiak。①伸胳膊伸腿。②甩开膀子做事。

脈手脈脚　paksoupakjiak。①得意样。②走路如熊样。

小里小气　小气，不大方。

勿清勿爽　①稀里糊涂。②不大好公开。"他俩～额事，一定要调查清楚，处理干净。"同义词：不清不爽。

毛手毛脚　动作笨拙，生硬，毛糙。

碍手碍脚　ngesoungejiak。空间有障碍，思想有顾忌。"那人喜好捉扳头，新领导感到～，所以很快把伊调走了。"

刮手刮脚　障碍物影响行动。"乱七八糟东西堆了一地，出出进进～。"

搁手搁脚　ghoksoughokjiak。不注意礼节，把脚搁得太高。

要死要活　yaoxiyaowhak。①实在痛苦。②被要挟。"看到小鬼～格样子，'老猴狲'只好摸出上万元积蓄，让伊跟仔朋友到南洋兜了一圈。"

勿死勿活　生活艰难，心境很差。

勿着勿落　未安定，没着落。

出明出亮　cakmincakliang。公开透明。"迭趟生意用脱几好,赚着几好,哪能分法,全部明打亮摊出来,迭能才叫～。"同义词:明灯明亮。

半明半暗　灯光半明半暗,做事有时也半明半暗。

半卖半送　boemaboesong。卖一部分送一部分。

加油加酱　故意添加。"想吹捧人,往好里～;想欺压人,往错里～。"同义词:添油添醋。

对拖对掖　当面拉扯。

细磨细相　ximoxixiang。很有耐心。"迭个徒弟学雕刻～,深得师傅喜欢。"

夹道夹地　纠集或参与同伙。"交友是好事,但勿好～走歪路。"

夹东夹西　走东走西。"依个人吃仔饭就～白相,勿晓得荡荡碗盏赶赶鸡。"

吃筋吃力　qikjinqiklik。费力。"忘记身份证丢拉台浪,老娘追出来～邪喊,依也没听见。"同义词:吃精吃力、吃劲吃力。

论斤论两　①计量。②计较。

怪因怪煞　怨怪到底。"小囝落水～,怨我旦伊领到水桥头,我是淘米,小囝偷悖仔跟来额。"

怪头怪脑　①言行异常。②嗔语,不要太客气。

怪东怪西　埋怨责怪他人。

极形极状　①形象难看。"吃相难看,自顾自拣好个夹,～朝嘴里塞。"②吃慌。

恶里恶掐　okliokkak。不是一般的冷言冷语。①话十分难听。②态度十分冷淡。

吭吃吭看　hhmqikhhmkoe。毫无没法。"勿会水的婶娘望着河里扑腾的小姑娘～,亏得阿叔听到呼救跑来相救。"

吭收吭缩　拘束。

吭根吭蒂　无基础,无依靠。同义词:吭根吭缳。

吭爷吭娘　没有父母,表示凄苦。

吭亲吭眷　没有亲戚,表示无助。

作精作怪　zuojinzuogua。无理取闹。"小媳妇最为～,气得婆婆生仔一场病。"

假头假脑　假意。有时作嗔语。"依讲喜欢红薯,我屋里交关拨依一点又硬劲勿要,～!"

假痴假呆　gacygange。假装不知。"明明迭桩事体依亲眼看到,上头来人调查,依却～装糊涂。"

阿猫阿狗　无序无标准或标准很低的意思。

杭尽杭是　许许多多。"灵隐寺年头烧香额人～。"

铺天铺地　很多很多。"晏脱几天收芝麻,结果田里芝麻落仔～,杭尽杭是。"

虎头虎冲 冒失行事。

荡东荡西 dahgdongdahgxi。游手好闲。"老长辈最看勿起～额小青年。"

破里破糟 pulipuzao。破烂。

挤世挤界 jisyjigak。占空间。"迭两只篮筐破里破糟,又～,且脱仔末好哉。"

挤家挤生 jigakjishang。器具里都盛满物品。

骨头骨脑 零碎东西。"一镬汤侪是～,摜脱肉麻,大家分分吃脱伊。"

胖鸡胖糟 很胖。"迭眼枣子～,值不了几个铜钿。"

颒里颒索 poliposo。空。"麻袋大来,装仔塑料鞋～邪轻。"

活搏活跳 好动,有活力。"～个人哪能说殁就殁了呢?!"

客来客去 礼尚往来。

疙里疙瘩 gakligakdak。①不光滑。②难缠难弄。"迭个问题～,听说迭个人也疙瘩,迭桩事体勿好办。"

绕仔绕夹 传来传去传走样,复杂化。"一句话的事,～弄出不快来。"

狠天狠地 'hentihendhi。不可一世。"陆公年轻辰光拉上海滩跑码头力作邪粗,～。"

霍天霍地 hoktihokdhi。夸大其辞。"勿要上当,小鬼吹牛～,到头来懊佬来勿及。"

滑头滑脑 wakdhouwaknao。耍花样,信用差。

野头野脑 yhadhouyhanao。做事乱来,不计后果。"奶奶叮嘱我做事体要作作叫,勿好洋歪歪,～。"

涌头涌面 人多拥挤。"五一节外滩游客～。"

郭汤郭水 端不稳所盛液体器皿而洒滴。"电视里一个小团端脸盆～,脱大人送汰脚水情景不会忘记吧。"

轰来轰去 "一帮无聊人,一歇东喊,一歇西喊,～白相。"

脚前脚后 前后只差一点点。"书记刚踏仔脚踏车走,你俩～到哉。"同义词:一前一后。

落门落槛 lokmenlokke。①门与槛一拍密缝。②合规,精到。"迭样工作辩能做～,各方皆大欢喜。"

硬吃硬做 ngangqikngangzu。强迫手段。"勿让人家摆摊先要讲清道理,勿好对老头老太～,掀脱,摜脱,收脱。"

喊爷喊娘 hanyahanniang。情况危急,极度严重。"那天渡船被撞翻,勿会游水额～,一片哭声。"同义词:喊爹喊娘、喊爹喊妈。

嬲仔嬲能 niaozyniaonen。纠缠不清。

ABA 等

ABA 格式 中间缀词"一":坐一坐、等一等、看一看、听一听等。中间缀词

"管"：唱管唱、吃管吃、骂管骂、讲管讲等。中间缀词"做"：忙做忙、穷做穷、讲做讲、打做打等。中间缀词"老"：看老看、捏老捏、舔老舔、摸老摸等。中间缀词"格"：扭格扭、抬格抬、拉格拉、蹲格蹲等。还有：手牵手、心贴心、头碰头、脚碰脚、明打明、空对空、实打实、实足实、背对背、背靠背、背敲背、横势横等。

ABCC 格式 日白堂堂(白天)、汗毛凛凛(害怕)、好姆搭搭(突然)、怕缩势势(有点怕)、弹拉爿爿(靠边站)、园拉爿爿(藏起来)、随便讲讲、远脚舍舍(保持较远距离)。

ABCB 格式 一好百好、七传八传、乌理蛮理、有话吭话(随便说)、有看吭看(随便看)、有逛吭逛、有种像种、当着勿着(有时这样，有时那样)、花好稻好(什么都好)、知恩报恩、神志糊志(思路不清)、密绉猛绉(十分紧密)、横讲竖讲、瞎讲八讲、乱讲八讲、翻转碌转(不断翻身)、别转碌转(反反复复)、倒转碌转(颠颠倒倒说个不停)。

AABC 格式 尝尝滋味、荡荡马路、种种花草、钓钓鲫鱼、晒晒被头、结结绒线、扎扎鞋底、算算日脚、省省神思(少操点心)、转转田头、领领小囡、望望爷娘、跑跑亲眷、解解厌气、谡谡讪胡、吹吹牛皮、翻翻箱子、晒晒日头、游游世景。

谚 语

励志篇

人生拉为做,鸟生拉为飞 nin'sanglawhezu, diao'san-glawhe'fi。劝人勤劳吃苦。

人往高走,水往低流 ninmang'gaozou, symang'diliu。人向高位努力,追求美好生活。

大树底下好遮荫 dhashydihhohaozoyin。比喻有照应,有依靠。同义词:大树底下好乘凉。

天高地高,人心最高 'tigaodhigao, ninxinzoegao。励志语,人心不能满足。

天浪呒没跌煞鸟,地下呒没饿煞人 'tilanghhmmakdik-sakdiao, dhihhohhmmakngusaknin。人只要坚持不懈,总能找到活路。

天无一直雨,人无一世穷 'tiwhuyikshakyhu, ninw-huyiksyjhiong。增强弃贫致富的信心。

勿怕笨,只怕混。 fhakpoben, zakpowhen。不怕人不够聪明,只怕天天混日子,没有上进心。

瓦爿也有翻身日 ngobhehhayhou'fesennik。

有志没恒心,一世事难成

有智勿赌年高,有理勿赌声高

好金埋拉沙泥里,好肉生拉骨头边

求人须求大丈夫,济人须济急时无

学好三年,学坏三天

金杯银杯勿如百姓口碑,金奖银奖勿如百姓夸奖

胸有凌云志,呒高勿可攀

横世横,拆牛棚 whangsywhang, cokniubhang。牛棚是牛栖身之所,因牛壮力大,故牛棚一般建得较为牢固。此话意思,横下一决心,豁出去办成一件事,即便把牛棚拆了

（含连田也不种了的隐意）也要把（某件）事干下去、干到底。从正面理解，有气魄，敢干大事；却常用于贬意，指此人无法无天，蛮干到底。

骏马只需一鞭，懒马打断皮鞭

处世篇

一人勿说两面话，人前勿讨两面光

一个朋友一条路，一个仇人一堵墙

一根木头架勿成梁，一块碌砖砌勿成墙

一货勿卖两家主

一家人勿说两家话

人比人，气煞人 ninbinin, qisaknin。人与人不能攀比，也不要攀比。

人心要公，火心要空

刀切豆腐两面光

刀伤易愈，恶语难消

马屁拍足，苦头吃足

两头勿着港 liangdhoufhakshakgang。两边或各方面都没得到好结果。

小肠气有药吃，大卵气无药吃 有事求人当以真情相商，满口愤激无用。

与人结友，莫揭人短。

与人方便，自家方便 yhunin'fangbhi', shyga'fangbhi。为人家着想，给人家提供方便，无意中也给自己在有求于人时奠定了基础。

宁吃过头饭，莫说过头话

宁可勿识字，勿可勿识人

心勿光明点啥灯，念勿公平看啥经

牛吃稻柴鸭吃谷，各人自有各人福

日里勿做亏心事，半夜敲门心勿惊 niklifhakzu'kuexinshy, boeyha'kaomenxinfhakjin。劝人莫做亏心事。

日日行，勿怕千万里；常常做，勿怕千万事

勿是垃圾勿成堆 fhakshylaxifhakshen'de。臭味相投，多指品行不良的人相聚。

勿识人头，吃煞苦头

东搭莲子花 瞎搭；扯远了。

冬瓜缠拉茄门里 'donggoshoelakgamenli。此事扯到彼事上，完全搞错。

借囡骂新妇 jianoemoxinfhu。借题发挥，表面上骂女儿，实质发泄对媳妇的不满。

出门要结伴，在家要睦邻

多吃呒滋味，多话勿值钿

百人百性 指人多喜好多，勿能强求一律。

客气当福气 kakqidangfokqi。把别人的谦让理所当然地接受。又写作：客气便是福。

钉头碰着铁头 dindhoubhangshaktikdhou。二者坚硬，不差上下。比喻厉害人碰上厉害人。

临时上轿穿耳朵

柱正勿怕壁歪 shyzenfhakpobikhua。比喻身正勿怕影子歪，不怕别人造谣捣乱。

秤砣虽小压千斤

会做媳妇两面嘴，勿会做媳妇两面传

泥人怕雨淋，假话怕对证

若要人敬我，我要先敬人

好马拨人骑，好人有人欺 haomobakninjhi，haoninyhounin'qi。老实人常被人欺侮，规劝做有心眼的好人。

相打一篷风，有难各西东

雨落天留客 yhulok'tiliukak。下雨，是天把客人留下。"侬勿要走了，～。"

是非难逃众人口

坑缸越淘越臭 'kanggangyhuikdhaoyhuikcou。反复议论，影响更糟。

待人自待自，薄人自薄自 待人好比待自己，怠慢别人就是怠慢自己。

筷头上出忤逆，棒头上出孝子

苗好一半谷，妻好一世福

听锣听声，听话听音

疑心生暗鬼

有借有还，再借勿难

有理呒理出拉众人嘴里

顶仔石臼做戏 dinzyshakjhiuzuxi。①吃硬，有本事。②吃力，这戏不一定演得好，吃力勿讨好。

极迤迤，做啥墙头戏 不藏拙，必出丑，何必要强争面子。

拾着鸡毛当令箭 xhikshak'jimaodanglinji。把别人（尤其领导）随便说的一句话当作重要事情来对待。

救急勿救穷 jiujikfhakjiujhiong。只救急难事，不救助穷困人，是一种救助方法和原则。

桥归桥，路归路 jhiaoguejhiaoluguelu。各管各事，各行其道，有不关你事、不用你管的意思。

　　矮子里拔将军　　比喻从能力较差的人群中挑选提拔将领,这个将领可能能力一般般。

　　君子动口,小人动手

　　烧香望和尚,一事两顾当

　　烧饭要有米,说话要有理

　　瓶嘴扎得住,人嘴塞勿住

　　要敲当面锣,勿敲背后鼓

　　要人信任,全凭忠诚;改正错误,全凭真诚

　　描金箱子白铜锁,外头好看里厢空

　　种田勿着一年荒,养子勿好一世荒

　　豆腐里厢寻骨头

　　拆污勿出打坑缸

　　西天出日头　　'xiticaknikdhou。①不可能。②奇了怪了。"从来不动手的竟然亲自做了,～。"

　　西搭黄浦东搭海　　'xidakwhangpudongdakhe。闲话扯远了。

　　昼当惜阴,夜当惜灯;言当惜口,事当惜心

　　做人勿贪小,家富靠勤劳

　　欺人是祸,饶人是福

　　路勿平有人铲,理勿正众人扳

　　舍姆娘无力,抱腰人有力　　比喻有些事由旁人作主反倒容易办好。舍姆娘即产妇。

　　摇头豁尾巴　　yhaodhouhuaknibo。①讨好主子;②得意,在他人面前显摆。

　　馋唾水也会淹煞人

　　树老根须多,人老见识多

　　遇事多商量,赛过诸葛亮

　　瞎眼亲看见,聋聋亲听得　　当面撒谎。

　　静坐常思己过,闲言莫论人非

　　嘴勿让人吃苦头

生活篇

　　一人有福,拖带满屋

　　一日笑三笑,呒毛呒病百太平

　　一本三正经　　yikbensezenjin。一派很规矩很庄重的样子,嘲讽为人做事不通融、太死板。

　　二人一心,有钱买金;二人二心,无钱买针

人靠饭饱,田靠肥料

人生路勿熟,随处叫爷叔　ninsanglufhakshok,shequjiaoyasok。外出不知路怎么走,见人多求问,礼貌很重要。

八字呒一撇　bakshyhhmyikpik。事情才开端,还差重要环节。

八两换半斤,人心换人心　旧制秤一斤是十六两,八两换半斤,这是公平交易。意思是只要诚恳待人,自会换取对方的信任。

十人看见九摇头,阎罗王看见挢舌头　凶恶之极,人人见而远避。

三钿作两钿　sedhizokliangdhi。贱价处理。

上床夫妻,落地君子　shangshang'fuqi,lokdhi'junzy。夫妻私情只能在床上,平常必须注意礼仪。

长一埋大一埋　shangyikmadhuyikma。形容人又高又大。

壮劳力,强做强,踏板头上有不得三双小囡鞋。

小人嘴里吐真言

勿识相要吃辣货酱

水涨船高,泥多佛大

出门看天色,进门看面色

头朝风,暖烘烘;脚朝风,请郎中

头颈绝细,独想触祭　dhoujinxhikxi,dhokxiangcokji。詈语,只想吃,勿想做;吃相勿好,吃个没完。触祭:吃。

吃勿穷,着勿穷,算计勿通一世穷

吃饭先喝汤,肠里勿受伤

吃尽滋味盐好,走尽天边娘好

买屋要看梁,娶媳要看娘

囡勿断娘家路,客勿断回头路

洋勿洋,腔勿腔　yhangfhakyhang,qiangfhakqiang。洋也不是土也不是,不三不四,不伦不类。

饭后百步,勿上药铺

夜饭少吃口,活到九十九

好仔伤疤忘仔痛

早眠早起身,好比吃人参

冬雷叫一声,盐米贵如金　'donglejiaoyiksang,yhimijushy'jin。冬天打雷兆示年成勿好,油盐米会涨价。

老鬼勿脱手,脱手勿老鬼

麻子乖做乖,还要脱癫痢拎草鞋　不要自以为聪明,凡人中还有比你更高明的人。

若要俏,冻勒硬翘翘 为显苗条冬天少穿衣裳,少不了挨冻。

按倒葫芦瓢起来 葫芦、瓢(葫芦对开的勺具)都不沉水,摁葫芦到水下,瓢从水中浮起。比喻问题一个接一个,刚解决一个,另一个又冒出来,使人应接不暇。

金窠银窠,勿如自家草窠 'jinkuninku,fhakshyshygacaoku。再好的地方不如自己的家。又作:金窠银窠,勿如自家狗窠。

清明螺蛳抵只鹅

挑到篮里侪是菜 'tiaodaolelisheyshyce。拿到的不分好坏都当宝贝。

兄弟和睦一条心,门前黄土变成金

长兄如父,长嫂如娘

和气生财,作孽生灾

露水夫妻勿长久

眼勿见为净 ngefhakjiwhexhin。①肮脏之物看不见作清洁对待。②看不惯的人和事不看或没碰见,心里反倒清净。

眼睛一眨,老婆鸡变鸭

眼睛勿揉勿红,耳朵勿挖勿聋,牙齿勿掏勿空,痒子勿搔勿肿

看汤水吃饭

看人挑担勿吃力,自上肩胛嘴要歪

春要焐,秋要冻,一年四季呒毛病

树从根老,人从心老

暴饮暴食易生病,定时定量成寿星

锄头能壮筋骨,汗水能治百病

夏至日勿要出门莳秧,冬至日勿要回去望娘 hhozynikfhakyaocakmenshy'yang,dongzynikfhakyaowheqimangniang。夏至日白天时间最长,插秧又晒又累;冬至日白天时间最短,回娘家相处辰光太少,坐一会儿就得返程,所以要避开这一天。

生产篇

一勤生百巧,一懒生百病

二月清明麦秀齐,三月清明麦勿秀 二月清明指短三春,此时麦穗出齐;三月清明指长三春,此时麦子还没抽穗。

十月南风快斫稻 10月刮南风,天要变阴多雨,所以赶快收稻。

人勤地生宝,人懒地生草

人误田一时,田误人一年 一时错过播种,就要耽误一年,所以播种要不失季节时口。

人补桂圆红枣,田补河泥水草 人冬补,田也要施补水草等有机肥料。

三分种,七分管 十分比例,种只占三分,管理占七分,可见田间管理之重要。

三伏勿热,五谷勿结　'sefhokfhaknik,hhnggokfhakjik。靠天吃饭的时候,如果夏季三伏天天气不热,那么粮食作物很有可能收成不好。

三分本事,七分家生　'sefenbenshy,qikfen'gasang。家生指工具,强调工具很重要。

六月里晒得黑,十二月里有得吃　夏天干得苦,汗水换丰收,冬天就有粮吃。

少年木匠老郎中

只有白踏车,呒没白揻花　脚踏车水并不一定保证稻谷丰收,但棉花锄草松土一定有好收成。

正月初三一朝霜,一个稻轮两人扛　正月初见霜,预兆稻谷大丰收。

立冬勿见叶,立夏勿见结　指蚕豆。立冬看不见蚕豆出苗叶渐大,到立夏时没得青豆吃。

白露雨迷迷,秋分稻秀齐　bhakluyhumimi,qiufendhaoxiuxhi。白露时节不干旱,稻谷容易结实,到秋分节气,稻花全部盛开。

白露看花秋看稻

好田出好苗,好苗结好稻

花靠锄头,稻靠拳头　拳头指拔草。

花三担、稻三担,家家屋里笑哈哈

柿子开花吃枇杷,枇杷开花吃柿子　柿子开花时枇杷熟了,枇杷开花时柿子熟了。

蚕豆要打脑,豆荚结到梢　摘去蚕豆苗的顶头,能让蚕豆多结荚。

种早勿慌,起早勿忙

揻草要除根,雨后勿再生　揻,读"塌"tak。用锄除草,除草要除根。

短铁匠,长木匠,邋遢泥匠臭漆匠;看是不像样,倒是雕花匠

朝踏露水夜踏霜

棉花扚(dik。摘。)头,勿过立秋

寒天麦要踏,开春包侬发

黄花郎垩地,丰收三五年　黄花郎是一种草,泛指绿肥能改良土壤促丰收。

稻秀忌风,棉开忌雨

稻熟三朝,春熟一夜　三麦、蚕豆、油菜是春熟作物,成熟时间短,而水稻成熟时间长。

燕子来好种田,雁鹅来好过年

气象篇

日枷风,夜枷雨,枷内无星连夜雨　枷就是晕。晕往往出现在低气压前驱的卷层云的云层上,所以晕常是风雨将至的预兆。

西风刹雨脚,泥头晒勿白　下雨时东南风,当风转向西,雨即停,叫"西风刹雨脚",这种天气好不长。

春东风,雨祖宗;东北风,雨太公 春天东风总有雨,若刮东北风,也会时常要落雨。

先雨后雪雪不大 雨是凝聚的水珠,雪是凝聚的冰珠。水珠、冰珠前后出现,说明气温相差不大,不大可能形成大雪。

春霜不过夜,过夜就要赖 春天有霜,当夜可能下雨;如果不下雨,第二天早晨复一朝霜,就不一定下雨了。所谓一日春霜三日雨,三日春霜九日晴,就是这个意思。

湿地落霜连夜雨,霜后南风当夜雨 雨后地面未干,结霜还会下雨,霜后刮南风,一般当夜就下雨。

清明无雨,早黄梅;清明有雨,正黄梅 清明若无雨,则黄梅天气来得早;若有雨,则正常入梅。

发尽桃花水,必是旱黄梅 阴历三月桃花盛开和落花时期雨水多,则黄梅时雨水少。旱,读"干"。

端午落雨还好熬,端六落雨烂脱瓦。端午勿落端六落,端六落仔烂脱瓦 倘若端午日晴,端六落了雨,那么以后一个时段大多为阴雨天气。烂脱瓦比喻潮湿浸泡得连瓦也酥烂,属夸张说法。

夏至西南没小桥 夏至这天吹了西南风,以后半个月内可能要发水,小桥被洪水淹没。

小满勿满,黄梅勿管 小满这天无雨,黄梅里雨水少;小满这天下雨,黄梅里多雨水。

小暑一声雷,黄梅依旧回。小暑一声雷,黄梅倒转来 小暑这天下了雨,小暑节里雨水多。

雨打黄梅头,四十五天无日头 黄梅开始时下了雨,黄梅里阴雨多,晴天少。

小暑热过头,大暑凉飕飕 如果小暑时很热,那么大暑时很可能凉爽。

青光白光,晒杀老蚌 晴热的夏天和初秋的傍晚,天空中出现一条青一条白的光象,从西方直射到东方,正是天晴的征兆。

月着蓑衣,天要下雨 月亮周围有很薄的云,望上去月亮边缘模糊不清,像着了蓑衣。这是因为天空有卷云或高云遮挡。卷云和高云的出现,一般在低气压的前方,故推定天气将变。

六月星多,天必晴 六月之夜星密,说明天空无云,兆示天气晴好,不会下雨。

东南风,燥松松 夏天的东南风是从海洋上吹来的暖空气,如果没有外力把它抬升,是不会兴云下雨的。因此夏天吹东南风,一般晴好天气多。

早怕南云涨,夜怕北云生 早晨见南天云层往上涨,说明南方暖湿空气活跃;傍晚日落看到西北天乌云向上冒,说明西北方冷空气下来。这都预示天气转变,容易下雨。

早看天顶穿,夜看四脚悬　早晨看到天顶无云,日落时看见地平线上四方清净或虽有云而脚悬空,这是天晴的预兆。

朝霞不出门,晚霞行千里　早晨看到东方的彩霞,表示天气即将转坏有雨。如果晚上有霞,表示西方云层在破裂,加上夜间空气对流作用减弱,云层更趋消散,这种晚霞是天晴的征象。

天空鱼鳞斑,明朝晒谷勿用翻　天上出现大片鱼鳞状云块,明天天气晴朗,适宜晒粮。

棉花云,杀脚跟　棉花云即絮状高积云,色白似棉絮,这种云过来就要下雷雨。

天浪缸斑云,地浪热煞人　缸斑云,气象术语"透光高积云"。这种云块排列在天空很稳定,也说明天气很稳定,得晴朗几天。

六月里迷露,要雨到白露　6月里出现雾,表示空气稳定,晴好天气多。

一落一个泡,落过就好跑;一落一个钉,落煞落勿停　开始落雨时,雨点很大,落到水里溅起一个个水泡,就是雷阵雨,雨过天晴,即可走路。跑读"保"。如降雨时雨滴小,落到水里不会起泡,好像一个个钉,这种雨一般不会很快停。

东霍霍,西霍霍,明天仍旧干卜卜　夏天晚上见到闪电,东一闪,西一闪,好几个方向都打闪,说明在很远的地方已降雨,这里不会再下雨了。

雷声绕圈转,有雨不会远　听到雷声在天空绕圈响,表示附近有雷雨,不久就到。

早立秋凉飕飕,晚立秋热到头　立秋时辰早,一秋凉爽;立秋时辰晚,天热会延续下去。

秋分寒露干一干,霜降立冬宽一宽　说明秋分寒露霜降立冬之间的雨水关系。

八月初一难得雨,九月初一难得晴　阴历八月初因受夏季季风控制,下雨较少。到了冬季季风渐盛,夏季季风渐衰,在冷热两气团交替期间,容易致雨,有时还会连续多天而成秋雨。

白露难得十日晴　白露节气内晴天较少,往往是绵绵秋雨一天又一天。

白露日落雨,到一滩坏一滩　白露这天有雨,往往秋雨绵绵不断。

早西夜东风,日日好天空　早晨是陆地向海面吹的西风,傍晚海面开始向陆地吹东风,这是浦东秋季海陆风相互交替现象,这段时间正值秋高气爽的天气。

三朝雾露发西风,若呒西风雨勿空　连续几个早晨起浓雾,就可能有冷空气南下,吹西北风;若西北风发不出,便要连续下雨。

冬至无雨一冬晴　冬至这天无雨,那么整个冬天以晴天为主。

冬前勿结冰,冬后冻煞人　冬至前不冷,冬至后冷得狠。

干净冬至邋遢年,邋遢冬至干净年　冬至这天落雨,春节时天气好;冬至天好,春节时要落雨。

头九暖,冻得百鸟转;头九冷,三春暖洋洋　以头九的冷和暖,来预测三春的温度高与低。

霜后暖,雪后寒 霜是晴天才会有,日出后阳光强烈而融化,化霜所需热量不多,因此天不会变冷。下雪后,融雪所需热量大,接近地面的空气自然变冷,因而成为雪后寒。

雪上加霜连夜雨 冬春两季,雪还没来得及融化,而霜又见,说明高气压中心即将过去,后面的低气压又将到来,所以天将要变化。

四季适用谚语

四季东风四季下,就怕东风起不大 浦东东面是海,东风从海上吹来,含水汽多,接触陆地,便会凝结成云,发生降雨现象,但风力不大,就不一定下雨。

春雾雨,夏雾热,秋雾凉风冬雾雪 春天早晨有雾要落雨,夏天早晨有雾当天很热,秋天有雾会刮风,冬天有雾要降雨雪。

天黄有雨 空气中含水汽和灰尘多,就呈现黄色,由此推断会下雨。

久雨傍晚停,一定转天晴 连着下雨直到傍晚收场,那第二天就能转晴天。

夜里星动起大风 夜间仰望天空,只见星光闪烁不定,好像星星在动,这是因为天空气温扰动剧烈,预示要起大风。

日出胭脂红,无雨也有风 日出时空气中尘埃和水滴一多,阳光散射使颜色更鲜艳,为胭脂红,所以是风雨先兆。

太阳颜色黄,明日大风狂 日落时太阳发黄或惨白色,看上去不刺眼,预示大风已在迫近。

乌云接日头,半夜雨啾啾。乌云接得高,明天晒断腰 乌云上移遮太阳,预示雨区临近;乌云与太阳脱脚,接不上,说明乌云正趋消散,明天仍旧晴天。

东虹日头西虹雨 虹读"吼"。东半天出现彩虹说明天将晴,西半天出现彩虹预示有雨。

雨前麻花落勿大,雨落麻花落勿停 麻花指毛毛雨。雨前开始下的毛毛雨,说明总雨量不会大;雨后下毛毛雨,天气好不了。

玉米扎根深,当年多台风

东天出现和尚云,台风就在二三天

一雷打九台 发现和尚云过程中有打雷,台风一般不来。

夜见东南角里打闪电,十有八九刮台风

东南飞来洋潮云,一二天里刮台风

退潮不到底,涨潮跑也来不及

海水流向混乱,海鸟沿海乱叫,树上兜着蛛丝一样粘物。台风快到

台风来时先下雨,台风一般般;先刮大风后下雨,台风势力非一般

干台风,渐没劲

台风加闷雷,雨量八成大

蛇过道,大雨到

鸡啹风,鸭啹雨

蚂蚁拦路,雨拉半路

蚂蚁拦路要下雨

墙壁还潮要下雨

知了呱呱叫,热得心烦恼

雨中知了叫,预告晴天到

雨中听蝉叫,明朝晴天到

蜻蜓低飞要落雨

蜻蜓成群绕天空,勿过三日雨蒙蒙

燕子高飞晴天告,燕子低飞雨天到

九月田鸡叫,犁头朝上跷

河水发绿要发水

河底泛青苔,必有阵雨来

鱼窜水面要下雨

雨中蝉虫叫,报告晴天到;傍晚蝉虫叫,继续天气好

鸡迟进棚天要变

蛇过芦苇顶,必有大雨临

歇 后 语

地名

大轮船出港——上海

竹园里经布——川沙（穿纱）

道士停场——合庆（合磬）

汤罐里摇船——小湾（弯）〔小湾，浦东王港小湾村〕

云头顶浪搭跳板——高桥

桥浪吃糕——高桥

老太婆吃狗肉——北蔡（剥扯）

猴大王白相跷跷板——孙桥（狲跷）

街路里放扛棒——江镇（扛镇）

街路里看鸭——曹（嘈）路

街路里狗咬狗——蔡路

两亲家拜年——南汇（男会）

菜蕻勿摘——新场（心长）

刚刚量好尺寸——新场（丈）

白盐进库——盐仓

三斗米做粢饭——大团

烂船勿修——周浦（舟破）

四面八方侪是水——周浦

桥底下经布——下沙（纱）

额角头浪穿引线——航头

糯米饭砌墙——万祥（饭墙）

矮子荡镬——六灶（落灶）

旗杆跌倒——横沔（糜）

毛竹造桥——祝桥（竹桥）

桥浪掼炸弹——坦直（坍石桥）

老长辈白话——老港（讲）

祖宗讲话——老港（讲）

河泥里格绳索——泥城（绳）

纤绳落拉河坨里——泥城（绳）

坍屋扫地——瓦屑

孔庙里进香——奉贤

盐卤里放朱砂——奉贤（红盐）

桥浪立满和尚——南（男）桥

桥浪敲金锣——金汇桥

桥浪孵日旺——泰日桥

桥浪涂墨汁——邬（污）桥

桥浪糊灯笼——胡（糊）桥

桥浪搓麻将——钱桥

桥浪汏头——头桥

桥浪白话——二（议）桥

大轮船打转弯——海湾

白内障开刀——光明

未婚先孕——西渡（先大）　大，读肚。

关仔门做汤团——四（私）团

花米行里打桩——庄（桩）行

街浪贴满喜报——奉（红）城

小囡立拉磅秤浪——青村（轻秤）

鳗鲡上滩——肖塘

七石缸里打拳——松江（扠缸）　扠，读宋。

桥浪打相打——颛（战）桥

秋风吹到树林里——叶榭（谢）

走到断头浜——鲁汇（路完）

日常生活　（按音序排列）

A

阿斗当皇帝——软弱无能

阿庆嫂倒茶——滴水勿漏

阿妈烧汤圆，阿爸撑航船——汤里来，水里去

矮子坐高凳——上下够勿着；上下为难

矮子想登梯——勿知天高地厚

岸浪青蛙——一触即跳

庵里格尼姑——没福(夫)
暗室里裹脚——瞎缠
暗室里打拳——瞎打一气
按住电铃勿放手——老是想(响)

B

八仙吹喇叭——神气
八仙过海勿用愁——自有法度(渡)
八仙桌缺只脚——摆勿平
八十岁学吹打——气脉短
八十岁老太打哈欠——一望无涯(牙)
八月半格月亮——正大光明
八月里格黄瓜棚——空架子
八月里格柿子——越老越红
八百年前立格旗杆——老光棍
靶场上练瞄准——睁只眼闭只眼
霸王请客——吃也得吃,不吃也得吃
白露日格雨——到一滩坏一滩
白骨精骗唐僧——一计不成,又生一计
白布进染缸——汏不清
白猫钻勒灶肚里——自家脱自家抹黑
白开水画画——轻(清)描淡写
白菜熬豆腐——揩勿着油
白娘娘吃雄黄酒——原形毕露
百岁公公吹火——老气
半斤八两——呒啥两样(旧秤制十六两为一斤,半斤就是八两)
半天空里打灯笼——高明
半天空里跑马——露了马脚
板凳浪睏觉——好梦勿长
鬏里田鸡——乱撞
鬏里捉乌龟——稳揿
抱仔香炉打喷嚏——碰一鼻子灰
抱仔黄连敲门——苦到家了
抱仔木头跳河——不成(沉)
背脊骨浪扯二胡——挨勿着,轮勿着

背仔米讨饭——装穷

背仔哈哈镜走路——勿怕后人见笑

被头里放屁——独吞;能文(闻)能武(捂)

鼻尖上挂钥匙——开口

鼻头浪推小车——走投(头)无路

闭仔眼睛聊天——讲瞎话

冰糖烧黄连——同甘共苦

C

裁缝勿带尺——存心勿良(量)

裁缝勿用尺——自有分寸

裁缝戴戒指——顶真(针)

裁缝进当铺——当真(针)

苍蝇叮菩萨——看错人头

厕所顶浪装烟囱——臭气冲天

厕所里格消息——丑(臭)闻

插根筷子当旗杆——竖勿起来

茶壶里烧面——难聊(撩)

茶壶里格饺子——有货倒勿出

柴草人救火——自顾勿周

柴堆两头拔——两面受损;双打双吃亏

朝廷勿差饿兵——求人须付出代价

炒熟格豆子——发勿出芽

撑牢篙子摇船——死做;白费力气

城门浪乘风凉——出风头

城头浪放鹞子——出手高

城头顶浪出棺材——远水湾兜转;远套转

秤砣吞进肚子——铁了心

秤砣跌进棉花堆——勿声勿响

秤砣过河——不服(浮)

吃仔黄连含仔蜜——嘴甜心苦

吃仔萤火虫——肚里明

吃瓜子——吞吞吐吐

赤膊捅胡蜂窝——勿顾血本

出太阳落雨——假情(晴)

出笼包子——热气腾腾

出窑格砖头——定型

出头椽子——先烂

初一吃月半粮——前吃后空

船到桥头自会直——天无绝人之路；顺其自然

船头浪跑马——走投无路；兜勿转

船老大带徒弟——从何（河）说起

船漏碰着逆风——祸勿单行

床底下放鹞子——大高而勿妙

床底下点灯——勿高明

催命鬼对阎罗王——一个比一个凶

D

搭起戏台卖螃蟹——货色勿大，架子勿小

搭梯子上天——走投无路

大姑娘爱驼背——各人各爱

大姑娘当媒人——先人后己

大轮船出海——外行（航）

大树做椽子——揭（截）短

大蒜头出芽——多心

大腿浪把脉——呒没数脉（码）

大街浪格红绿灯——有目共睹

大风里吃炒面——有口难开

大雨里打麦——难收场

大脚疯闯勒河泥里——塎肿（大脚疯：血丝虫钻进小腿，引起脚肿大）

戴仔口罩香鼻头——隔仔一层

单口相声——一个人说了算

当仔皇帝想成仙——贪得无厌

刀切豆腐两面光——两面讨好

刀挖黄连木——刻苦

刀尖浪翻跟斗——玩命

到仔山顶想上天——贪得无厌

稻柴人放火——害人先害己

稻柴绳拔河——勿经拉

稻田里盖猪棚——肥水勿流外人田

电线杆浪挂邮箱——高兴(信)

电线杆浪晒衣裳——好大的架子

灯笼壳子——外头好看里厢空

店里格棺材——目(木)中无人

吊煞鬼搨粉——死要面子

吊扇下头拉家常——尽讲风凉话

碟子里格豆芽菜——晓得侬根有几化深(几化:多少)

顶针眼——一个勿通

顶仔石臼做戏——吃力勿讨好

冬天里格洋葱——根焦叶烂心勿死

东海里起蓬尘——办勿到

东郭先生救狼——好心勿得好报

豆腐堆里一块铁——算伊(它)最硬

豆腐掉进灰堆里——吹又勿好吹,打又勿好打

独眼看戏——一目了然

独木桥浪睏觉——翻勿了身

独臂裹馄饨——一手包办

独眼龙相亲——一眼看中

肚皮里撑船——内行(航)

肚皮里磨刀——内秀(锈);秀(锈)气在内

肚脐眼打呵欠——妖(腰)气

肚脐眼插钥匙——开心

肚脐眼点灯——心照勿宣

断了背格椅子——靠勿住

断了腿格癞蛤巴——跳勿了多高

断了线格鹞子——无影无踪

端午日格黄鱼——时鲜货

对着镜子发脾气——自家跟自家过勿去

对着镜子磕头——自我崇拜

对着香炉打喷嚏——一鼻子灰

多吃仔盐——爱管闲(咸)事

躲雨躲到城隍庙——侪是鬼

钝薄刀斩肉——连襟(筋)

钝横刀斫麦——拉倒

E

鹅卵石腌咸菜——一言（盐）难进

额角头浪放扁担——头挑；一等

额角头浪倒冰水——从头冷到脚

额角头浪着火——急拉眼前

额角头浪生疮——触霉头

饿仔肚皮做梦——空想

恶狗咬天——狂妄（汪）

二月格杨柳——分外亲（青）

二月格闷雷——想（响）得早

二流子打鼓——吊儿郎当

二两铁打大刀——勿够料

二姑娘梳头——勿必（篦）

F

翻身格王八——四脚朝天

反穿皮袄——装样（羊）

反穿夹里——勿要面子

饭店门前摆粥摊——抢人生意

番瓜生勒甏里——勿进勿出；限煞

饭瓜刨皮——挺括

饭箩里出烟——淘气　［淘气：意见不合而争吵］

房顶浪长苗——野种

房梁浪挂热水瓶——高水平（瓶）

放羊娃娃喊救命——狼来了

飞了鸭子打了蛋——两头脱空

飞机浪钓鱼——差得远

飞机浪吹喇叭——空想（响）

飞机浪挂大闸蟹——悬空八只脚

飞机浪养小囡——高产

飞机浪拉肚子——一泻千里

肥皂泡当镜子——成了泡影

坟地里戴口罩——阴一套，阳一套

粉搽到屁股浪——勿顾脸面

粪坑里格石头——又臭又硬

粪坑浪吹喇叭——臭名远扬

粪堆浪插鲜花——臭美

疯狗咬月亮——狂妄（汪）

风箱里老鼠——两头受气

风箱换成鼓风机——一个比一个会吹

鹞子点火——飘飘然（燃）

凤凰孵鸡——一代勿如一代；一辈勿如一辈

佛爷面孔浪刮金子——刻薄（剥）

釜底抽薪——奄奄一息（熄）

斧头劈毛竹——一刮两响

G

甘蔗当吹火筒——一窍勿通

擀面杖吹火——一窍勿通

擀面杖做笛子——缺心眼

刚出壳的小鸡——翅膀勿硬

缸里点灯——照里勿照外

橄榄核垫床脚——活里活络

胳肢窝里吹电扇——两袖清风

割麦勿用横刀——连根拔

隔门缝吹喇叭——名（鸣）声在外

耕田甩鞭子——吹（催）牛

公鸡头浪一块肉——大小是个官（冠）

公鸡吃黄连——苦也不敢提（啼）

狗咬刺猬——无处下口

古董当破烂卖——勿识货

关公卖豆腐——人硬货勿硬

观音庙里没观音——走了神

棺材里伸手——死要钞票

棺材里放鞭炮——吓死人

牯牛身浪拔根毛——勿在乎

光屁股进银行——要钱勿要脸

过河卒子——只进勿退

H

蛤蟆趴勒脚面浪——勿咬人；恶心人

寒冬腊月吃冷水——点点滴滴在心头

航空公司开业——有机可乘

好汉上梁山——逼出来格

荷叶浪放秤砣——承受勿起

和尚剃光头——乐得好推头

和尚打相打——抓勿住辫子

和尚敲木鱼——记记着实

和尚排队买木梳——凑热闹

横竖横拆牛棚——不顾一切，冒险行事

红木当柴烧——勿识货

狐狸吵相骂——一派胡（狐）言

猢狲屁股——坐勿住

黄连拌苦胆——苦到家了

黄牛肩胛——勿负责任

黄牛角、水牛角——各（角）管各（角）

黄瓜棚抽脱芦头——瘫倒

火烧眉毛——祸（火）在眼前；只图（秃）眼前

J

救命车撞了救火车——急浪加急

急病碰着慢郎中——耽误辰光

急惊风碰着慢郎中——干着急

贾宝玉结婚——勿是心浪人

酱菜店老板——专管闲（咸）事

脚底生疮，头顶冒脓——坏透了

脚底浪抹油——滑脚

脚底浪抹石灰——走到哪里白到哪里

脚馒头浪打瞌冲——自靠自

脚炉盖头当镜子——看穿

脚炉盖浪摊蛋皮——七高八低

脚踏两只船——三心二意

叫花子吃豆腐——一穷二白

叫花子扯二胡——苦差使

叫花子碰着讨饭格——穷对穷

粳里勿着糯里着——该处损失别处补

井里捞月亮——枉费心机

井里格癞蛤巴——勿晓得天高地厚；没见过风浪

井水勿犯河水——各管各

韭菜割头——勿死心

酒壶里吵相骂——胡（壶）闹

酒鬼跌进酒池里——求之不得

酒盅里拌黄瓜生——兜勿转

举重比赛——斤斤计较

K

开门送财神——到手钞票勿要

看家拳头——留一手

看戏看卖芝麻糖——心不在焉

空着手回娘家——无理（礼）

孔夫子搬家——侪是输（书）

口吹喇叭手打鼓——自吹自擂

枯庙旗杆——独一根

苦瓜藤攀黄连树——苦命相连

快刀切豆腐——两面光

快刀斩骨头——干干脆脆

捆绑格夫妻——长不了

L

垃圾倒进粪坑里——同流合污

腊月里格井水——冒热气

腊月里格萝卜——动（冻）了心

廊檐头浪挂叉袋——一代（袋）压一代（袋）

癞蛤巴垫台脚——硬撑

癞蛤巴跳到藤盘浪——自称

癞痢头剥盖——噱（血）头

老太婆绣花——凿勿准

老太婆烧香——爱活（佛）

老虎吃天——无从下口

老虎头浪拍苍蝇——该死；作死

老虫跌拉米缸里——随侬吃

老虫勿留隔夜食——贪吃

老鼠钻进风箱里——两头受气

老鼠进书房——咬文嚼字

老婆鸡生疮——毛里格病自得知

冷水浇仔热油锅——炸了锅了

两个哑子睏一头——好来吭话头；无话可商量

临到上轿穿耳朵——局促；事前一无准备

六月里着棉鞋——日脚难过

六月里孵小鸡——坏蛋多

六只节头搔痒——多一路

六尺跳板八尺浜——搭勿够

六十岁学吹打——气脉短

弄堂里掮毛竹——直来直去

聋聱格耳朵——装装样；空招牌

螺蛳壳里做道场——场地忒小

理发师领徒弟——从头教起

M

麻袋里装洋钉——里戳出

麻子搨粉——蚀脱老本

麻将落勒砻糠里——空欢喜［麻将，麻雀］

麻袋绣花——底子勿好

马屁拍勒马脚浪——奉承勿当

马吃豆芽菜——绝嫩

卖布格不带尺——瞎扯

毛豆籽烧豆腐——一块土浪人

鳗鲤死拉汤罐里——勿势直

魔术师变戏法——无中生有

木头人摇船——勿推扳

N

拿仔锄头刨黄连——挖苦

脑袋浪搨猪油——滑头

泥菩萨坐班房——劳（牢）神

泥鳅对黄鳝——滑头对滑头

娘舅家做媳妇——熟门熟路

娘两个嫁爷两个——一门心思

念完仔经打和尚——翻脸勿认人；没良心

捏鼻子吃葱——忍气吞声

牛头裤着袜——短仔一长段

牛吃稻柴鸭吃谷——各人生来各人福

O

藕炒毛豆——钻空子

藕丝炒黄豆芽——勾勾搭搭

P

爬高梯摘月亮——空想

爬山冠军——捷足先登

螃蟹教子——勿走直道

排骨烧豆腐——有硬有软

蟛蜞眼脚裹馄饨——里戳穿

琵琶断弦——没法谈（弹）了

屁股浪挂热水瓶——有一定（腚）水平

破网捞虾——落空

婆媳相骂儿子劝——左右为难

Q

七石缸里撩芝麻——吭没希望

七个铜钿对半分——勿三勿四

七窍通了六窍——一窍勿通

七月十五种豆——吭没结果

旗杆浪绑鸡毛——好大的胆（掸）子

骑勒老虎背浪——身不由己

砌墙格砖头——后来居上

墙壁浪绣花——戳壁脚

墙头浪格草——随风倒

敲脱门牙朝肚子里咽——吭没声音

蜻蜓吃尾巴——自吃自
去年格挂历——废话（画）

R

染坊里吹笛子——有声有色
热锅浪格蚂蚁——急勒团团转；走投无路
热面孔搭冷屁股——硬拍马屁
肉汤里汏浴——昏（荤）头昏（荤）脑

S

三角碌砖——摆勿平
三个人戴一只凉帽——阴头勿起
三月里格芥菜——早生心
三月桃花——红一时
三只节头管捏田螺——稳捉；稳拿　［节头管：手指头］
三九天穿裙子——美丽动（冻）人
三九天吃棒冰——寒了心
三亩田竹园一只笋——独卵种
烧香望和尚——一事两顾当
烧香赶出和尚来——反客为主
拾着芝麻落脱西瓜——贪小失大
十月里格桑叶——没人睬（采）；没人才（采）
石头浪掼乌龟——硬碰硬
手心手背侪是肉——一视同仁
手捧黄连碗——何（喝）苦呢
寿星老头寻死——活得勿耐烦了
四月格梅子——多少带点亲（青）

T

塌鼻头戴眼镜——呒着落
踏碎皮球——一包气
汤镬勿滚汤罐滚——隔壁气，打的不平
谈心勿点灯——讲黑话
弹棉花格袋袋——成功（盛弓）
唐僧念紧箍咒——痛苦在后（猴）头

讨饭格拉二胡——穷扯

剃头师傅格担子——一头热,一头冷

天平浪称人——把人看轻了

铁板浪打钉——牢靠

铁匠铺做生意——件件侪是硬货

童养媳当婆婆——慢慢熬

头发丝穿豆腐——拎勿起

头顶浪生眼睛——目中无人

头浪插扇子——出风头

头浪生疮,脚底流脓——坏透

兔子逗老鹰——没事找事;找死

W

卫生口罩——嘴上一套

温水里烧甲鱼——半死勿活

蚊子叮菩萨——认错了人

五更天下海——赶潮流

无牛狗拖犁——比喻勉强凑合着用。

乌龟掼石头——硬碰硬

X

西装配拖鞋——勿伦勿类

瞎子看《申报》——装样

瞎子点灯——白费蜡

香炉里打喷嚏——弄一鼻子灰

向姑娘讨小囡——难为人

香瓜叶拣臀——两面勿讨好

小和尚念经——千篇一律,有口无心

小狗跌勒粪坑里——因祸得福

鲜花插勒狗屎浪——美丑勿配

新娘子搭(向)阿公借钞票——挪用公款

胸口挂钥匙——开心

Y

烟囱里格麻雀——黑道浪来格

盐钵头里出虫——说死话;造谣

盐打翻拉酱缸里——没损失

盐甏里摸着明矾——要言不烦(要盐不矾)

颜料店格抹布——勿分青红皂白

眼睛生拉额头浪——目中无人

养媳妇做婆——总算熬出头

爷来三扁担,娘来六棒头——硬碰硬;铁面无私;一视同仁

宜兴夜壶——好只嘴

一根筷子夹花生——挑拨

一个柴堆两头拔——快完了

一把钥匙开一把锁——配好

一把盐撒拉油锅里——闹翻天

一肚皮算盘珠——心中有数

一镬薄粥——侪靠熬

阴沟里拔船——干吃力

阴沟里格老鼠——明格勿来暗格来

油条泡汤——软落

有眼勿识泰山——比喻认不出地位高或本领大的人

雨落里掼稻——拖泥带水

雨天共打一把伞——同党(挡)

Z

宰相格千金皇帝格囡——勿怕没人要

早浪格林中鸟——各唱各格调

造屋请仔箍桶匠——造格房子团圆样;用人勿当

站拉河边拆尿——随大流

针屁股里看人——小看人

芝麻落勒针眼里——巧透

纸糊老鼠洞——呒没用

指着和尚骂贼头——指桑骂槐

诸葛亮征孟获——收收放放

自大加一点——臭

祖孙回家——返老还童

坐火箭鼓掌——拍手称快

附 录

浦东方言片区表①

片区	特点	备注
中西片区	惠南片。包括原上海南汇县绝大部分地区(含原川沙县县城以南的广大地区),是典型的南汇方言。相较上海话,南汇话显得硬一些。南汇话里有很多浊音,较多地保留了楚地古代汉语的特点,无论是语音、词汇,还是语法,都有所遗承。如妈妈(mama),指婴儿吃的奶。南汇话中,婴儿吃奶成为"吃妈妈"。又如杨叶似(yangyesi),指像杨树叶般大小的一种小鱼,在河浜里十分常见,通常钓鱼最多的不是杨叶似,就是比杨叶似大不了多少的鲫鱼,统称小猫鱼。再如天落水(tiloksy),指雨水。南汇本地人都说"天落水",是下雨时受接的天上之水。	1. 浦东方言属吴语系太湖片苏沪嘉小片,旧松江府音系上海话语支,属松江方言大区老上海方言区。典型"浦东闲话"主要使用于原南汇县、川沙县及奉贤四团、闵行黄浦江以东的陈行、杜行、鲁汇三镇(现为浦江镇)。
	川沙片。包括川沙城区、原黄楼地区、周浦、康桥、张江、唐镇、高行、金桥、北蔡等镇。在语音上带有川沙厢音的特征。从20世纪30年代以来,特别是新中国成立以来,该片区与上海市区交往日趋频繁,语音逐渐起变化,如唇齿擦音[f][V]已为各个年龄段的人普遍使用,"反、发、饭、罚"的声母不再是[Φ][B],而是[f][V]。周浦镇是浦东地区的一个重镇,与川沙交往甚密,其受川沙语音的影响较为明显。	2. 近代以来,市郊居民往来频繁,语音出现年龄层次上的差异。青少年语音急遽向上海市区新派方言靠拢。新派语音总的来讲比老派要简单。语音变化以城镇为较快速,并且沿交通线向农村逐步扩大其影响。与老派语
	大团片。包括大团、三墩、航头以及新场、宣桥大治河以南的地区。该片区在连续变调上略带有奉贤、松江的特征。南汇地区和奉贤区相毗邻,其中大团镇和奉贤区的关系尤为密切,所以受奉贤音影响较多。至于航头的丰桥、青龙、坛香、海滨诸村一带操一口南头(奉贤)话。	
东南片区	包括原南汇县东部沿海的果园、泥城、彭镇、书院、万祥、老港及川沙夹塘地带。这里居民祖辈有许多是从崇明、启东、海门等地来的移民,还保留着启东、海门移民母语的痕迹,本地人称之为"沙帮人"或"大沙人"。由于世代群居在一起,如能讲本地话,又保留了原籍的方言,而且使他们在讲本地话时也略带沙帮口音。如衣[i]烟[ie]、米[mi]面[mie]、西[Si]宣[Sie],中古"麻"韵开口二、三等,"知、章、庄"组字,大部分地区韵母为[iao],"渣、车、赊、茶",读如"焦、俏、消、巢"。沿海自建市属农场(东海、朝阳、芦潮港农场)以来,场内通用上海市区话。	

---

① 此表依据《浦东简史》中的《吴音犹存的浦东方言》一文制作。

续　表

片区	特点	备注
西北片区	紧靠黄浦江一带,清末曾属上海,如洋泾、杨思、塘桥等地区,本地土著操一种介于市区方言和川沙、南汇方言之间的本地话,与20世纪20年代以前上海老城厢的传统口音基本一致,有六个声调(市区新方言为五个,川沙、南汇方言为七个)。听起来较为柔、糯。在连续变调方面,以高桥为代表的北片(古属太仓州,为嘉定土语区)、沿黄浦江地带与南部有明显的差别。如"老腿",沿江地带为22—53,与市区同调,高桥地区为23—33,南部为13—21。三林镇为浦东较早成陆的地区,除20世纪50年代从南汇划入三林的部分地区为南汇的七个声调外,大部分为六个声调。在明初黄浦未改道前,三林与浦西龙华乡华泾镇相连,故口音与龙华相似。但音的连续变调仍比较保守,从老年人到青年人基本没有变化。由于这个原因,使得浦东方言在腔调上依然乡音十足。	音相比,新派语音系主要有以下几个特点:(1)单字调阳平,附上、阳去不分,同13调值;(2)不分尖团音,小＝晓,精＝经,齐＝旗,秋＝丘;(3)入声韵大量合并,磕＝刻＝渴,笔＝壁,立＝粒。

主要参考书目

[1] 朱鸿伯主编,李毓杭、顾炳权、沈志文副主编,《川沙县志》,上海人民出版社,1990 年 1 月。

[2] 薛振东主编,王作九、陆舜雄、李健敏副主编《南汇县志》,上海人民出版社1992 年 3 月。

[3] 张建明、陈少能、朱岳群主编,廖远妹、郑卫平、顾炳权副主编,《川沙县续志》,上海社会科学院出版社,2004 年 11 月。

[4] 顾炳权主编,王作九、许连源、李毓杭、张建明、张银根、周正仁副主编,《浦东辞典》,上海书店出版社,1996 年 12 月。

[5] 许建军主编,黄国华、费美荣、沈文林副主编,《浦东简史》,上海文艺出版社,2016 年 7 月。

[6] 张坚,《浦东记忆(方言卷)》,文汇出版社,2017 年 12 月。

[7] 浦东新区地方志办公室、浦东新区档案局、浦东新区精神文明建设办公室编,《土地上的智慧——浦东谚语精编》,上海社会科学院出版社,2008 年 8 月。

[8] 吴宗济,《简明吴方言词典》,上海辞书出版社,1986 年 5 月。

[9] 吴连生、骆伟里、王均熙、黄希坚、胡慧斌,《吴方言词典》,汉语大词典出版社,1995 年 8 月。

[10] 薛理勇,《上海闲话》,上海社会科学院出版社,2000 年 1 月。

[11] 钱乃荣,《上海方言》,文汇出版社,2007 年 8 月。

[12] 张源潜编著,《松江方言志》,上海辞书出版社,2003 年 12 月。

[13] 褚半农,《上海西南方言词典》,上海人民出版社,2006 年 6 月。

［14］张仁贤、盛青,《上海话读物·对韵与对联》(内部资料),2008 年 6 月。

［15］钱乃荣,《上海话大辞典》,上海辞书出版社,2008 年 2 月。

［16］钱程,《跟钱程学上海闲话》,上海教育出版社,2012 年 8 月。

［17］沈吉明,《南上海方言》,上海文化出版社,2010 年 11 月。

［18］褚半农,《莘庄方言》,学林出版社,2013 年 3 月。

［19］盛昌旦,《浦东方言语词拾萃》,上海市新闻出版局内部准印资料,2008 年 1 月。

［20］陈生祥,《浦东地区方言俗语汇编》(内部资料),2012 年 5 月。

［21］南汇县气象站编,《南汇天气谚语》(内部资料),1972 年 6 月。

［22］顾炳权,《上海风俗古迹考》,华东师范大学出版社,1993 年 6 月。

［23］胡祖德,《沪谚》(上下卷),上海文化出版社,2018 年 3 月。

［24］胡建平、蔡丰明主编,刘豫峰、王吉林副主编,《民俗上海·浦东卷》,上海文化出版社,2007 年 1 月。

［25］叶世荪,《解说上海话》,上海远东出版社,2006 年 12 月。

［26］黄涛,《语言民俗与中国文化》,人民出版社,2010 年 12 月。

［27］《合庆风情》编委会,《合庆风情》,上海锦绣文章出版社,2012 年 4 月。

［28］刘影,《老人言》,云南出版集团公司,2012 年 9 月。

［29］谈敬德,《新场非物质文化遗产》,华夏文化出版社,2009 年 9 月。

［30］陈勤建,《看见·横沔老镇》,上海交通大学出版社,2019 年 1 月。

［31］李学昌,《20 世纪南汇农村社会变迁》,华东师范大学出版社,2001 年 7 月。

［32］顾绍耕、李祖裔、朱力生,《话说康桥》(内部资料),2015 年 6 月。

［33］顾锦标、朱力生、庄勤方,《泥城史韵》(内部资料),2014 年 10 月。

［34］徐亚君,《云间动物古今谈》,上海社会科学院出版社,1999 年 2 月。

［35］温端政,《中国俗语大词典》,上海辞书出版社,2011 年 3 月。

［36］薛理勇,《写不出的上海话》,上海书店出版社,2011 年 3 月。

［37］马津、李清明、马绍基、崔素莲,《歇后语新编》,中国社会出版社,2005 年 7 月。

［38］金路,《中国俗语》,东方出版中心,1996 年 5 月。

［39］周渔川,《歇后语谚语俗语惯用语词典》,商务印书馆国际符标有限公司,2007 年 6 月。

索 引

后 记

当《浦东方言》列入"浦东文化丛书"计划之后，编者一直处于兴奋中。怀抱感激之情和负责之心，一次次地讨论纲目分类，一回回地斟酌注释例句，又一条一条很不熟练又不可差错地输入电脑，无论费时熬夜、暑热冬寒，都不觉苦和累，只觉得做这件事很有意义。做着自己喜欢的事，还得到政府的支持，心里很甜，能为浦东方言的汇集、整理和传承做点工作感到十分幸运和欣慰。

编书希望有人看，总想让读者好读好懂。譬如如何为浦东方言注音，我们苦恼了好一阵。用汉字同音字注音，读音难以完全一致又不能找全；用国际音标，又觉得太专业，普通读者很少能掌握；用普通话拼音方案，也有不少字词无法准确标注方言音。经过反复推敲、比较，认为专家钱乃荣编著的《上海话大词典》使用的拼音方案，创新又科学相对易学好用。我们就采用了这套"上海话拼音方案"，为"土"味较浓的词目注音。为便于阅读，对个别生僻字除拼音外，还用发音相同或近似的通俗易认的汉字表示。尽管如此，仍未能充分反映浦东方音古今全貌，有了新派阴平、阴去、阳去、阴入、阳入五个声调，缺了老派平、上、去、入各有阴阳，唐代以来的四声传统音律，离原汁原味还有距离。

编写过程中，我们尽力搜集汇总相关资料、研究成果，广泛阅览，从中鉴别和吸纳。我们所列的39种参考书目，只是参阅的主要部分。其中，《上海话大词典》作为范本，不仅学习拼音加注，并借鉴释文例举办法。还从张坚主编的《浦东记忆（方言卷）》、褚半农撰写的《莘庄方言》、沈吉明编著的《南上海方言》等著述中获得宝贵启发和借鉴。若把《浦东方言》比作一棵树苗的话，则其生长来自政府栽培，营养来自专家学者，来自家乡的父老乡亲，我们只是实施浇灌的普通而平凡的园丁而已。

本书酝酿时得到上海市地方志办公室原副主任姚金祥先生点拨，付梓前又得其赐序，给予热情肯定，我们由衷表示感谢。也衷心感谢被我们"拿来"浇灌树苗无私奉献甘泉的所有专家、学者和朋友们。我们对幼苗会倍加爱护，不断浇灌，让其苗壮成长，根深叶茂。

由于编者生活地域有限，方言采集不够全面、准确，加上学识教养不足，本书谬误、缺点在所难免。敬请专家、学者和方言爱好者不吝赐教、指正！

编者

2021 年 2 月